Comentarios sobre:

CÓMO MANEJAR SU PROPIO DINERO

Por: Laura Castañeda y Laura Castellanos

Prólogo por: Antonia Hernández, Presidenta y Cónsul del Fondo México-Americano para la Educación y Defensa Legal. (MALDEF)

"Los latinos en Norteamérica, hacia finales del siglo, constituyen un grupo de gente de una diversidad deslumbrante. Los diversos "consejos económicos" en este libro cubren la gama entera de esta diversidad, tomando en cuenta las diferencias en su historia migratoria, su nivel de educación, y su procedencia familiar. Contiene información que incluye desde la apertura de una cuenta de ahorros hasta las altas finanzas. El libro aborda en forma exitosa, una gran variedad de intereses para una amplia gama de personas, y lo hace con una buena dosis de humor, con talento y más importante aún, sin aire de superioridad. El contenido de este libro representa una herramienta indispensable para la construcción de un futuro seguro."

RAY SUÁREZ
Director del programa de radio "Plática de la Nación" y autor de
The Old Neighborhood: What We Lost in the Great Suburban Migration.
(El Viejo Barrio: Lo que perdimos en la gran migración urbana)

"¡Por fin! Una guía financiera para la comunidad latina que resulta fácil de comprender, útil y relevante. Laura Castañeda y Laura Castellanos han creado una herramienta invaluable para poder alcanzar nuestra próxima meta: asumir el propio control económico y la independencia financiera. ¡Léalo!"

ARTURO VARGAS
Director Ejecutivo
Asociación Nacional de Oficiales Latinos Electos y Designados (NALEO)

"A pesar de que la comunidad hispana constituye un creciente mercado de aproximadamente 350 billones de dólares, no se ha puesto suficiente atención para educar a los latinos en el manejo de su dinero. Clara, accesible y puntual, *Cómo manejar su propio dinero* resulta una contribución indispensable para cerrar la brecha de información financiera entre los hispanos y otros americanos."

RAÚL YZAGUIRRE
Presidente
Consejo Nacional de La Raza (NCLR)

"En Estados Unidos, para ser verdaderamente exitoso, uno debe tener una seguridad financiera. Este libro proporciona una guía detallada para alcanzar tal seguridad. Síguela y te convertirás en el próximo "¡vecino millonario hispano!"

LIONEL SOSA
Presidente y CEO Spark! KJS Advertising y autor de
The American Dream: How Latinos Can Achieved Success in Business and in Life
(El sueño americano: cómo pueden los latinos lograr
el éxito en los negocios y en la vida)

"Las Lauras han escrito una guía extensa y sin embargo de fácil lectura, repleta de información útil y de ejercicios que facilitan la comprensión. Sé que voy a recurrir al libro con mucha frecuencia."

LAVON LUQUIS
Presidente Latino Link Enterprises Inc.
& USHCC National Hispanic Business Woman of the Year(1998)

"...Laura Castañeda y Laura Castellanos han transformado la victimización financiera en capcidad para asumir el control. Su guía es completa y fácil de seguir."

NELI GALAN
Presidente de Entretenimiento
TeleMundo Network Group

"¡Felicidades! Este libro es una fuente invaluable de información para todos los que quieren tomar decisiones financieras acertadas, especialmente las mujeres, que ahora son las principales planificadoras financieras en nuestra sociedad. Debería ser usada como referencia para todas las situaciones financieras."

BELENA B. ROBLES
Ex-presidenta
League of United Latin American Citizens (LULAC)

"Esta guía financiera proporciona información clara y útil, necesaria para conducir a los latinos a través del sendero de una mayor prosperidad financiera."

REP. XAVIER BECERRA
Miembro del Congreso Estadounidense
California, 30th Congressional District

"...un mapa muy amplio, tanto para los nuevos ciudadanos como para los latinos cuyas raíces se remontan varias generaciones atrás. Las autoras han hecho una enorme investigación y ya que los lectores finalmente deben evaluar por sí mismos sus propios asuntos financieros, el libro les ahorrará valioso tiempo y dinero. ¡Sí vale la pena!"

FEDERICO PEÑA
Senior Adviser, Vestar Capital Partners
Former U.S. Secretary of Energy &
Former U.S. Secretary of Transportation

"...un consejo completo y amistoso respecto a la manera de proteger y aumentar el dinero en cualquier etapa de la vida. Las Lauras ayudan a los individuos a tomar el control de sus futuros financieros, guiándolos a través de un conocimiento elemental del funcionamiento del dinero, al tiempo que señalan los errores y estafas. Recomiendo mucho esta guía. ¡Vale su tiempo!"

DON M. BLANDIN
Presidente
American Savings Education Council
(www.asec.org)

"Por fin, un trabajo completo sobre el manejo del dinero, dirigido a los latinos y a nuestras familias. Las Lauras nos muestran un claro sendero hacia la salud financiera. Léalo y aborde los pasos subsecuentes. Planear —preventivamente— funciona."

SANDRA HERNÁNDEZ, MD
Chief Executive Officer
The San Francisco Foundation

"Los latinos constituyen un doce por ciento de la población de E.U., pero tienen menos de un uno por ciento del capital disponible en E.U. Esta guía financiera tan esperada podría ayudar a cerrar esta brecha y, por tanto, alterar radicalmente el panorama político y económico de E.U."

ROBERT GNAIZDA
Policy Director
Greenlining Institute

Cómo manejar su propio dinero

Cómo manejar su propio dinero

Laura Castañeda
Laura Castellanos

PRÓLOGO DE ANTONIA HERNÁNDEZ

Siete Cuentos Editorial
Nueva York

Título original: *The Latino Guide to Personal Money Management*

© 2001 por Laura Castañeda y Laura Castellanos

Primera edición de Siete Cuentos Editorial, julio de 2001.

Tipografía y Diseño: Manuel Brito

Siete Cuentos Editorial/Seven Stories Press
140 Watts Street
New York, NY 10013

Library of Congress Cataloging-in-Publication Data

Castañeda, Laura, 1963–
        [Latino guide to personal money management. Spanish]
        Cómo manejar su propio dinero / Laura Castañeda y Laura
        Castellanos
          p. cm.
        Translation of: Latino guide to personal money management.
        Includes index.
        ISBN 1-58322-055-0 (pbk)
Hispanic Americans—Finance, Personal. I. Castellanos, Laura, 1959–
HG179.C3518 2001
332.024'0368073—dc21   00-032939

Profesores de universidad pueden obtener ejemplares para revisión sin
costo alguno, por un periodo de seis (6) meses, directamente de Siete
Cuentos Editorial/Seven Stories Press. Para hacer su pedido, por favor ir al
www.sevenstories.com/textbook, o enviar un fax en el papel oficial de la
universidad al 212 226 1411.

Impreso en Canada.

9 8 7 6 5 4 3 2 1

A mis padres,
Rubén y Socorro Castañeda

—Laura Castañeda

A mis padres,
Olga y José Castellanos

—Laura Castellanos

Índice

Prólogo   *XIII*
por Antonia Hernández

Agradecimientos   *XV*

Introducción   1

Capítulo 1   5
Bancos, Cajas de Ahorro y Uniones de Crédito
¿Qué servicios financieros ofrecen?
Presupuestos y fundamentos del ahorro

Capítulo 2   35
Crédito y Débito
Entendiendo los préstamos y el crédito
Salir de las deudas y permanecer así

Capítulo 3   61
Seguros
Lo que necesita y lo que no necesita
Cómo pagar menos por la cobertura

Capítulo 4   95
Inversión
Principios Prácticos de Inversión
Acciones, Bonos y Fondos mutuos

CAPÍTULO 5   133
Comprando una casa
Mudándose, paso a paso desde el arriendo hasta el Sueño Americano

CAPÍTULO 6   165
Pagando por la Universidad
Estrategias que le ayudan a ahorrar para la Universidad
y pagar escuelas privadas

CAPÍTULO 7   205
Jubilación
Finalmente los IRA, 401(k), anualidades y otros programas,
explicados de manera simple pero a fondo

CAPÍTULO 8   237
Planificación de Bienes
Planeando ahora cómo cuidar a su familia después

CAPÍTULO 9   267
Impuestos
Comprendiendo la terminología de los impuestos, llenando
los formularios de declaración de impuestos
y maneras legales de reducir sus pagos de impuestos

CAPÍTULO 10   303
Planificadores financieros
Saber cuándo necesita ayuda profesional y cómo encontrarla

EPÍLOGO   324

CRÉDITOS   325

ÍNDICE ALFABÉTICO   327

Prólogo

uando era una niña solía acompañar a mi padre los sábados y domingos en sus visitas a pequeños comercios para vender los tamales que mi madre había hecho en casa la noche anterior. Las imágenes, sonidos y olores de aquellos días me vienen a la mente ahora en lugares extraños. Me acuerdo de aquellos días cuando estoy sentada en salones de juntas tapizados de una gruesa moqueta junto a otros directores de empresa. Me veo a mí misma trabajando junto a mi padre cuando testificaba ante el senado de los Estados Unidos o me dirigía a una asamblea de auto-ridades locales. Pensaba en esos días mientras leía la *Guía para manejar su propio dinero* y sentí que me invadía un gran orgullo.

Estoy encantada de tener la oportunidad de presentarle este libro porque se ajusta perfectamente y de forma sencilla a mi agenda de todos los días: cómo puedo ayudar a la comunidad latina? Cómo puedo servirles de puente?

Siempre he creído que para que la comunidad latina progrese, además del énfasis tradicional en el compromiso político, debemos también luchar por alcanzar el poder económico. La planificación financiera es importante. Siempre he sido una mujer de negocios y creo en el hecho de traer oportu-nidades económicas a mi comunidad. Para mí, el negocio está en el cambio y creo firmemente que éste empieza en nuestra propia casa.

Si tuviera que nombrar un rasgo básico del carácter latino, sería nuestra ética de trabajo. A pesar de todo, no nos hemos beneficiado de nuestro trabajo en comparación con lo duro que trabajamos y lo mucho que contribuimos a la economía. Es primordial para los Latinos no solamente trabajar duramente sino tambien ahorrar de manera inteligente, gastar bien e invertir con sabiduría.

En este libro, las Lauras ofrecen puntos de vista muy agudos y estrategias para ayudar a los latinos a comprender cómo hacer un presupuesto, cómo ahorrar, invertir y construir familias con una base financiera fuerte que puedan apoyar a comunidades todavía más fuertes. A medida que los Latinos se convierten en una mayoría demográfica, es de nuestra incumbencia conseguir una buena educación y participar en la corriente dominante del mundo de las finanzas. No sólo necesitamos resolver problemas para nosotros mismos, sino con y para todos nuestros vecinos en la amplia comunidad de los Estados Unidos.

Los consejos que se dan en este libro no son fórmulas mágicas que puedan hacerle a uno millonario en un segundo. Es una guía práctica y detallada para desarrollar y mejorar un plan financiero. Cualquier latino —de hecho cualquier persona— puede beneficiarse de la información incluida en estas páginas si se decide a tomar medidas.

Y además, las Lauras han escrito un libro entretenido cuyas observaciones me ha hecho sonreir porque reconocía en sus páginas a mi familia, a mi comunidad y a mí misma. Gracias a ellas por escribirlas para todos nosotros.

ANTONIA HERNÁNDEZ
Presidente y Consejero General de la Fundación para la Defensa Legal
y Educación de Mexicanos Americanos (MALDEF: Mexican American
Legal Defense and Eductional Fund)
y antiguo Director de la Junta de la Reserva Federal de San Francisco
de la sucursal de Los Angeles

AGRADECIMIENTOS

E ste libro solo lleva nuestros nombres pero hubiera sido imposible completarlo sin la ayuda de mucha gente que gentilmente compartieron su tiempo y sus conocimientos con nosotras. Aunque es imposible mencionar a todoss, unas personas deben ser reconocidas.

Un abrazo para Robert Shepard nuestro agente incansable que nos llevo de la mano desde el comienzo hasta el final del proyecto. Roberto, eres un latino ejemplar.

Gracias al equipo tan talentoso y lleno de entusiasmo de Bloomberg Press, especialmente a nuestra editora Jared Kieling y Lisa Goetz, Melissa Hafner, John Crutchner, Christina Palumbo, Maris Williams, y Barbara Diez. En Bloomberg LP, gracias a Richard Arent, Ana Castañeda, Emily Hsiung, José Morais, y Elsa Shilling.

Estamos profundamente agradecidas con tres expertos en planeación financiera que pasaron muchas horas hablando con nosotras de conceptos sobre finanzas y de las atitudes de los latinos al respecto; nunca nos cobraron un centavo por su valioso tiempo: Dehlia Fernández de Los Alamos, California; y de American Express Conrad Santiago en Coral Gables, Florida y Josie González en San Diego, California.

También le damos las gracias a varios expertos que generosamente nos ayudaron a revisar los capítulos y secciones del libro para asegurar que la información estaba correcta, entre ellos Robin Leonard, abogado y autor de varios libros publicados por Nolo Press como *Credit Repair and Money Troubles: Legal Strategies to Cope With Your Debts*; los periodistas Arthur Louis y Mark Martínez del *San Francisco Chronicle*; a Lincoln Pain especialista en inversiones con responsabilidad social, Rick Harper, director de vivienda para Consumer Credit Counseling Service en San Francisco, el Doctor Herm

Davis co-autor de *College Financial Aid For Dummies* y jefe de National College Scholarship Foundation en Rockville, Maryland; Mark Wilson, consejero para pequeños negocios en finanzas para la julilación en Newport Beach, California; abogados de patrimonio y herencias Alina Laguna en San Francisco y Ricardo Pesquera en Orlando, Florida; al equipo de Deloitte & Touche entre ellos Jess Pinilla, gerente de impuestos, socio y CPA Carlos Perez, al abogado RenaeWelder, Nancy Foster, Martin López y Santos Hernández.

Finalmente, nuestro profundo agardecimiento a los muchos latinos regados a través del país que compartieron sus historias con nosotras.

A mi esposo Art Buckler, gracias por su amor, comprensión, generosidad y sentido de humor. Él es la mejor parte de mi vida. También quiero darle las gracias a mis padres, Rubén y Socorro Castañeda, por su amor y su fé en mi, a mis hermanos Rubén Jr., Javier, Adrian y Andy por su apoyo. Gracias a todos mis antiguos colegas en el *San Francisco Chronicle*, especialmente a Kathleen Pender, editora de negocios, y asistente David Tong, a Jerry Roberts, gerente de edición, y a Susan Bloch, directora de recursos humanos por haberme dado el tiempo para trabajar en este proyecto. Y por último, quiero darle las gracias a varios amigos que me impulsaron y me hicieron reír cuando más lo necesitaba. Entre ellos, Julie Amparo, Patricia Bibby, Steven DeSalvo, Ann Buckley Kurz y Mary Garth.

LAURA CASTAÑEDA

Sin el amor y el apoyo de la familia y los amigos se logra muy poco en esta vida. Ustedes son la razón por la cual yo me levanto todos los dias y creo que sí es posible aportar algo a este mundo, y me puedo acostar sabiendo que mis errores o faltas han sido perdonadas. Sin duda, mi compañera, Martha I. Jiménez, es evidencia contundente de esta bendición en mi vida. No hay palabras suficientes para expresar a mis padres mi agardecimiento por su valentía, humor, compasión y amor incondicional. Los hijitos quieren a sus padres y los padres a sus hijos. Finalmente, gracias a mi hermano Alex Castellanos y a mis amigos que me apoyaron durante este trabajo y que se mantienen a mi lado y en mi corazón día tras día.

LAURA CASTELLANOS

Cómo controlar nuestro destino

"CUANDO EL DINERO HABLA,
TODOS SE CALLAN"

CUBA

Dos latinas coinciden en la recepción de un grupo de asesoría para latinos. Aunque estas dos chicas se acaban de conocer, la conversación se torna seria y de manera inevitable aborda los retos que han tenido que enfrentar mientras tratan de echar paølante. Ambas coinciden en que para lograrlo, se requiere perseverancia y educación. Luego, casi al unísono, agregan, "y estabilidad financiera".

Resulta que nuestras dos latinas también comparten un sueño. Las dos intentan escribir un libro que ayude a los Latinos a ahorrar, proteger y hacer crecer su dinero, además de enseñarles cómo encontrar y utilizar los recursos financieros. Ambas consideran que la mejor manera para que los latinos puedan mejorar la vida de sus familias y de sus comunidades, es asumiendo el control de su destino financiero.

Esa es nuestra historia. Somos esas dos latinas, o las Lauras, para nuestros lectores, nuestros amigos. Hemos escrito juntas *Cómo manejar su propio dinero*, porque creemos fervientemente que nuestro éxito como latinos en los Estados Unidos, depende de nuestra capacidad para entender y hablar el lenguaje del dinero.

En nuestras vidas tanto personal como profesionalmente, ambas nos hemos inspirado en historias de cómo nuestra gente ha triunfado muchas veces en contra de las probabilidades. También hemos sentido el dolor de aquellas historias de pérdidas financieras a causa de oportunidades desaprovechadas, de mala asesoría, o simplemente por no saber a quién pedirle ayuda.

Muchos libros proporcionan una sólida información con respecto a la planificación financiera. Los libros escritos para grupos específicos de lectores, como La Generación X, los Baby Boomers, los homosexuales, las lesbianas, las mujeres, los afro-americanos, los jubilados —¡hasta para "tarados" e "idiotas!" Pero ninguno que contemple las necesidades específicas de los latinos. Sin embargo, existe una gran demanda de información financiera en la comunidad latina.

Cuando Laura —la periodista— comenzó a escribir sobre finanzas personales, por ejemplo en el San Francisco Chronicle, recibió una gran cantidad de llamadas y de e-mails de lectores latinos que querían saber si existía algún tipo de información en español y dónde encontrarla.

Laura —la planificadora financiera— se sintió motivada a cambiar de carrera después de haber pasado años trabajando como abogada de oficio. ¿La razón? Que ella también descubrió que ya fuera trabajando en derechos civiles, educación, o en pequeños negocios, cada vez más latinos la buscaban para preguntarle sobre asuntos económicos.

Con frecuencia le decían: "Todo es tan diferente aquí". Y siempre surgía la misma pregunta: "¿En quién podemos confiar para que nos ayude?"

Encontrar ayuda nunca ha sido fácil para los latinos. Muchas firmas financieras han ignorado a los latinos aun cuando el poder económico de nuestra comunidad en el año 2000 alcanzó los 477 billones de dólares, y para el año 2010 constituiremos la comunidad minoritaria más grande de E.U. Esta falta de atención le ha costado caro a nuestra comunidad.

Consideren lo siguiente: de cada diez latinos, sólo tres tienen una cuenta corriente; de cada diez, menos de cinco tienen una cuenta de ahorro; de cada diez, menos de cinco tienen una tarjeta de crédito; la mitad de la comunidad latina no tiene seguro médico; de cada diez, menos de uno ha invertido en acciones, bonos, o fondos mutuos; de cada diez sólo cuatro tienen casa propia; y de cada diez sólo tres tienen un plan de pensión.

Cómo manejar su propio dinero es nuestro intento de ampliar lo que nosotros, como latinos, sabemos sobre finanzas, y más importante aún, lo que hacemos con nuestro dinero. Nosotras le explicamos cómo reducir los gastos y ahorrar dinero haciendo un presupuesto. Le en-señamos cómo reducir los pagos de los seguros. Y le enseñamos la forma de ajustar sus impuestos.

¿Sabía, por ejemplo, que puede reducir los pagos de sus seguros, escogiendo un deducible mayor? ¿O que cada año puede reclamar un crédito de impuestos de 500 dólares por cada hijo que dependa de usted y que sea menor de 17 años, si usted cumple con ciertos requisitos de ingresos? ¿O que puede ahorrar miles de dólares del costo de un funeral, si se une a una organización funeraria no lucrativa?

También abordamos los miedos y preferencias específicos de los latinos, algo de lo que hablamos muy poco. Traducimos los términos financieros claves y les decimos dónde encontrar más información en español, si está disponible. Incluimos temas que son de particular interés para muchos latinos, tales como:

♦ Dónde encontrar cajas de ahorro que tengan propietarios hispanos.
♦ La forma más económica para mandar dinero a otros países.
♦ Cómo localizar a los miembros de Latino Community Development Credit Union Network.
♦ Cómo establecer un crédito en formas poco tradicionales.
♦ Qué tipo de seguro de automóvil se necesita en México.
♦ Dónde encontrar programas de vivienda para gente de recursos bajos o para compradores primerizos.
♦ Cómo pagar primaria, secundaria, preparatoria y universidades privadas.
♦ Dónde encontrar ayuda gratis y bilingüe para los trámites de impuestos.
♦ Cómo entender las reglas de ingresos e impuesto para ciudadanos no estadounidenses.

En cada capítulo explicamos diversos conceptos y ofrecemos nuestros consejos en los diferentes temas, usando ejemplos de nuestras experiencias tanto personales como laborales. Puede decidir cómo actuar a partir de estos consejos, y conseguir más información sobre el tema de interés en los recuadros llamados "Acción." A lo largo del libro hay varios avisos. Cada capítulo incluye un repaso y una lista de lecturas recomendadas, que creemos que contiene información clara y concisa sobre cada tema.

Hemos abordado una amplia gama de temas de interés, para incluir las inquietudes del mayor número de latinos posible. Por consiguiente, algunas secciones del libro le interesarán más que otras. Al fin de cuentas, el latino que apenas está aprendiendo sobre los riesgos de las casas de cambio (Capítulo 1), o los pros y contras de establecer crédito (Capítulo 2), tiene poco en común con el latino que quiere desarrollar mejores estrategias de planificación patrimonial y de inversión (Capítulos 4 y 8). De modo que si llega a un tema que considere demasiado sencillo, salte al siguiente. Pero si tiene amigos o familiares a los que esta información podría resultarles útil, por favor, compártala.

Hemos incluido una gran cantidad de números telefónicos, direcciones y direcciones de Internet, para ayudarle de la forma más fácil posible. Si no tiene una computadora en su casa, le invitamos a que pregunte en la biblioteca o en la escuela local, si tienen computadoras con acceso a Internet. Mucha información financiera muy útil está ahora disponible instantáneamente —en muchos casos sin costo alguno— en la Red.

Nuestras metas son simples: Desmitificar los tópicos financieros para los latinos; enseñarle dónde y cómo encontrar información; incitarle a cambiar lo que hace con su dinero e animarle a que comparta estos conocimientos con su familia, amigos y comunidad.

No deje este libro adornando el librero. Considérelo un mapa. Si lo usa regular y cuidadosamente, puede guiarle a usted y a los suyos hacia una vida financiera más sana.

CAPÍTULO 1

Bancos, cajas de ahorro y cooperativas de crédito

"EL QUE ESTÁ PREPARADO,
HA GANADO LA MITAD DE LA BATALLA"

CUBA

S I CAMINA POR CASI CUALQUIER BARRIO LATINO de clase trabajadora en Estados Unidos, lo más probable es que encuentre locales con nombres como *Cash-A-Check*, *C&C Check Cashers* o *Checkers International*, que ofrecen servicios de cobro de cheques, préstamos a corto plazo, giros postales y algunas veces hasta radio localizadores, tarjetas de teléfono y boletos de lotería.

Aunque estas casas de cambio —llamadas *fringe banks* (bancos marginales) por John P. Casky en su libro *FRINGE BANKING: CHECK CASHING OUTLETS, PAWNSHOPS, AND THE POOR*— cobran altas tasas de interés y honorarios considerables, los residentes del barrio acuden casi siempre a estos lugares para realizar sus transacciones financieras básicas en lugar de recurrir a las instituciones tradicionales como bancos, cajas de ahorro y cooperativas de crédito.

Considere las siguientes estadísticas sobre la frecuencia del uso de servicios bancarios establecidas por la Agencia del Censo: sólo el 33% aproximadamente de los latinos tiene una cuenta corriente, comparado con el 48.2% de blancos no latinos; el 19.3% de latinos tiene cuentas corrientes que producen intereses, comparado con el 39% de blancos no latinos; el 46% de los latinos tiene cuentas de ahorro comparado con el 62% de blancos no latinos; el 3.7% de latinos tiene cuentas en el mercado de valores comparado con el 13.8% de blancos no latinos; y el 4.4% de latinos tiene certificados de depósito comparado con el 17.7% de blanco no latinos.

¿Por qué tantos latinos que trabajan están dispuestos a pagar mayores honorarios a cambio de dudosos servicios financieros? Una de las razones es su profunda desconfianza hacia las instituciones financieras. A nosotros y a nuestras familias nos han estafado diversos bancos latinos sospechosos que se han quedado con el dinero o que simplemente se esfumaron. Las economías inestables han hecho que invertir dinero en cuentas de bancos latinoamericanos sea tan arriesgado como comprar la lotería, pero, por supuesto, no tan divertido. Para perder toda una vida de ahorros lo único que se necesita es una fluctuación monetaria brusca. Muchos de nosotros conocemos o hemos oído de latinos que llenan frascos con dinero y lo esconden debajo de los colchones o en cajas de seguridad... pero nosotros no, ¿verdad?

Las instituciones financieras tampoco han recibido a los latinos con los brazos abiertos. Con unas pocas excepciones, los bancos y las cajas de ahorro, han estado retirando sus oficinas de los barrios latinos. De los pocos que quedan, muchos cobran cuotas excesivamente altas por sus productos y servicios, imponen una terrible cantidad de trámites para abrir y usar las cuentas, o no ofrecen servicios bilingües.

Desgraciadamente, estas prácticas financieras han alimentado otro miedo latino equivocado: que se necesita mucho dinero para utilizar bancos y líneas de crédito estadounidenses, y que es imposible conseguir préstamos. En realidad, algunos bancos y cajas de ahorro (o S&L) —y casi todas las cooperativas de crédito— ofrecen cuentas sencillas, entre ellas algunas que se pueden abrir con tan sólo un dólar.

De hecho, los latinos que utilizamos los conductos financieros normales y que utilizamos con regularidad todos los servicios disponibles —cuentas corrientes y de ahorro, tarjetas de crédito, cajeros automáticos, tarjetas de débito, certificados de depósito y cuentas de inversión— no hacemos lo suficiente para conseguir las mejores ofertas de honorarios y tasas de interés.

Irónicamente somos excelentes ahorradores. Una encuesta hecha por *Strategy Research Corp* en Miami descubrió que 1.3 millones de hogares latinos en cada uno de los 10 mercados más grandes del país —Los Ángeles, Nueva

York, Miami, San Francisco-San José, Chicago, Houston, San Antonio, McAllen-Brownsville, Dallas, y San Diego— logran mandar un promedio de 221.21 dólares por mes a sus familias en los países de origen, lo que suma 3.4 billones de dólares por año.

Sacar el mayor provecho de las instituciones financieras resultará en beneficios económicos, ya que, si se utilizan adecuadamente, representan una de las muchas herramientas que podemos aprovechar para aumentar nuestros ahorros. Estas instituciones no sólo mantienen nuestros ahorros a salvo de incendios, pérdidas o robos; los depósitos pueden ganar intereses. Los cheques cancelados son la prueba de que las cuentas han sido pagadas. Y más importante aún, tener una cuenta corriente o de ahorro, ayuda a conseguir tratos ventajosos en cuanto a tarjetas de crédito y préstamos. (El crédito se explica en el capítulo 2.)

Por ejemplo, Lucy y Gregorio usaban casas de cambio cuando vinieron a Estados Unidos de México en 1980. "Nunca pensamos que íbamos a necesitar un banco, porque gastábamos todo lo que ganábamos", dice Lucy. Pero después de un par de años, abrieron una cuenta corriente en el Banco de América, porque se habían cansado de perder gran parte de su sueldo en giros para pagar sus cuentas.

Más adelante, abrieron una cuenta de ahorro para ellos y para su hija, y ahora tienen un certificado de depósito (CD a plazo fijo). Lucy y Gregorio también han conseguido préstamos de dos pequeños bancos locales para comprar una casa, y abrieron una pequeña tienda de abarrotes. Con frecuencia animan a sus clientes latinos a que averigüen los servicios que ofrecen los bancos.

Edgar, un diseñador gráfico de Guatemala, llevó su negocio a la Comunidad Bancaria de la Bahía de Oakland, California, porque le impresionó la gran gama de productos financieros, el servicio amistoso, y su compromiso para dar crédito a individuos, negocios y organizaciones no lucrativas en las comunidades de bajos ingresos a las que sirven. "Necesitamos educar a los latinos respecto a los bancos, y mostrarles que hay otras opciones."

| **AVISO** | *No se acerquen a las tiendas y servicios que cambian cheques.* |

El costo promedio por cambiar un cheque salarial en una casa de cambio en 1997 era el 2.3% del total del cheque, de acuerdo con una encuesta realizada por la Federación de Consumidores de América. Por un cheque del Seguro Social la cuota era de 2.2%, y por un cheque personal había que pagar el 9.4%.

Aunque algunas cuotas no parezcan altas, se acumulan. De acuerdo con estos porcentajes usted paga un total de 374.50 dólares por cambiar 50 cheques salariales, cada uno de 320 dólares. Usted paga 132 dólares por cambiar 12 cheques del Seguro Social, cada uno de 500 dólares. Y paga 84.24 dólares por cambiar 6 cheques personales, cada uno de 150 dólares. Como los bancos y las cooperativas de crédito casi nunca cobran nada a sus clientes por cambiar cheques usar una casa de cambio es botar dinero. ¡Ay! ¿Y para qué?

Desgraciadamente, muchos de los principales bancos y compañías de servicios financieros, incluyendo GE Capital, Chase Manhattan y Citibank, entre otros, se han dado cuenta de las grandes ganancias que lograron obtener las casas de cambio y han empezado a unirse con algunas de las más grandes.

Aunque nos oponemos a esto en forma rotunda, probablemente algunos de ustedes insistan en seguir las casas de cambio. En ese caso, utilizando medidas que pueden tomar para ahorrar dinero y evitarse problemas:

♦ Averigüe si su patrón, un supermercado local, o un comerciante local, ofrece cambiar cheques. Generalmente es más barato.

♦ Consiga una lista de los cargos y las cuotas antes de usar el servicio de cambio.

♦ Siempre pida recibo.

Encontrar dónde pedir ayuda cuando tenemos un problema con un canjeador deshonesto puede ser confuso, ya que en cada Estado hay reglas diferentes estipuladas por diferentes agencias. Si tiene alguna queja y no sabe a quién acudir, llame a la oficina del consumidor de su Estado o a la Oficina general de abogados de su estado.

CONSEJO   *Abra una cuenta corriente en un banco, una caja de ahorro o una cooperativa de crédito.*

Tener una cuenta corriente de ahorros en un banco, una caja de ahorro o cooperativa de crédito, le ahorra el dinero que pudo haber gastado en cuotas exorbitantes en el cambio de cheques o giros postales.

Tanto los bancos como las cajas de ahorro son negocios de lucro, manejados por los accionistas de la empresa. Los bancos fueron creados para dar préstamos a negocios y empresas, mientras que las cajas de ahorro se encargaban de los préstamos inmobiliarios. Hoy en día, no hay gran diferencia entre los servicios que ofrecen las cajas de ahorro a excepción de que las cajas de ahorro tienen que utilizar por lo menos el 65% de sus servicios en préstamos inmobiliarios.

Los bancos y las cajas de ahorro ofrecen cuentas corrientes, certificados de depósito, cuentas de inversión, tarjetas de crédito, cajeros automáticos, tarjetas de débito, préstamos personales y préstamos para comprar automóviles e hipotecas. Algunos bancos empiezan a ofrecer seguros (que se explican en el Capítulo 3) y fondos mutuos (Capítulo 4).

Las cuentas corrientes de ahorro en la mayoría de los bancos, así como las cajas de ahorro están aseguradas por El Fondo de Garantía de Depósitos (FDIC), por un máximo de 100.000 dólares. Hay que tomar en cuenta que los fondos mutuos, incluso aquellos vendidos por los bancos, no están asegurados.

Si tiene más de 100.000 dólares los puede mantener a salvo si reparte sus depósitos entre varias instituciones financieras o si abre las cuentas a nombre de diferentes miembros de la familia. Claro que si tiene tanto dinero debería invertirlo más agresivamente. (Las inversiones se explican en el Capítulo 4).

Las cajas de ahorro, sobre todo las más grandes, pueden ser muy convenientes. Por lo general tienen cientos de sucursales y cajeros automáticos, en algunos casos en varios estados. Ofrecen depósitos directos, que es la transacción electrónica de su cheque de honorarios, directamente de su contratista a su cuenta bancaria. Algunos también ofrecen banco en línea, a través de su computadora personal, lo que puede facilitar sus pagos y ayudarle a manejar sus cuentas.

Sin embargo, con frecuencia tendrá que pagar una cuota por estos servicios. En los últimos años muchos bancos han incrementado sus cuotas básicas, o han agregado cuotas nuevas. Algunos bancos cobran por cada cheque que se usa o se cambia, por haber emitido cheques sin fondos, por hacer depósitos, por mantener su cuenta debajo del límite requerido, o incluso por hablar con un cajero.

Abrir una cuenta bancaria también puede convertirse en una pesadilla burocrática. La mayoría de los bancos exigen por lo menos dos documentos de identificación, uno de ellas con foto, para abrir la cuenta. Es posible que también soliciten su número de Seguro Social o una tarjeta de crédito, y para inmigrantes recientes, ambas pueden ser muy difíciles de conseguir.

ACCIÓN: Para ver el estatus de seguro de un banco o de una caja de ahorro, llame a FDIC al 800-934-3342. YOUR INSURED DEPOSITS/SUS DEPÓSITOS ASEGURADOS, están disponibles gratis en español e inglés llamando al mismo número o escribiendo al FDIC, Office of Consumer Affairs, 5501 17th St. NW, Washington, D.C. 20429.

Las cooperativas de crédito enfatizan el ahorro y la educación, son alternativas típicas de bajo costo en lugar de los bancos y cajas de ahorro. Pero no están abiertas al público en general. Las cooperativas de crédito están compuestas por personas que tienen un vínculo en común y pueden estar conformadas, por ejemplo, por un grupo de contratistas, un sindicato, una asociación, una iglesia o los vecinos de un barrio.

Las cooperativas de crédito pertenecen a sus integrantes. Si una persona reúne las condiciones necesarias para hacerse integrante, generalmente cualquier miembro de su familia puede hacerlo también. Un pequeño equipo o incluso voluntarios dirigen las cooperativas de crédito.

Las cooperativas de crédito más grandes ofrecen servicios parecidos a los de los bancos y las cajas de ahorro. Estos servicios incluyen cuentas corrientes y de ahorros, depósito directo, cuentas de dinero empresarial, concesión de créditos, cajeros automáticos, tarjetas de débito, préstamos personales y para comprar automóviles, hipotecas y seguros. Es posible que las cooperativas más pequeñas sólo ofrezcan cuentas de ahorro.

La mayoría de las cooperativas de crédito están aseguradas por la Administración Nacional de Cooperativas de Crédito por un máximo de $100,000 dólares. Al igual que los bancos y las cajas de ahorro, si tiene más de $100,000 dólares los puede asegurar entre varias cooperativas de crédito o si abre las cuentas a nombre de varios miembros de su familia.

BANCOS Y CAJAS DE AHORRO QUE PERTENECEN A HISPANOS

CALIFORNIA

Mission National Bank, San Francisco	415-826-3627
Pan American Bank, Los Angeles	323-264-3310

FLORIDA

Capital Bank, Miami	305-536-1500
Continental National Bank of Miami	305-642-2440
Eastern National Bank, Miami	305-995-5800
Gulf Bank, Miami	305-443-4853
Hemisphere National Bank, Miami	305-856-5600
Interamerican FBS, Miami	305-223-1434

MARYLAND

Capital Bank, NA, Rockville	301-279-8900

NUEVO MEXICO

Centinel Bank of Taos, Taos	505-758-6700
Community Bank, Española	505-753-2383
Interamerica Bank NA, Alburquerque	505-837-9800

NUEVA YORK

Banco Central Hispano	212-785-0700
New York National Bank, Bronx	718-589-5000

PUERTO RICO

Banco Central Hispano, Hato Rey	787-250-2500
Banco Financiero de Puerto Rico, Ponce	787-840-0050
Banco Popular de Puerto Rico, San Juan	787-765-9800
Doral Federal Savings Bank, Catano	787-788-2626
Eurobank and Trust Co., Hato Rey	787-751-7340
Fajardo Federal Savings Bank, Fajardo	787-863-3555
Firstbank, Santurce	787-729-8200
Oriental Bank, Humacao	787-850-2000

TEXAS

Brownsville National Bank, Brownsville	956-546-4503
Commerce Bank, Laredo	956-724-1616
Falcon National Bank, Laredo	956-723-2265
Falfurrias State Bank, Falfurrias	512-325-5646
International Bank NA, Brownsville	956-982-9661
International Bank of Commerce, Laredo	956-722-7611
International Bank of Commerce, Zapata	956-765-8361
Nueces National Bank, Corpus Christi	512-888-8181

NOTA: No estamos recomendando estas instituciones financieras. Debe de comparar estas cuotas y servicios con otros bancos, cajas de ahorro y cooperativas de crédito.

FUENTE: Creative Investment Research, Washington, D.C., WWW2.ARI.NET/CIRM

ACCIÓN: Para saber si una cooperativa de crédito está asegurada por el gobierno federal, llame al National Credit Union Administration al 703-517-6300, o visite su página de Internet www.ncua.gov/.

Utilizar cooperativas de crédito puede resultar menos costoso que acudir a los bancos. Como ponen énfasis en la educación y el ahorro, tienden a pasar mucho tiempo con sus clientes. Las evaluaciones de préstamos suelen tomar en cuenta su carácter y reputación, así como su historial crediticio. Si no tiene un historial de crédito, le pueden ayudar a establecer uno.

Aunque las cooperativas de crédito necesitan verificar su identidad antes de abrir una cuenta, generalmente están más dispuestos a aceptar un recibo de utilidades, un recibo de servicios o un recibo de asistencia pública como prueba de identificación en lugar de un carnet de conducir, pasaporte o el número del Seguro Social.

Pero las cooperativas de crédito tienen algunas desventajas. No puede entrar cualquiera. La cooperativa de crédito para la cual cumple los requisitos, quizás no esté cerca de su casa. Y la mayoría de las cooperativas de crédito no tienen, ni mucho menos, la expansión o los cajeros automáticos que tienen los bancos comerciales o las cajas de ahorro.

ACCIÓN: Para saber si usted reúne los requisitos para ingresar a una cooperativa de crédito, llame a la Credit Union National Association (800-356-965) o escriba al grupo cuya dirección es P.O. Box 431, Madison, WI 53701. Incluya un sobre con su dirección y adjunte sellos. También puede consultar su página en Internet en www.cona.org/.

 Podría necesitar establecer una cuenta de transferencia electrónica para recibir beneficios federales.

Una razón práctica e importante por la cual los latinos deberían tener una cuenta bancaria de una caja de ahorros o cooperativas de crédito, es que el 2 de enero de 1999 el U.S. Treasury dejó de mandar los pagos gubernamentales en forma de cheques, a excepción de los formularios de impuestos (muchos estados también han hecho lo mismo). Los cheques del Seguro Social y la asistencia social para trabajadores gubernamentales y proveedores, ahora son emitidos electrónicamente a cuentas en instituciones financieras. Las únicas excepciones son las personas que demuestran tener una deficiencia física, una barrera geográfica o una dificultad financiera.

El departamento del tesoro de los Estados Unidos planifica establecer cuentas de tranferencia electrónica gratuitas o de bajo costo, en instituciones financieras aseguradas por el gobierno federal, pero hasta la fecha todavía no lo han hecho. Estas cuentas seguramente permitirán depósitos y retiros de fondos en cajeros automáticos y terminales especiales. Mientras tanto, el usuario necesita buscar bancos, cajas de ahorro y cooperativas de crédito que ofrezcan depósitos directos de bajo costo. (Siga leyendo para averiguar cómo).

Muchos servicios de transferencia de dinero así como las casas de cambio, están asimismo desarrollando productos que les ayudan a retener clientes ya que el gobierno eliminó los cheques. Pero estos productos son caros. Western Union, por ejemplo, ha introducido Beneficios de Efectivo Rápido, que les permite a los consumidores cambiar los cheques gubernamentales pero les retiene un total de 7.50 dólares por transacción. El servicio es más caro que el de muchos bancos o cooperativas de crédito, y además no lo ayudará a establecer una línea de crédito.

 CONSEJO *Apoye al banco o cooperativa de crédito de su comunidad.*

Los bancos comunitarios del desarrollo y las cooperativas de crédito comunitario de desarrollo, tienden a estar localizados en zonas que han sido olvidadas por las principales instituciones financieras, especialmente en barrios de bajos recursos o zonas habitadas principalmente por minorías. Algunas cooperativas de créditos comunitarios de desarrollo se crearon específicamente para servir a la comunidad latina. Estas cooperativas de crédito usan la mayoría de sus depósitos para hacer préstamos a sus miembros y a los proyectos de inversión de la comunidad local, tales como la compra de vivienda para gente con bajos recursos.

Los bancos comunitarios de desarrollo y las cooperativas de crédito ayudan a quienes utilizan instituciones financieras por primera vez. Pero también requieren de clientes más sofisticados que prefieren que sus depósitos se utilicen para causas sociales y para proveer servicios en barrios muy poco representados.

Lo único que se necesita para ser miembro es una cuota de 10 dólares y un depósito mínimo de 50 dólares para abrir una cuenta de ahorro en

Federal Credit Union en la Ciudad de Nueva York, que ayuda ᵁntes de la comunidad dominicana. Los préstamos perso- ⁾00 dólares, con intereses tan bajos como de un 8%, se han ⁾nas sin historial de crédito. Los giros postales cuestan tan sólo 49¢.

La *Delmara Fife Federal Credit Union* en Bridgevilli, Delaware, abrió una sucursal móvil para ayudar a las comunidades de mexicanos, peruanos y guatemaltecos, que trabajan en zonas industriales dónde se procesa pollo. Los miembros tienen derecho a servicios de cambio de cheques gratuito si mantienen 50 dólares en su cuenta de ahorro y depositan por lo menos 5 dólares en su cuenta corriente cada vez que cambian un cheque.

La *Community Trust Federal Credit Union* en Apopka, Florida, tiene tres sucursales que ayudan a los inmigrantes mexicanos y guatemaltecos que trabajan en granjas. Se puede abrir una cuenta de ahorro por una cuota anual de 5 dólares más 10 dólares como depósito mínimo inicial y te ofrecen una tarjeta de crédito con una cuota anual de 6 dólares.

ACCIÓN: Para encontrar un banco comunitario de desarrollo cerca de usted, consulte la página en Internet de Social Investment Forum en www.socialinvest.org/, o llame a *Co-Op America's Fax Information Center* al 800-380-FAXX para obtener información por fax. También puede comprar una copia del *Directory of Socially Responsible Investment Services*, mandando 2 dólares al Social Investment Forum, P.O. Box 57216, Washington D.C. 20037, o llamando al 202-872-5319. Para encontrar una cooperativa de crédito comunitaria de desarrollo cerca de usted, póngase en contacto con la National Federation of Community Development Credit Unions llamando al 212-809-1850, o envíe un sobre con sellos postales y su dirección a 120 Wall St.,10th Floor, New York, NY 10005.

 CONSEJO *Sepa qué preguntas hacer cuando elija una institución financiera.*

La posibilidad de hacer sus transacciones con el banco o la cooperativa de crédito más cercana puede resultar muy tentadora. *Es lo más fácil pero no lo mejor*. Existen varios factores que debería considerar al escoger una institución financiera:

Conveniencia: Nadie quiere perder una hora completa en atravesar la ciudad para llegar a un banco o a un cajero automático. Averigüe si el banco tiene una sucursal cerca de su casa o de su lugar de trabajo. Si puede hacer la mayoría de sus transacciones bancarias a través de una computadora o e-mail, puede que la ubicación no sea tan importante, pero piense en el día en que necesite hablar con un empleado del banco personalmente.

Servicios: ¿Qué es lo que necesita? Si únicamente le hace falta una cuenta corriente de ahorro, quizás quiera pertenecer a una cooperativa de crédito, sin grandes beneficios y de bajo costo. Si lo que necesita son varios servicios —tarjeta de crédito, préstamo para un automóvil o hipoteca— busque una institución que ofrezca estos servicios. ¿Tienen material e información disponibles en español?

Costos y cuotas de interés: ¿Le interesa más ganar mayores intereses o pagar cuotas bajas para obtener más servicios? Lo más probable es que no encuentre ambas opciones en una sola institución.

Compromiso comunitario: La Ley del Comité de Reinversión (CRA) de 1977 fue aprobada por el Congreso para combatir el "redlining", que consistía en aceptar depósitos de comunidades de bajos recursos, sin realizar ningún préstamo. La CRA establece que todos los bancos y las cajas de ahorro tienen que ofrecer todos los servicios financieros que necesitan las comunidades donde hacen negocios.

Para tener una idea de cómo las instituciones financieras están adheridas al CRA, pida el contrato de la institución con el CRA, y busque dónde define la comunidad geográficamente, dónde identifica las necesidades de la comunidad y dónde explica cómo está solucionando esas necesidades. Pida también la evaluación del CRA, la cual está basada en los informes sobre la raza, los ingresos y el sexo de las personas que solicitan y a quienes se les otorgan préstamos. Tanto el contrato como la evaluación del CRA son documentos públicos que la institución debe proporcionarle si los solicita. Algunas instituciones financieras quizás pidan una cuota nominal por ellos.

ACCIÓN: Para conseguir un rating CRA de la página de Internet de FDIC, vaya a www.fdic.gov/publish, después haga clic en Community Reinvestment Act, seguido de Automated Ratings Search.

LA RED DE COOPERATIVAS DE CRÉDITO DE DESARROLLO DE LA COMUNIDAD LATINA

ARIZONA
Chicanos Por La Causa, Phoenix — 602-257-0700
First American Credit Union, Window Rock — 520-871-4767
South Park/Pueblo Gardens Federal Credit Union, Tucson — 520-770-9345

CALIFORNIA
Comunidades Federal Credit Union, Los Angeles — 213-251-2190
El Futuro Credit Union, Porterville — 209-784-7901
Episcopal Community Federal Credit Union, Los Angeles — 213-482-2040
Family Federal Credit Union, Wilmington — 310-835-6132
Mission Area Federal Credit Union, San Francisco — 415-431-2268
Santa Cruz Community Credit Union, Santa Cruz — 408-425-7708
Watts United Credit Union, Los Angeles — 323-564-7854

COLORADO
Denver Community Credit Union, Denver — 303-292-3910

DELAWARE
Delmarva Fife Federal Credit Union, Bridgeville — 302-422-0155

FLORIDA
Community Trust Credit Union, Apopka — 407-880-4300
POC Federal Credit Union, St. Petersburg — 813-327-8690

ILLINOIS
Austin/West Garfield Federal Credit Union, Chicago — 773-287-2943
Cosmopolitan Federal Credit Union, Chicago — 773-536-7212
North Side Community Federal Credit Union, Chicago — 773-549-1537

INDIANA
Near Eastside Community Federal Credit Union, Indianapolis — 317-633-3100

NEW JERSEY
La Casa Federal Credit Union, Newark — 973-497-2700

NUEVA YORK
Bethex Federal Credit Union, Bronx — 718-299-3062
Brooklyn Ecumenical Federal Credit Union, Brooklyn — 718-858-8803
Central Brooklyn Federal Credit Union, Brooklyn — 718-399-1763
Lower East Side Peoples Federal Credit Union, Nueva York — 212-529-8197
Neighborhood Trust Federal Credit Union, Nueva York — 212-740-0900
Progressive Neigborhood Federal Credit Union, Rochester — 716-328-5410
Roberto Clemente Federal Credit Union, Bronx — 718-992-1220
Transfiguration Parish Federal Credit Union, Brooklyn — 718-388-0729
Union Settlement Federal Credit Union, Nueva York — 212-828-6061

CAROLINA DEL NORTE
Victory Masonic Mutual Credit Union, Winston-Salem — 910-724-9081

PENNSYLVANIA
Boriquen Federal Credit Union, Philadelphia — 215-228-4180

PUERTO RICO
San Juan Community Federal Credit Union, San Juan — 956-781-6845

TEXAS
Common Ground Community Credit Union, Dallas — 214-421-7224
Weslaco Catholic Federal Credit Union, Weslaco — 956-968-8371

FUENTE: National Federation of Community Development Credit Unions.

Anote sus preferencias con respecto a lo que una institución financiera le debe ofrecer en términos de servicios y conveniencia. Posteriormente, tome su lista y visite diferentes bancos, cajas de ahorro o cooperativas de crédito, hasta que encuentre el que mejor se ajuste necesidades.

Por lo general, nosotros utilizamos los bancos o cooperativas de crédito para abrir cuentas corrientes de ahorro, para utilizar cajas de seguridad, y para solicitar crédito. Aunque casi todas las cuentas de las cajas de ahorro ofrecen el mismo tipo de servicios, encontrará una amplia gama de paquetes, tasas de interés, y cuotas en las diferentes instituciones financieras.

Si usted tiene una cuenta de libreta de ahorro, todo el dinero que deposite tiene una liquidez absoluta, lo que quiere decir que tiene acceso a sus fondos cuando quiera. *¡Cuidado con eso!* Dependiendo de la institución financiera, el dinero que ahorra en la cuenta recibe un interés compuesto a diario, mensualmente semestralmente o anualmente. Con el interés compuesto usted gana intereses sobre los intereses ya devengados, así como sobre la cantidad original. Vamos a describir otros dos tipos de cuentas de ahorro —cuenta de inversión y de certificado de depósito— más adelante en este mismo capítulo.)

Con una cuenta corriente, usted transfiere dinero de su cuenta a la cuenta de otra persona al firmar un cheque. Las cooperativas de crédito llaman a estas cuentas, cuentas de transferencia de letras bancarias. El uso de las cuentas corrientes y de transferencia de letras bancarias resulta más conveniente que el uso de efectivo o de giros monetarios. Es una buena manera de mantenerse al tanto de sus gastos. Además proporcionan comprobación de los pagos. Debe haber suficientes fondos en su cuenta para que el cheque sea cubierto. De lo contrario, el cheque no podrá cobrarse y usted será sancionado con una multa, además de crearse "mala fama".

Abrir una cuenta corriente o de transferencia de letras bancarias puede resultar complicado. Averigüe cuáles son las cuotas mensuales, si cobran o no por emitir o cambiar un cheque, cuál es el depósito inicial mínimo, cuál es el saldo mínimo para evitar algunas o todas las cuotas, y cuál es la tasa de interés si es que existe.

Además, aclare cuáles son los costos de la cuota de sanción en caso de cheques sin fondos, de la solicitud de una copia de un cheque ya girado, de solicitar información por teléfono a un ejecutivo o empleado del banco, de hacer trámites en persona con un cajero y de recibir todos sus cheques cancelados. Pregunte también cuánto tiempo tiene que pasar hasta que se tenga acceso a los fondos de los cheques que deposita.

Las estructuraciones libres están cambiando constantemente, por lo cual debería investigar periódicamente si puede conseguir mejores condiciones en otro lugar.

Muchos bancos tienen promociones "gancho" a través de las cuentas de "banca múltiple" o "cuentas relacionadas", que permiten girar cheques gratuitamente, u ofrecen intereses y cuotas más bajas si maneja todas sus cuentas en ese banco. *Cuidado.* Hay que analizar estas promociones con toda atención. Es posible que consiga ahorrar más dinero si mantiene su cuenta corriente de ahorro en una institución y sus certificados de depósito (plazo fijo) y sus cuentas de inversión en otra.

ACCIÓN: Reduzca gastos obteniendo su libreta de cheques directamente de las imprentas de libretas de cheques bancarias en lugar de en el banco. Llame a Checks in the Mall Inc. al 800-733-4443, The Check Store al 800-424-3257 o Curront al 800-420-0022.

Los cheques de una cuenta bancaria antigua, es decir, los que firmó sin tener suficiente dinero en la cuenta para cubrirlos, podrían impedirle abrir una nueva cuenta en otro banco. En la mayoría de los casos, sin embargo, el hecho de depositar suficiente dinero para poder cubrir el importe de esos cheques le permitirá abrir una nueva cuenta.

ACCIÓN: Para averiguar si tiene cheques pendientes de pago, (malos antecedentes bancarios) llame a ChexSistems al 800-428-9623 o a Equifax Check Services al 880-352-5970.

No utilice las cajas de seguridad del banco para guardar dinero, objetos de propiedad ajena o documentos importantes que pueda necesitar en caso de urgencia.

Las cajas de seguridad se pueden alquilar a las instituciones financieras para guardar objetos de valor que no quiera guardar en su casa en caso de incendio o robo. Estos objetos incluyen joyería, monedas de mucho valor, reliquias de familia o documentos importantes tales como certificados de matrimonio o nacimiento, hipotecas y comprobantes de ciudadanía.

De cualquier forma, hay ciertas cosas que no se deben guardar en las cajas de seguridad (a menos que las comparta con otra persona en el caso de algunos estados), porque puede pasar mucho tiempo antes de tener acceso a estos objetos si su alquiler se vence. Estos objetos incluyen testamentos originales, pagos de cementerio, instrucciones para el entierro y objetos de propiedad ajena. No guarde grandes cantidades de dinero en cajas de seguridad ya que se podría considerar un indicio de actividades ilícitas o de evasión de impuestos. Además, no se gana interés alguno sobre el dinero depositado en una caja de seguridad. (Vea el capítulo 8 para más información sobre las cajas de seguridad).

Evite tener cuentas de cheques que generan interés, a menos que al hacer sus cálculos sepa con seguridad que usted sale ganando consistente y constantemente.

Haga sus cálculos antes de dejarse seducir por las cuentas corrientes que producen interés, ya que algunas de ellas imponen grandes cuotas y requieren un balance mínimo.

Las cooperativas de crédito ofrecen mejores opciones que las cuentas bancarias ya que de acuerdo con *la Credit Union National Association*, aproximadamente un 64% de las cooperativas de crédito ofrecen cuentas de transferencia de letras bancarias que no requieren de un saldo mínimo, mientras que sólo un 32% de los bancos ofrecen cambio de cheques gratuito.

Use los certificados de depósito (plazo fijo) y las cuentas de inversión sólo para ahorros a corto plazo.

Cuando llega el momento en que los latinos desean abrir cuentas distintas a las cuentas corrientes y de ahorros, los certificados de depósito (a plazo

	BANCO	COOPERATIVA DE CRÉDITO
COMPARACIÓN DE GASTOS: BANCOS VERSUS COOPERATIVAS DE CRÉDITO		
SALDO MÍNIMO (Cuenta corriente con carga de interés/cuenta compartida)	$319	$308
SALDO MÍNIMO PARA EVITAR CUOTAS (Cuenta corriente con carga de interés/cuenta compartida)	$1,647	$731
SALDO MÍNIMO (Cuenta corriente sin carga de interés/cuenta compartida)	$80	$69
SALDO MÍNIMO PARA EVITAR CUOTAS (Cuenta corriente sin carga de interés/cuenta compartida)	$346	$381

fijo) y las cuentas de inversión son, algunas veces los únicos tipos de productos que usamos. *Somos un poco cobardes*. No hay nada que se pueda considerar erróneo en esta estrategia, pero es importante recordar que los certificados de depósito (plazo fijo) y las cuentas de inversión (*Money Market Account*), sólo se deberían usar para invertir pequeñas reservas de dinero y ahorros a corto plazo —no más de cinco años. (Para inversión a largo plazo ver el capítulo 4).

Cuando invierte su dinero en una cuenta de certificado de depósito, usted le está prestando dinero al banco o a la institución financiera por un determinado tiempo a cambio de una tasa específica de interés. Generalmente, entre más tiempo deje ahí su dinero más alto será el interés. Los plazos varían de los tres meses a los cinco años.

La inversión inicial mínima para abrir una cuenta de CD puede ser tan baja como 500 dólares y tan alta como 100,000 dólares. Si el CD es un producto del banco, está asegurado por el gobierno federal por un monto máximo de 100.000 dólares. Otras instituciones tales como las firmas de fondos mutuos o las compañías de , quizás ofrezcan CDs con intereses más altos, o tarifas mínimas de depósito, pero no están asegurados. Tenga en cuenta que algunos bancos imponen una penalización en caso de que se saque el dinero antes de que venza el plazo del CD, así que antes de invertir infórmese acerca de las reglas.

Pero cuidado con lo siguiente: cuando su CD esté a punto de vencer, asegúrese de informarle a su institución financiera si desea cobrar su dinero, o transferirlo a otro CD. Si usted no da instrucciones, la institución financiera automáticamente pondrá su dinero en otro CD. La mayoría de las instituciones financieras le dirán cuando vence, pero para mayor seguridad, no olvide anotar la fecha en su calendario.

Las cuentas de inversión, son un híbrido de las cuentas corrientes y de ahorros. Pagan mayores intereses que otras cuentas bancarias, pero muchas veces requieren de un saldo mínimo de entre 2.000 y 25.000 dólares. El interés, que puede variar a diario, se llama también ganancias y se le llama *annual percentage yield APY (*tasa de renta *anual)* en su estado de cuenta. La tasa anual (APR), por otro lado, es la cuota que usted paga por crédito otorgado, tales como préstamos para la compra de un automóvil.

Usted puede sacar su dinero sin problema de las cuentas de acciones, pero el número de transacciones mensuales y/o anuales está generalmente restringido. Si usted sobrepasa el límite le cobrarán una cuota. Las cuentas de inversión de los bancos, las cajas de ahorro o cooperativas de crédito están aseguradas por un máximo de 100.000 dólares. (Estas cuentas son distintas a las cuentas de acciones de fondo mutuo, de las cuales se habla en el capítulo 4).

Los planificadores financieros (incluyendo a una de las Lauras) recomiendan invertir en las cuentas de CDs tanto como las cuentas de inversión. Sin embargo, si no tiene mucho dinero y está tratando de escoger entre los CDs y las cuentas de inversión, debería analizar el tipo de liquidez que necesita, cuáles son los intereses que ofrecen, y cuáles son sus metas a corto plazo.

Si el dinero que quiere ahorrar es simplemente una reserva en efectivo para alguna emergencia, deposítelo en una cuenta de inversión, para que pueda tener fácil acceso a los fondos. Si, en cambio, no necesita ese dinero por un periodo específico de tiempo, probablemente sería mejor depositarlo en un CD ya que así podrá ganar intereses más altos.

De cualquier modo, usted también puede invertir dinero en varios CD's a la vez con diferentes plazos de vencimiento —una técnica llamada escalonar— para mantener cierta liquidez y aprovechar las tasas variables de interés.

Por ejemplo, en lugar de invertir 6.000 dólares en un CD a un plazo de cinco años, invierta su dinero en seis CDs distintos que vencen un mes sí y otro no, a partir del tercer mes de haber hecho el depósito. Con esta serie de CDs que vencen a intervalos regulares, usted puede verificar las tarifas de interes y transferir su dinero a una cuenta de acciones o cambiar a otro CD.

> **ACCIÓN:** Para comparar las tasas de interés entre los CDs, las cuentas de inversión y otros productos bancarios, consulte en la página de Internet de BanxQuote www.banx.com/. Para las tasas de interés de CDs busque en la página de Internet de Treasury Worldwide's en www.treasuryworldwide.com/. Las tasas de interés de los CDs y las cuentas de inversión aparecen todos los miércoles en The Wall Street Journal. A veces también se pueden encontrar en la sección de negocios de su periódico local.

Aprenda la diferencia entre las tarjetas de cajero automático y las tarjetas de débito.

Los cajeros automáticos le permiten depositar y sacar dinero, transferir fondos entre cuentas, y algunas veces hasta sacar dinero de sus tarjetas de crédito con su número personal de identificación (PIN).

Por su propia seguridad, nunca utilice su número del Seguro Social, o el día de su cumpleaños, como PIN. En su lugar, ¿por qué no deletrear una palabra de cuatro letras en español?

La mayor ventaja de utilizar las tarjetas de cajero automáticos es la conveniencia. Hay miles de cajeros automáticos por todo el país (así como en muchos otros países) además de que permanecen abiertos las 24 horas del día, los siete días de la semana.

Las tarjetas de cajero automático, sin embargo, pueden salir caras. Si tiene una cuenta en un banco A, pero usa la tarjeta en los cajeros automáticos de un banco B, el banco B le puede cobrar por esta transacción. Su propio banco le puede cobrar por usar su tarjeta de cajero en el cajero de otro banco. Puede haber tarifas semanales, mensuales, o anuales para tener acceso a estas tarjetas. Existe una cuota única, para conseguir una tarjeta de cajero y otra para reemplazarla en caso de extravío o robo. También existen cuotas para usar el sistema de cajeros que forma parte de una red nacional o internacional.

Y una cosa más: cuando utiliza una tarjeta de cajero y de débito, la sección de "saldo disponible", que aparece en la pantalla del cajero, generalmente, incrementa el monto de su cuenta por cientos o miles de dólares, ya que lo suma a su línea de crédito. Para saber exactamente cuánto dinero tiene en su cuenta, debe averiguar la cantidad de crédito que tiene disponible y restarlo.

> **ACCIÓN:** Para evitar el golpe de los cargos extraordinarios por sobregiro en las tarjetas de cajero automático, averigüe si su banco o cooperativa de crédito pertenece a una red de instituciones financieras que no cobran tarifas de cajeros automáticos a clientes y a no clientes.

Al igual que las tarjetas de cajero automático, las tarjetas de débito se utilizan para disponer de efectivo directamente de las cuentas bancarias. Pero a diferencia de las tarjetas de cajero, se pueden utilizar para realizar compras. Usar una tarjeta de débito para comprar algo en una gasolinera o una tienda, es parecido a usar una tarjeta de crédito, pero con la tarjeta de débito lo que paga sale directamente de lo que tiene en su cuenta. Es posible que no requiera de un PIN, lo que les facilita a los ladrones saquear su cuenta en caso de pérdida o robo de la tarjeta.

Cuando utiliza una tarjeta de débito es también importante estar siempre al tanto de cuánto dinero tiene disponible. Si no está completamente seguro de cuánto dinero tiene en un momento dado y gasta mucho dinero con una tarjeta de débito que lo sobregira, tendrá que pagar una cuota. Asegúrese de anotar sus transacciones tanto de las tarjetas de cajero como de las de débito en su libro de registro igual que si fuera una libreta de cheques.

Otra desventaja es que la ley de Fondos Electrónicos de Transferencia federales (Electronic Funds Transfer Act), dispone que si bien su cargo límite es de 50 dólares, si usted notifica al banco dentro de un plazo de dos días la pérdida o robo de su tarjeta, si lo hace después de dos días la cantidad que le pueden cargar aumenta a 500 dólares, y podría recibir un cargo por una cantidad ilimitada de dinero si no le notifica al banco dentro de un plazo de 60 días.

Afortunadamente, muchos bancos tales como Visa U.S.A. y MasterCard International, dos grandes empresas de tarjetas de débito, fijan el límite de crédito en caso de pérdida o robo en 50 dólares. Aún así, averigüe exactamente cuál es la política que sigue el banco o la compañía que emitió su tarjeta de débito. (La misma regla se aplica para la pérdida de tarjeta de cajero automático).

Asimismo, usted puede tomar medidas para evitar el uso de su tarjeta en caso de robo si sigue algunas reglas fáciles (estas reglas también se aplican a las tarjetas de crédito, de las que se hablarán en el capítulo 2):

♦ Nunca le dé el número de su tarjeta de débito a un vendedor ya sea por teléfono o por Internet si usted no solicitó el contacto con él.

♦ Cuando reciba su tarjeta por correo fírmela inmediatamente al reverso

♦ Asegúrese de recibir su tarjeta de débito y su recibo después de hacer una compra.

♦ Guarde los recibos de su tarjeta de débito en un lugar seguro, con el propósito de cotejarlos con su estado de cuenta y asegurarse de que todas las compras son suyas.

♦ Si recibe una tarjeta de débito no solicitada, *rómpala*.

♦ Haga una lista de los números de sus cuentas, en caso de que las tenga que reportar por pérdida o robo.

♦ Nunca le preste su tarjeta de débito a nadie.

♦ Tanto con las tarjetas de cajero, como con las de débito, nunca lleve su PIN escrito en un papel dentro de su cartera o su bolsa, ni tampoco en la tarjeta, en un recibo de depósito o un sobre.

♦ Nunca le diga su PIN a nadie; los empleados del banco no están autorizados para preguntárselo.

Lea cuidadosamente sus extractos de cuenta mensuales de la caja de ahorro o cooperativa de crédito, los dos primeros días después de haberlos recibido.

Muchos de nosotros sólo le damos un vistazo rápido a nuestros extractos de cuenta mensuales del banco o cooperativa de crédito, y después los dejamos en algún cajón. Los estados de cuenta reflejan todos los depósitos, los retiros, las actividades en cajeros automáticos asi como las cuotas. Es muy importante leer cuidadosamente estos extractos de cuenta dentro de los dos días siguientes a su recibo para asegurarse de que cuadran con sus propias cuentas.

Las cuentas corrientes tienen generalmente un formato al reverso del estado de cuenta que se puede usar para conciliar o verificar el saldo de su libreta de cheques. El formato le ayuda a identificar las transacciones pendientes —las no procesadas todavía por el banco o la cooperativa de crédito— y verificar si la diferencia entre el saldo de su libreta y el saldo del estado de cuenta del banco o de la cooperativa de crédito.

Si las cifras no cuadran, vuelva a hacer sus cuentas para asegurarse de que no ha ometido un error. Si aún así no logra identificar la discrepancia, llame a su institución financiera para solicitar ayuda. Debe de guardar estos extractos de cuenta en un lugar seguro por lo menos durante un año.

 Analice todas sus opciones antes de mandar dinero a otros países.

Hay tres maneras de mandar dinero a Latinoamérica desde E.U: transferencias en línea de un banco, una cooperativa de crédito, una oficina de correos o servicios como Western Union o MoneyGram; giros postales y una combinación de giro postal/correo express. Cada uno tiene un precio distinto y presenta sus propias ventajas y desventajas.

Las transferencias en línea del banco pueden ser caras, según el servicio que utilice. Por lo general hay que pagar todos los cargos por adelantado en el momento de enviarlo. La persona que lo recibe generalmente puede recoger los fondos gratuitamente. La ventaja de utilizar este servicio, es la seguridad que le da saber que una vez que se hace la transferencia, el dinero llega a su destino en cuestión de minutos.

Las tarifas de Western Union se fijan sobre la cantidad que se envía y el destino. La tarifa estándar para transferencias de 200.01 a 300 dólares es de 29 dólares (si se envía a México es de 27 dólares). La tarifa aumenta a 34 dólares (32 a México) si es una cantidad entre los 300.01 y los 400 dólares. Algunos bancos ofrecen transferencias en línea, pero sólo a sus clientes. Bank of América, por ejemplo, cobra una cuota fija de 30 dólares por transacción.

Una de las maneras más baratas de enviar dinero electrónicamente a Latinoamérica es a través del programa de Dinero Seguro de la oficina de correos de E.U. La mayor desventaja es que sólo se puede utilizar el servicio para mandar o recibir dinero en California, Texas, Chicago y México. Sin embargo, es posible que el servicio se expanda a otras ciudades de E.U. y distintos países latinoamericanos.

Con *Dinero Seguro*, usted puede mandar hasta 3.000 dólares a una sucursal de Bancomer, uno de los bancos más grandes de México. El destinatario puede simplemente retirar el dinero en Bancomer sin necesidad de que tenga una cuenta ahí. Las cuotas varían de 12 dólares, si manda hasta 350 dólares a 60 dólares por mandar entre 2.251 y 3.000 dólares.

Por lo menos una cooperativa de crédito está experimentando con las transferencias a Latinoamérica, y es posible que en el futuro, otras lo hagan también. La Cooperativa de Crédito Federal del Distrito Mission en San Francisco tiene un programa que les permite a sus miembros mandar dinero electrónicamente a la Cooperativa de Crédito Nacional de El Salvador, por una cuota fija de 6.50 dólares por transacción.

Los giros postales internacionales representan otra opción. El costo de un giro es de 3 dólares y se pueden mandar cantidades hasta por 500 dólares a la mayoría de los países de América Latina. Su mayor desventaja es la ineficacia del correo en muchos de estos países.

Para resolver esta dificultad la Oficina de Correos de E.U. introdujo el servicio de Giro Express, son giros postales internacionales enviados por correo inmediato. Un giro express casi siempre llega a su destino en un plazo máximo de tres días. El costo del giro es de 3 dólares, más los 15 dólares de la tarifa de correo inmediato. Sin embargo, sólo se puede enviar este tipo de giro a México.

Un uso inteligente del dinero incluye ahorrar tanto como sea posible. Empiece por definir cuáles son sus ingresos y gastos.

Para poder ahorrar de manera sistemática, es preciso determinar cuáles son sus ingresos y gastos. Necesita saber, tanto mensual como anualmente, cuánto dinero gana, cuánto gasta y cuánto dinero le sobra si ése es el caso. Una de las primeras cosas que la planificadora financiera, Laura, pide a sus clientes es que hagan un presupuesto.

Elabore una lista de gastos que incluya alimentos, gastos escolares, lavandería, gastos o implementos médicos o dentales, artículos de aseo personal, cuidado de los niños, gastos de entretenimiento, bebidas, tabaco, artículos de limpieza, ropa, teléfono, pago de servicios, alquiler de vivienda o pago hipotecario, seguros, impuestos, donativos a sociedades benéficas, pagos de transporte —boletos de autobús o tren, o gastos que genera el automóvil— (cuotas mensuales de pago, mantenimiento, gasolina y aceite), el dinero que envía a América Latina y ahorros.

Anote lo que gasta en cada una de estas categorías y después calcule las cantidades totales. Piense en los gastos que realiza una vez al año como vaca-

CÓMO HACER UN PRESUPUESTO

INGRESOS MENSUALES:

Salario	$_____
Dividendos donativos a sociedades benéficas, mutuos, etc.	$_____
Interés ganado en cuentas de ahorros, CD's, bonos, etc.)	$_____
Otras pensiones, regalías, etc.	$_____

IMPORTE TOTAL DE LOS INGRESOS MENSUALES $_____

GASTOS MENSUALES

Pago de alquiler o hipoteca	$_____
Hipoteca de casa vacacional	$_____
Impuestos hipotecarios	$_____
Primas de seguro inmobiliario o de arrendamiento	$_____
Cuotas de mantenimiento	$_____
Préstamos personales (por ejemplo escolares)	$_____
Cuentas por cargo (acreditadas)	$_____
Préstamo de automóvil	$_____
Mantenimiento de automóvil (gasolina, reparaciones, otros)	$_____
Contribuciones a pensiones de jubilación previas a desgravaciones	$_____
Contribuciones a pensiones de jubilación posteriores a desgravaciones	$_____
Ahorros sistemáticos	$_____
Mantenimiento de casa (limpieza, pintura, jardinería, otros)	$_____
Mejoras mínimas a la casa (decoración)	$_____
Gas y electricidad	$_____
TV/cable/internet/otros	$_____
Teléfono, incluyendo celular, beeper, servicio de mensajes	$_____
Entretenimiento (cine, teatro, restaurantes, otros)	$_____

Transporte (tarifas de AAA, autobús, metro, otros) $ _____

Seguro del automóvil $ _____

Agua y basura $ _____

Comidas y abarrotes $ _____

Primas médicas (médicos, dentistas, oculistas, otros)
¿previo desgravaciones? $ _____

Gastos médicos (no cubiertos por el seguro médico,
ej. medicamentos y terapias alternativas) $ _____

Cuidado personal (masajes, cortes de cabello, gimnasio) $ _____

Ropa (compra de ropa nueva, lavandería y tintorería) $ _____

Mascotas (comida, pensiones, peluquería y veterinario) $ _____

Viajes y tiempo libre (transporte, hospedaje,
alimentación, entretenimiento, otros) $ _____

Gastos de educación $ _____

Cuidado infantil (nombre de cada hijo) $ _____

Donativos de caridad $ _____

Gastos varios (periódicos, cds, libros, etc.) $ _____

Primas de seguros de incapacidad $ _____

Primas de seguros de vida $ _____

Regalos (fistas de cumpleaños, aniversarios, otros) $ _____

TOTAL DE GASTOS $ _____

INGRESO MENSUAL TOTAL, GASTOS E INGRESO DISCRECIONAL:

INGRESO TOTAL MENSUAL $ _____	**INGRESO DISCRECIONAL MENSUAL** $ _____
GASTOS TOTALES MENSUALES $ _____	**(INGRESO MENOS GASTOS)** $ _____

ciones o cuotas del auto. Divida estos gastos entre doce y anote el resultado bajo la rúbrica de gastos mensuales de su presupuesto. Luego reste estos gastos de su ingreso mensual. Ahora mire bien sus resultados totales. *¡Ánimo!* (Puede guiarse por el ejercicio del cuadro anterior).

 Desarrolle un plan de ahorros.

Si el resultado sobrepasa su presupuesto, tiene dos alternativas: ganar más dinero, cambiarse a un trabajo mejor pagado o conseguir un trabajo adicional, o bien gastar menos y reducir los gastos fijos. *¿Esto no es una gran sorpresa, eh?* La segunda alternativa puede parecer tan difícil como la primera; sin embargo, la reducción de sus gastos es algo que está más dentro de su control.

Podría, por ejemplo, llevar su almuerzo al trabajo un par de días a la semana, en vez de comer fuera. Esto puede ahorrarle por lo menos 10 dólares semanales y aunque no parezca un gran ahorro, si lo suma ahorra un total de 520 dólares en un año. También, puede intentar ahorrar cualquier bono extra o aumento que reciba en lugar de gastarlo.

ACCIÓN: Puede conseguir el manual titulado "66 formas de ahorrar dinero", tanto en inglés como en español, si envía un sobre con sellos postales y su dirección a CONSUMER ACTION *116*, NEW MONTGOMERY ST., SUITE 233, SAN FRANCISCO, CA 94105.

 Primero páguese a sí mismo.

Ahorrar dinero es muy parecido a tratar de perder peso o dejar un hábito perjudicial: sabemos que lo tenemos que hacer, pero por lo general nunca pasamos de hablar de ello, hasta que nos vemos forzados a hacerlo a raíz de una emergencia.

En la niñez se les enseña a los latinos que la paciencia es una gran virtud. Y paciencia es justo lo que se necesita para ahorrar aunque sea unos cuántos *pesos*. (Después de todo, la recompensa de ahorrar sólo se cosecha en una fecha futura). pero no es de extrañar que resultemos tan buenos ahorradores una vez que empezamos.

La primera regla en cualquier plan de ahorro es pagarse a sí mismo primero. Eso implica calcular cuánto dinero puede ahorrar y después colocar ese dinero en una cuenta de ahorro antes de pagar sus deudas o realizar alguna compra.

Es una buena idea tratar de ahorrar por lo menos el 10% de sus ingresos y luego crear un capital de reserva para emergencias que lo pueda sostener a usted y a su familia por un período de tres a seis meses.

Esto puede resultar difícil, sobre todo si tiene una familia numerosa que mantener o si tiene que mandar dinero a América Latina. Ahorrar le puede hacer sentirse egoísta cuando hay que cumplir con necesidades inmediatas. No obstante, la mejor protección que puede ofrecer a su familia es ahorrar un poquito cada día.

 Abra una cuenta de nómina inmediata y deducción, si es posible.

La cuenta de nómina inmediata y deducción es una de las maneras menos dolorosas de reducir gastos y comenzar a ahorrar para eventuales dificultades en el futuro o unas vacaciones bajo el sol. Pregúntele a su patrón si este servicio está disponible. Muchos bancos le permiten ingresar gratis o con una tarifa baja, a una cuenta de depósito inmediato, porque la transferencia electrónica de fondos les ahorra dinero, que de otra manera gastarían en trámites. Es posible depositar la mayor parte de su salario en una cuenta para pagar sus deudas e ingresar el resto directamente a una cuenta de ahorro. Como no se ve la cantidad de dinero que deposita en la cuenta de ahorro, *ni se dan cuenta los amigos.*

ACCIÓN: Para conseguir una guía de presupuesto gratuito llame a MONEY HELPS, en español o inglés, escriba al National Center for Financial Education, P.O. Box 34570, San Diego, CA 92163, o visite la página www.ncfe.org/.

Tenga cuidado con las nuevas instituciones financieras.

En años recientes, ha habido por lo menos un caso en el cual los latinos fueron las víctimas más afectadas por compañías financieras fraudulentas. En Washington D.C., en las décadas de los 80 y 90, una empresa financiera abrió, en un barrio salvadoreño, una sucursal que operaba como un banco, aunque nunca obtuvo la licencia para hacerlo. Cuando actuaron las autoridades, aproximadamente 2,500 usuarios ya habían perdido 6.5 millones de dólares.

Si tiene alguna duda sobre una compañía que se anuncia como entidad bancaria, llame al FDIC para asegurarse de que es legítima y que los depósitos estén asegurados hasta por un valor de 100.000 dólares. Y si tiene alguna queja que no ha podido resolver sobre alguna institución financiera, hay muchas organizaciones a las que puede acudir.

ACCIÓN: Para quejarse de algún banco nacional, llame al Office of Comptroller of Currency al 202-874-5000; para las cajas de ahorro llame al Office of Thrift Supervision al 800-842-6929: para las cooperativas de crédito, llame al National Credit Union Administration al 703-518-6429; para los bancos del estado que están regulados por la Federal Reserve Board of Governors, llame al 202-452-3693; para los bancos del Estado que están regulados por el FDIC llame al 800-934-3342; para las instituciones financieras privadas tales como las casas de cambio, llame a su comisionado de banca estatal o a la oficina general de abogados del Estado. Hay un folleto llamado "Resolviendo quejas acerca del Crédito y Asuntos Bancarios" que está disponible en español e inglés; para solicitarlo, llame al U.S. Department of Commerce al 202-482-5001, o escriba al Office of Consumers Affairs, 14th St. y Constitution Ave. NW, Room 5718, Washington, DC 20230.

■ REPASO

◆ Trate de evitar las casas de cambio.
◆ Abra una cuenta en un banco o cooperativa de crédito. Visite varias de ellas, para saber cuál se ajusta mejor a sus necesidades y a su bolsillo.

- Compare los productos financieros tales como las cuentas de ahorro corrientes, de inversión y CDs para conseguir las mejores cuotas y tasas de interés.
- Use CDs y cuentas de inversión sólo para reservas de efectivo e inversiones a corto plazo.
- Aprenda la diferencia entre las tarjetas de débito y de cajero automático.
- Lea cuidadosamente sus extractos de cuenta mensuales, ya sean de su banco, caja de ahorro o cooperativa de crédito.
- Informese de las opciones que existen para mandar dinero a otros países.
- Haga un presupuesto de sus ingresos y egresos.
- Desarrolle un plan de ahorros.
- Incríbase en una cuenta de nómina inmediata y deducción si está disponible.

RECURSOS ADICIONALES

Libros recomendados:

The Budget Kit: The Common Cents Money Management Workbook, de Judy Lawrence (Chicago: Dearborn Trade, 1997).

Your Money or your Life: Transforming Your Relationship with Money and Achieving Financial Independence, de Joe Domínguez y Vicki Robin (New York, Penguin Books 1993). También hay disponible en español: *La bolsa o la vida: cómo dejar de ser esclavo del dinero y mejorar la calidad de vida* (New York: Penguin Ediciones, 1997).

CAPÍTULO 2

Crédito y débito

> "PAGUE LO QUE DEBE
> Y SE LE QUITARÁN LOS PROBLEMAS"
>
> PERÚ

U N BUEN HISTORIAL DE CRÉDITO EN LOS Estados Unidos le facilita alquilar vivienda, conseguir tasas de interés más bajas en los préstamos para comprar un auto o una casa, resultar elegible para un buen plan de seguros, e incluso para conseguir algunos empleos.

El crédito utilizado de forma inadecuada, sin embargo, si bien puede sacarle de un apuro en un momento dado, a largo plazo le traerá mayores problemas.

Rafael, un empleado municipal en Corpus Christi, Texas, aprendió esto de manera muy dura. Cuando empezó un nuevo trabajo, después de estar un tiempo en la Marina de E.U., no quería ningún tipo de tarjeta de crédito. "No me gusta estar endeudado" dice. Aún así, sabía que él y su esposa tenían que establecer una línea de crédito para que en el futuro pudieran conseguir un préstamo para comprar una casa.

La pareja empezó con una tarjeta de crédito de un almacén. Unos años más tarde ya tenían cinco tarjetas que utilizaban para comprar artículos para el hogar tales como equipo un televisor y algunos muebles. De repente sus deudas llegaban a más de 10.000 dólares.

"Estábamos viviendo un estilo de vida de champagne, con un presupuesto de Kool-Aid" dice Rafael, que culpa a la tensión producida por sus problemas financieros por la ruptura de su matrimonio. "Había ocasiones en que mi coche no tenía gasolina y no tenía dinero en el banco. No sabía cómo lograría llegar a casa".

El crédito puede hacerle la vida más fácil si se usa correctamente. Juan, un lavaplatos mexicano, logró conseguir un préstamo personal de 800 dólares de la *Community Trust Federal Credit Union* en Apopka, Florida, después de haber establecido un historial de crédito no tradicional (que se explica más adelante). Después de haber pagado ese préstamo, le fue posible conseguir una tarjeta de crédito con un límite de 500 dólares. "Espero conseguir algún día un préstamo para un coche" dice.

Alrededor de un 46.7% de todos los latinos de E.U. tienen algún tipo de crédito, comparado con un 75.2% de blancos no latinos, de acuerdo con la Corporación de Estrategia de Investigación de Miami (Strategy Research Corp.) Una mayor proporción de latinos nacidos en E.U. tienen tarjetas de crédito, que los latinos nacidos en otros países, un 62% contra un 42%.

Aunque pocos latinos cuentan con tarjetas de crédito, es posible que los que sí la tienen estén siguiendo los pasos de Rafael, llenándose mensualmente de deudas con altos intereses, en lugar de pagar sus cuentas en cuanto sea posible. Los latinos con bajos ingresos, frecuentemente son víctimas de compañías financieras, casas de cambio, vendedores de coches usados, tiendas de alquile-para-comprar, y hasta de prestamistas, todos los cuales ofrecen crédito con intereses increíblemente altos.

Los latinos en general —tanto los nacidos en E.U. como los inmigrantes— también echan a aperder su historial de crédito al co-firmar préstamos o tarjetas de crédito para un familiar. Todos nosotros queremos ayudar a nuestra familia. Sin embargo, tenemos que asegurarnos de que podemos permitirnos asumir la responsabilidad de las deudas de otra persona antes de co-firmar con ella. *Al final, de cuentas no ayudamos a la familia si solamente compartimos la carga de las deudas.*

Para algunos inmigrantes, el problema radica en parte en una falta de familiaridad con el concepto de crédito. Las economías de muchos países latinoamericanos funcionan a base de dinero en efectivo, mientras el crédito sólo está disponible para los ricos.

Si bien es importante establecer y mantener un buen historial de crédito, también es importante aprender a utilizarlo, saber dónde comprar para obtener las mejores condiciones, qué prestamistas eludir, qué hacer si no puede pagar sus cuentas, cómo rehabilitar un mal historial de crédito, y a dónde acudir en busca de ayuda en caso de que no pueda solucionar sus problemas.

CONSEJO   *Aprenda cómo se compila un registro de crédito.*

Los registros de crédito son compilados por tres grandes departamentos de crédito: Experian (anteriormente TRW), Equifaz, y TransUnion. Existen dos tipos de registros de crédito: Un registro estándar de crédito, que contiene su historial financiero y es utilizado por el prestador antes de decidir si le otorga o no el crédito; un reporte de investigación, que incluye los informes de sus empleos, información acerca de su estilo de vida y que generalmente se prepara si usted solicita una póliza de seguro muy amplia o si es candidato para un trabajo de alto nivel.

Su registro de crédito contiene su nombre, su dirección, su dirección anterior, su fecha de nacimiento, su número del Seguro Social, los nombres y direcciones de sus patrones anteriores y actuales y posiblemente su número de teléfono. Si está casado, es posible que el nombre de su esposo/a y su número de Seguro Social también aparezcan.

Además, su registro de crédito contiene una lista de sus cuentas de crédito, cuándo se abrieron, si paga sus cuentas a tiempo, las cuentas que todavía no ha pagado y si las cuentas se comparten con otra persona.

También aparece la información del historial público, tales como una declaración en bancarrota, evasión de impuestos estatales o del gobierno federal (procesos legales ligados a la propiedad de un individuo que ha delinquido en el pago de impuestos), casos judiciales de los cuales usted es parte, veredictos del juzgado si ha perdido un caso legal, divorcios, e incluso antecedentes delictivos. También incluye una lista de todo aquel que ha pedido ver su historial de crédito en los últimos dos años.

El departamento de crédito no anota el tipo de información como su raza, preferencia religiosa, historial médico, preferencia política, amigos, historial criminal, o cualquier otro tipo de información que no esté relacionada con su crédito. De cualquier manera, la información acerca de su vida personal puede ser recopilada por un registro de investigación.

Los empleadores potenciales o actuales, están autorizados para ver una versión modificada de su registro de crédito, llamado registro de contratación, para propósitos de ascenso y contratos. Este tipo de registro incluye a su patrón actual, sus obligaciones financieras, la información de su registro público, y las cuentas que no ha pagado a tiempo. Por Ley, nadie puede consultar su registro de contratación sin su autorización por escrito.

Los prestadores de crédito, generalmente analizan las llamadas "tres Cs" para decidir si se le otorga o no el crédito: su historial de crédito, o qué tan responsable es usted para pagar sus cuentas; la capacidad o su habilidad para pagar los préstamos de acuerdo con sus ingresos; y la garantía colateral, o aquello que los prestadores de crédito pueden embargarle en garantía de pago en caso de que usted no pueda pagarlo.

Los prestadores analizarán su solicitud y utilizarán su propio juicio para decidir si se le concede crédito aunque la mayoría utiliza un sistema conocido como puntuación de crédito: un cálculo matemático basado en la información de su registro de crédito. El resultado de este cálculo no aparecerá en su registro de crédito.

Los aspectos que ayudan a mejorar su historial de crédito incluyen un trabajo estable, una cuenta corriente y una de ahorro, otras cuentas a su nombre, y pagos a tiempo de sus cuentas de tarjeta de crédito y de tiendas por departamentos, de las hipotecas y de los préstamos de coches. Por otro lado, su historial de crédito puede verse afectado si no paga a tiempo por declararse en quiebra o por haber recibido préstamos de compañías financieras, lo cual explicaremos más adelante en este capítulo.

Otros factores que le pueden impedir sacar crédito, es tener demasiadas tarjetas de crédito, acercarse o pasarse de su límite de crédito, tener demasiadas solicitudes de prestadores para ver su registro de crédito (solicitar y conseguir muchos préstamos podría indicar problemas financieros), y una relación desfavorable entre los ingresos y las deudas.

Si usted saca un buen puntaje o un mal puntaje en su registro de crédito depende delprestador que lo analice. Eso es porque cada prestador analizará los datos de manera diferente, y usará su propio modelo para determinar una puntuación. Algunos prestadores deciden extender el crédito según la cifra que saquen y otros no.

Si le conceden un crédito, debido a su registro de crédito, el prestador debe decirle el nombre y la dirección de la agencia de créditos que proporcionó el reporte. También debe indicarle la razón por la cual le fue rechazado el crédito, si usted lo solicita por escrito.

Usted puede conseguir una copia de su registro de crédito si lo solicita en un plazo de 60 días después de que se le fue negado un crédito, un seguro, una contratación, o alquilar una casa debido a la información en el reporte, o si lo someten a "una acción adversa", tal como una disminución de su límite de crédito o un incremento en la tarifa de interes. También puede conseguir una copia gratuita de su registro si está desempleado pero piensa volver a trabajar; si que ha sido víctima de fraude; si recibe asistencia social; o si vive en Colorado, Georgia, Maryland, Massachusetts, New Jersey o Vermont.

ACCIÓN: Un folleto llamado LAS LEYES ACERCA DEL ACCESO JUSTO A LA INFORMACIÓN CREDITICIA, está disponible gratuitamente en inglés y español; llame al Federal Deposit Insurance Corp. al 800-934-3342, o escriba al FDIC's Office of Consumer Affairs en el 550 17th St. NW, Washington, DC 20429.

 Si no tiene un registro de crédito, establezca uno de una manera no tradicional.

Usted puede conseguir un crédito por primera vez si construye un registro de crédito no tradicional. De algún modo hay que empezar. Primero, trate de mantener un trabajo estable y viva en la misma casa por lo menos durante seis meses. Abra una cuenta corriente de ahorro y una de ahorro y haga depósitos regulares, por pequeños que sean. Pague sus cuentas de servicios y de teléfono a tiempo.

Posteriormente averigue si puede utilizar las cuentas pagadas a tiempo de su alquiler y otros gastos para conseguir un crédito en las tiendas de ropa, de muebles, de electrodomésticos, o de joyas en su vecindario. Aunque las tasas de interés pueden ser más altas que las de las tarjetas de crédito de los bancos, las tiendas pequeñas, generalmente le permiten pagar sus compras a crédito si puede comprobar su responsabilidad financiera. Pero asegúrese de que su prestador reporte su historial de crédito a alguna agencia de créditos. Pague estas cuentas en su totalidad y lo más pronto posible. Lo que quiere es el crédito, no la deuda.

Muchas cooperativas de crédito, e incluso algunos bancos, están dispuestos a otorgar pequeños préstamos personales y préstamos para comprar automóviles, a personas que tienen un buen historial de crédito no tradicional. Al pagar estos préstamos del banco o cooperativa de crédito a tiempo, establecerá un buen historial de crédito, lo cual le facilitará conseguir préstamos de otro tipo.

Cuando intente establecer un historial de crédito no tradicional, asegúrese de que las cuentas estén únicamente a su nombre. Si comparte su casa con varias personas, ellos podrían poner todas las cuentas a su nombre, y después pasarlas a alguien más una vez que hayan establecido crédito. O usted puede actuar como consignador de los otros habitantes de la casa, una vez que haya establecido crédito. *Pero siempre tenga cuidado con lo que firma —entienda bien a qué se compromete.*

Consiga una tarjeta de crédito segura o un pequeño préstamo personal, para establecer un historial de crédito, pero analice todas las opciones para conseguir las mejores condiciones.

La manera mejor y más fácil de establecer un historial de crédito tradicional es conseguir una tarjeta de crédito, utilizarla frecuentemente y pagar todo o casi todo el saldo cada mes durante por lo mneos seis meses. Si no tiene un historial de crédito o está rehabilitando un mal historial de crédito, quizás tenga que empezar con una tarjeta de crédito garantizada con cuenta de ahorro respaldada por un depósito como garantía colateral en el banco o cooperativa de crédito que ofrece esa tarjeta. Se guardará su depósito en el banco o cooperativa de crédito y usted tendrá su tarjeta de crédito. Si no paga su cuenta, el banco o la cooperativa de crédito la pagará con su depósito. Trate de conseguir una tarjeta de crédito garantizada que pueda convertirse en una tarjeta de crédito normal, después de haberla usado correctamente durante varios años.

Busque una tarjeta de crédito garantizada que no tenga cuotas anuales o en la que éstas sean muy bajas, que tenga bajas tasas de interés, que no cobre cuotas de solicitud y que pague intereses sobre su depósito. (Le explicaremos cómo encontrar buenas condiciones más adelante en este capítulo). Asegúrese también de que el prestador de la tarjeta de crédito garantizada reporte sus pagos a alguna agencia de crédito. Es preferible que su prestador no le informe a la agencia de créditos que su tarjeta es de crédito garantizado.

Los préstamos contra libreta son otra opción. Al depositar unos cientos de dólares en un banco o en una cooperativa de crédito, puede conseguir un préstamo por la misma cantidad, y después pagarlo todo. De cualquier manera, si tiene suficiente dinero com para hacer esto, sería mejor sacar una tarjeta de crédito garantizada. También puede conseguir una tarjeta de crédito garantizada con un co-firmante, quien se compromete a pagar en caso de que usted no lo haga.

ACCIÓN: Un folleto llamado CÓMO ESTABLECER UN BUEN HISTORIAL CREDITICIO, está disponible en inglés y español; mande un sobre con sellos y su dirección a Consumer Action, 116 New Montgomery St., Suite 233, San Francisco, CA 94105.

CONSEJO   *Aprenda cómo encontrar las mejores condiciones en tarjetas de crédito.*

Cuidado con los cargos ocultos que le cobrab algunas tarjetas de crédito. Los factores a considerar al escoger una tarjeta de crédito incluyen:

Cargos financieros: El cargo financiero, o tasa de interés, es la comisión que usted le paga a la entidad que le otorgó la tarjeta de crédito por prestarle el dinero. Por lo general, si paga todas sus deudas cada mes, evita cargo financiero. Si no paga el importe total cada mes, usted tendrá que pagar cargos financieros además del saldo del próximo mes.

El cargo financiero está indicado en su estado de cuenta mensual, así como la tasa anual, o APR, y la tasa mensual, que es el APR dividido por 12. Por ejemplo, si usted mantiene un saldo de $1,000 dólares en una tarjeta de crédito con una tasa anual de 19.8%, usted pagará alrededor de $198 dólares por año, o $16.50 de interés por mes. ¿Qué condiciones se consideran buenas? Las tarifas de interés cambian continuamente. Para conseguir las mejores condiciones en un momento dado, consulte la **ACCIÓN** siguiente en este capítulo.

Algunas compañías de tarjetas de crédito brindan cuotas de interés engañosas que ofrecen tasas de interés más bajas. *Tenga cuidado*. Muchas de estas cuotas son "introductorias", es decir, sólo son válidas por tiempo y pueden ser anuladas si realiza un pago tardío. Otras sólo se aplican a adelantos de efectivo o saldos transferidos desde otra tarjeta de crédito. Lea la solicitud cuidadosamente, porque algunas veces se le cargará la tarifa normal en lugar de la tarifa engañosamente prometida.

Cambiar a una oferta de tarifas bajas puede ser una forma inteligente de disminuir sus pagos de interés, como parte de un plan para pagar su deuda. Pero infórmese acerca de las reglas y por cuanto tiempo se aplican estas cuotas y sea responsable a la hora de pagar su deuda.

Un método para calcular el saldo: El método que utiliza el otorgante de la tarjeta de crédito para calcular los cargos financieros, puede afectar mucho el costo real de su tarjeta de crédito. Los periodos de gracia también pueden ser complicadísimos. Sobra decir que es mejor conseguir una tarjeta que utilice un saldo promedio diario, que promedie las deudas de cada día, y que cargue sólo esa tasa de interés.

Periodos de gracia: El periodo de gracia es el tiempo que existe entre la fecha en que llega la factura y la fecha límite para pagar la deuda completa si quiere evitar cargos financieros. Es muy importante conseguir una tarjeta que tenga un periodo de gracia. De otro modo, usted pagará intereses por todas sus compras, incluso si paga la factura inmediatamente. Esta es la clave: para sacar provecho de los periodos de gracia hay que pagar el importe total de su deuda antes de la fecha límite.

Tarifas anuales: Algunas tarjetas de crédito requieren que pague una cuota anual mientras que otras no la cobran. Muchas veces existe una relación entre una tarifa anual nula y las tasas bajas de interés (aunque probablemente logre conseguir una tarjeta con ambas cosas si busca lo suficiente). Su elección depende de cómo utilice su tarjeta. Si paga el importe de sus cuentas cada mes, que es lo que nosotras recomendamos, no tiene que preocuparse por su tarifa de interés, siempre y cuando tenga un periodo de gracia. En ese caso, consiga una tarjeta sin tarifas. Si tiende a contraer muchas deudas, lo más conveniente sería conseguir una tarjeta con las tarifas de interés más bajas posibles, aunque sea una tarifa anual.

Otras tarifas: Los cargos para tener acceso a efectivo por adelantado, generalmente son un porcentaje sobre el monto del dinero que le prestan y suelen ser muy altos. Los recargos son multas por los pagos tardíos. Las tarifas de sobregiro son las que se cobran cuando usted sobrepasa su límite de crédito. Las tarifas de transacción son las que se cobran cada vez que utiliza su tarjeta. Asombrosamente, algunas tarjetas cobran por pagar el importe total de su cuenta cada mes. Siempre lea todas las reglas y restricciones en letra menuda. Algunos bancos también le pueden cobrar una cuota por cancelar su cuenta, si no utiliza su tarjeta con frecuencia o si pide mucha información acerca de su cuenta, así como cuál es el saldo o cuánto crédito tiene disponible.

Pagos mínimos: Algunas tarjetas requieren pagos mínimos más bajos que otro según la tarjeta. De todas formas al pagar solo el mínimo, sus pagos aumentan, sobre todo si tiene que pagar una tasa de interés alta. Siempre trate de abonar una cantidad por encima del pago mínimo.

Tasas de interés poco claras: Las tarjetas con tasas escalonadas cobran tarifas bajas si tiene un saldo alto, y tarifas altas si el saldo es bajo. Las tarjetas de tasa variable cambian los intereses cada trimestre o cada seis meses según la compañía de tarjetas de crédito. Incluso las tarjetas de crédito con tasas fijas de interés, no siempre la mantienen fija. Vale la pena repetir que hay que leer bien las reglas y conoer los términos del crédito. Se requiere que los prestadores le notifiquen solamente 15 días antes de cambiar la tarifa.

Recompensas: Las tarjetas de crédito que le prometen dinero o millas de vuelo gratis cada vez que utiliza su tarjeta, generalmente cobran una tarifa anual o tasas de interés muy altas. Con enorme frecuencia usted tiene que cargar a su tarjeta cientos, y a veces miles de dólares para que valga la pena. Antes de firmar con una de éstas, piense bien cómo va a pagar los cargos de esta tarjeta. Después compare los costos con lo que usted va a "ganar" en puntos o en efectivo. La verdad es que las tarjetas que ofrecen recompensas funcionan bien sólo si paga el importe total cada mes.

Affinity cards: Las tarjetas de crédito que llevan cuadros hechos por celebridades, o fotografías de una ciudad o de su alma mater, pueden sonar atractivas, sobre todo con la perspectiva de que contribuirá a un buen propósito cada vez que realiza una compra. Pero estas tarjetas suelen cobrar tasas y tarifas de interés altísimas, lo que significa que su deuda puede incrementarse rápidamente, a menos que pague el importe total de la factura. Una más sensata sería buscar una tarjeta con intereses bajos y ninguna tarifa, y realizar sus donativos desgravables directamente. (Vea el capítulo 9, para información acerca de donativos e impuestos). Los otorgantes de la tarjeta de crédito le deben informar acerca de los costos de la tarjeta de crédito en un recuadro fácil de leer, al pie de la página de las solicitudes de tarjetas de crédito y de los extractos de cuenta.

ACCIÓN: Para conseguir listas completas de tarjetas de crédito con tasas bajas, mande 5 dólares a CardWeb, P.O Box 3966, Gettysburg, PA 17325, llame al 800-344-7714, o visite la página de Internet www.cardweb.com. También puede conseguir una lista de las tarjetas de crédito sin cuotas anuales, gratis, al mandar un sobre con su dirección y sellos a *Consumer Action, Credit Survey*, 116 New Montgomery St., Suite 233, San Francisco, CA 94105. Los siguientes sitios en Internet también le dan las listas de tarjetas de crédito con tasas de interés bajas: HSH Associates en www.hsh.com/; y Getsmart en www.getsmart.com/. El Monitor de Tasas del Banco también ofrece la información en inglés y español acerca de las tasas de interés, de tarjetas de crédito, hipotecas, préstamos de casas, préstamos para automóviles y de las cuentas corrientes y de ahorro. Para información en inglés busque en www.bankrate.com/; para información en español busque en www.bankrate.com/esp.

CONSEJO   *Pague el importe total de su saldo cada mes si es posible, y si no, dentro de tres meses después de la fecha límite.*

Muchos de nosotros cometemos el error de considerar las tarjetas de crédito alg así como *dinero plástico,* que se puede usar en lugar de nuestros ingresos y así comprar cosas que en este momento no podemos permitirnos. ¡Un error enorme! Las tarjetas de crédito son en realidad deudas plásticas y deben utilizarse solamente por conveniencia o en caso de emergencia.

Para evitar endeudarse demasiado, trate de dejar sus tarjetas de crédito en casa cuando salga de compras. Los estudios demuestran que los consumidores gastan hasta el 30% más cuando utilizan sus tarjetas de crédito en lugar de efectivo o cheques. Si usted sí utiliza su tarjeta de crédito para realizar sus compras, págue el importe antes de la fecha límite que aparece en su extracto de cuenta, y en no más de tres meses si no puede pagarlo inmediatamente. Si vacila en hacer una gran compra con su tarjeta de crédito o en utilizarla para hacer otra compra más pequeña que parece insignificante en ese momento, pregúntese si está dispuesto a ir al banco y pedir un préstamo para adquirir ese artículo en particular. Si necesita un automóvil o un nuevo techo para su casa, a lo mejor la respuesta es sí. Pero si lo que quiere es una cena o un nuevo par de pantalones, entonces, la respuesta es no.

Para algunos de nosotros es difícil mandar un cheque por un importe muy alto al prestador de la tarjeta de crédito cada mes y nos resulta más cómodo mandar el pago mínimo. Una manera de pagar el importe total de sus extractos de cuenta un poco más rápido, es autorizar a su banco o cooperativa de crédito a deducir una cierta cantidad de su cuenta cada mes y mandarlo a su prestador de tarjeta de crédito.

En general, trate de no tener más de dos tarjetas de crédito de grandes compañías tales como Visa o MasterCard, y no más de dos tarjetas de crédito de tiendas por departamento. Las tarjetas de cargos, tales como las ofrecidas por American Express, técnicamente no son tarjetas de crédito ya que requieren que pague el importe total de sus recibos cada mes. Las tarifas anuales a menudo son muy altas, según la tarjeta que obtenga. Pero, quizás valga la pena conseguir una de estas tarjetas si usted tiene tendencia a dejar pasar los pagos de sus cuentas mes tras mes, ya que el prestador de la tarjeta de crédito simplemente no le permitirá hacerlo.

ACCIÓN: Si usted piensa que se le ha negado el crédito injustamente, llame a su oficina estatal de abogados. Las quejas contra las instituciones financieras que ya le han dado crédito, necesitan hacerse en las agencias regulatorias correspondientes: para quejarse de un banco nacional, llame a la oficina *de* Contraloría de Moneda Nacional al 202-874-5000; para las cajas de ahorro, llame a la oficina de supervisión de cajas de ahorro al 800-842-6929; para las cooperativas de crédito llame a la NCUA al 703-518-6429: para los bancos del Estado regulados por la Junta de la Reserva Federal del Estado, llame al 202-452-3693; para los bancos del Estado que están regulados por el FDIC, llame al 800-934-3342, para una compañía de gasolina, una tienda por departamentos u otros prestamistas, o un registro de crédito, escriba al Federal Trade Commission, 6th & Pennsylvania Ave., N.W., Washington, DC 20580, o llame al 202-326-2222.

CONSEJO   *Los registros de crédito requieren precauciones especiales en el caso de matrimonio, divorcio o muerte.*

Si usted está recién casado, usted y su esposo/a, probablemente quieran mantener sus cuentas separadas por un tiempo antes de abrir una cuenta conjunta. ¿Por qué? Si en algún momento tiene problemas matrimoniales, uno de ustedes podría cerrar las cuentas conjuntas y dejar al otro sin crédito. Por otro lado, un esposo/a irresponsable podría incurrir en muchas deudas y dejar al otro con por lo menos la mitad de la deuda.

Si usted cambia de apellido después de casarse, tiene que decidir si lo quiere informar a las agencias de créditos y hacer los cambios correspondientes en su registro de crédito. Tiene el derecho legal de conseguir crédito con su propio nombre, su nombre de casada o ambos. Para no complicarse la vida demasiado, cualquiera de los apellidos que elija, tenga todas sus cuentas bajo un mismo nombre.

Si ha estado casado/a (o registrado/a como pareja libre, dónde esto es posible) varios años durante los cuales utilizó las tarjetas de crédito de su cónyuge, es posible que no haya establecido su propio crédito. Si este es el caso, averigüe si puede incorporarse a un par de cuentas como co-firmante o como candidato conjunto. Después de unos cuantos meses de abrir estas cuentas usted podrá conseguir su propia tarjeta de crédito. También podría considerar la opción de conseguir una tarjeta de crédito garantizada. En caso de divorcio, tanto usted como su esposo/a podrían ser considerados jurídicamente responsables por cualquier deuda contraída durante el matrimonio en caso de que vivan en un Estado donde se aplique ésta legislación (Arizona, California, Idaho, Louisiana, Nevada, New Mexico, Texas, Washington, Wisconsin y Puerto Rico). Si usted no vive en uno de estos estados, no es responsable por las deudas desde el punto de vista legal si su nombre no aparece en las cuentas. Lo primero que hay que hacer es cancelar todas las cuentas conjuntas de tarjeta de crédito, notificar a sus acreedores que ya no es responsable por las deudas de su cónyuge y comunicarse con los acreedores que le puedan extender cuentas separadas. Es posible que se nieguen a hacerlo hasta que el saldo total de las cuentas conjuntas haya sido pagado.

Si su cónyuge muere, y usted era ya el co-firmante de sus cuentas, o si la cuenta era conjunta, avise a sus acreedores que las cuentas estarán a su nombre a partir de ese momento. En el caso de que su situ ación financiera sea lo suficientemente buena como para que usted pueda tramitar un crédito propio, no le quitarán el crédito que ya tiene.

ACCIÓN: Un folleto llamado *Crédito no Discriminatorio Para Mujeres* está disponible en inglés y español, y puede solicitarse gratuitamente si llama al

Federal Deposit Insurance Corp. al 800-934-3342, o si escribe a FDIC´s Office of Consumer Affairs al 550 17th St. NW, Washington, DC 20429.

 Tenga cuidado a la hora de co-firmar un préstamo para un familiar o amigo.

Cuando cofirma (avala) un préstamo o una tarjeta de crédito, usted se compromete a pagar la deuda si la persona que usted avala no lo hace. Si la persona que usted avala no paga su deuda, o si se retrasa en sus pagos, esto se reflejará negativamente en su historial crediticio. Aun cuando su co-firmante pague su deuda a tiempo, usted podría tener dificultades en conseguir más crédito. Esto se debe a que la cantidad que usted avaló aparecerá en su historial crediticio como un préstamo para usted. Algunos acreedores tendrán en cuenta esa cantidad y decidirán que ya se le otorgó demasiado crédito.

Este asunto de co-firmar (avalar) puede ser *muy delicado*. Es normal que usted quiera ayudar a su familia extendida, pero no debería hacerlo de manera que afecte su propia situación financiera. Antes de avalar o co-firmar determine si la persona que quiere ayudar es responsable. Considere también si usted puede pagar esa deuda en caso de que esa persona falle. Existen otras opciones además del aval. Ofrézcale a esa persona un préstamo que le permita conseguir una tarjeta de crédito garantizada y construir un historial de crédito propio. Si usted cuenta con un buen historial crediticio, puede conseguir un préstamo personal y hacer que la otra persona lo co-firme. De este modo, las facturas le llegarán a usted y no tendrá que preocuparse de que se eche a perder su propio historial crediticio si la otra persona no hace los pagos o paga con demora.

ACCIÓN: Un folleto llamado Cómo co-firmar un Préstamo, está disponible en inglés y español gratuitamente si escribe al Federal Trade Commission´s Consumer Response Center al 6th St. and Pennsylvania Ave. NW, Washington, DC 20580

 Tome la iniciativa para corregir los errores de su historial crediticio o rehabilitar un mal historial de crédito.

Usted puede, por su cuenta, corregir los errores de su historial crediticio y hasta reconstruir un mal historial. No necesita recurrir a las "clínicas" o a "los médicos" sin escrúpulos que cobran cientos, a lo mejor hasta miles de dólares.

Comience por pedir una copia de su historial crediticio a Experian, Equifax o TransUnion (vea la acción al final de esta sección para conseguir los números de teléfono que s epueden llamar gratis). Una copia de una sola agencia debería ser suficiente, a menos que piense hacer una compra importante dentro de poco tiempo, como por ejemplo, una casa. Si es así, compare los tres informes. El costo del servicio depende de la agencia y del estado, el precio medio es de 8.00 dólares por reporte (es más costoso si usted y su cónyuge solicitan un reporte conjunto). Usted tiene derecho, sin embargo, a obtener una copia gratuita en el caso de que se le haya negado crédito, un empleo o un seguro en los últimos 6 días; si ha sido víctima de un fraude; si recibe asistencia social o si vive en Colorado, Georgia, Maryland, Massachusetts, New Jersey o Vermont.

En caso de que encuentre información anticuada o incorrecta, Póngase en contacto con su agencia de créditos y solicite la corrección: Para hacerlo hay que rellenar una solicitud de reinvestigación *("request for reinvestigation form")* que su agencia de créditos le debería haber mandado junto con el reporte. Si no recibió esa hoja escriba una carta que solicite la corrección. La agencia de créditos debe verificar la nueva información y enviarle los resultados en un plazo de 30 días después de haber recibido su queja. Cualquier cambio que efectúen se enviará a las otras dos agencias de créditos. Asegúrese de que su número de seguro social y demás información de identidad sea correcta. Si la agencia de créditos se niega a corregir la información incorrecta, trate de resolver el asunto con su acreedor. De acuerdo con la ley, los acreedores no pueden reportar información que sí saben que es incorrecta. Si la conversación no da resultado, puede añadir una declaración de no más de 100 palabras a su reporte de crédito explicando su versión de la historia. Es posible que esta declaración no cambie el reporte final, pero es importante intentarlo.

Para comenzar a reconstruir un mal historial de crédito, pague sus cuentas pendientes. Si no puede pagar el importe total del saldo, trate de negociar un plan de pago con sus acreedores. Por lo menos trate de pagar sus saldos vencidos. No es tn grave deber uno que otro saldo, pero o ideal es no tener un historial; crediticio que diga que sus pagos están atrasados. Una vez que haya corregido los errores y se haya puesto al día con sus deudas, el siguiente paso es comenzar a acumular buenas referencias. Es decir, utilizar con regularidad una tarjeta de crédito principal, garantizada o no, y pagar la mayor parte o la totalidad del saldo cada mes. *Siempre sea optimista.*

ACCIÓN: Para conseguir una copia de su historial crediticio, llame a Equifax al 800-916-8800; a Experian (antes TRW) al 800-682-7654 o a *TransUnion* al 800-916-8800. Para reunir los tres historiales en un sólo formato "fácil de leer"con un costo de 39.95 dólares, llame primero a First American Credco al 800-443-9342. Un folleto llamado Cómo Reconstruir su Buen Crédito está disponible, en inglés y español, gratuitamente si envía un sobre con su dirección y sellos postales a Consumer Action 116 New Montgomery St., Suite 233, San Francisco, CA 94105.

 CONSEJO *Si tiene problemas económicos, deje de utilizar su tarjeta de crédito.*

Todos conocemos los indicios de los problemas económicos. Las facturas se pagan con retraso. Los retiros en efectivo con las tarjetas de crédito son utilizadas para pagar los gastos diarios. Los acreedores llaman o escriben para exigir el pago de los saldos vencidos, casi siempre paga lo mínimo del saldo de las tarjetas de crédito. Posponemos las visitas al médico o al dentista porque no podemos pagarlas. Si lo anterior le está sucediendo a usted, deje de utilizar sus tarjetas de crédito y pague con efectivo. Tampoco debe aceptar o solicitar nuevas tarjetas de crédito y debería revisar sus últimos extractos de cuenta para verificar si realmente debe todo lo que le están cobrando.

Trate de ponerse en contacto con sus acreedores para avisarles de las dificultades momentáneas para realizar sus pagos. Indíqueles la causa del problema (una emergencia médica, la pérdida de un empleo, etc.) Pregunte si pueden elaborar un calendario de pagos. Algunos acreedores estarán dispuestos a hacerlo. ¿Cuadra con su presupuesto del Capítulo 1? revíselo de nuevo y decida qué tipo de gastos puede reducir para así estar en condiciones de pagar su deuda con mayor rapidez. Los gastos innecesarios incluyen entretenimiento, vacaciones y compras impulsivas como cd's o zapatos. Así que se acabaron los CD's de Luis Miguel.

Si tiene algún dinero ahorrado, especialmente si se encuentra alguna cuenta de bajo rendimiento de intereses, este es el momento de reducir su deuda de altos intereses. ¿Qué sentido tiene guardar 1.000 dólares en una cuenta que está ganando 2% de interés, si la tasa de interés de sus deudas es significativamente más alta? Si usted tiene una gran diversidad de deudas con múltiples y diferentes tasas de interés, trate de pagar primero aquellas que carguen las mayores tasas de interés. Es cuestión de simple sentido común intentar pagar una factura de tarjeta de crédito con una tasa de interés del 19%, antes de pagar el préstamo para un automóvil con un 7% de tasa de interés. Una opción es vender un bien, como por ejemplo el auto y utilizar este dinero para pagar sus facturas. Otra opción es pedirle ayuda a su familia extendida.

Pat, una asesora de crédito en Corpus Christi, cuenta que estaba totalmente asombrada cuando uno de sus clientes endeudados, que pagaba facturas mensuales con un promedio de pagos mínimos de 1.000 dólares, logró reducir estos pagos a menos de 300 dólares gracias a las contribuciones de sus hermanos, sus primos y hasta la *abuelita*.

También podría considerar un préstamo de consolidación de deuda, con lo cual puede pagar todas deudas y quedarse con un único pago mensual. La forma más fácil de consolidar es transferir sus saldos a una tarjeta de crédito con una tasa de interés baja y por supuesto, pagar esa deuda tan pronto como le sea posible.

También puede conseguir un préstamo personal. Pero cuidado con lo siguiente: la meta de una consolidación de deuda es reducir su carga total de deudas, por lo que debe asegurarse que la tasa de interés de este préstamo sea menor que la tasa promedio de sus otras deudas. Asimismo tenga mucho cuidado con las cuotas muy altas o los costos vinculados al préstamo, o el hecho de que los pagos mensuales sean tan bajos que prolonguen el pago de su deuda por varios años.

ACCIÓN: Se puede conseguir un folleto llamado *Cómo Administrar sus Deudas y Recuperar el Bienestar*, tanto en inglés como en español, si envía un sobre con su dirección y sellos a Consumer Action, 116 New Montgomery Street, Suite 233, san Francisco, CA 94105

Evite préstamos de día de pago, compañías financieras, servicios de pago de deuda, tiendas de rente para comprar, préstamos sobre títulos y casas de empeño.

El crédito más fácil de obtener es, generalmente, el más costoso; suele tener tasas de interés extremadamente altas y otras cuotas costosas que de hecho colocan la tasa de interés en la estratosfera.

Algunas agencias de cambio de cheques, e incluso bancos, ofrecen *préstamos de día de pago*, conocidos también como adelantos de efectivo o préstamos de depósito diferido.

Si necesita, por ejemplo, 100 dólares, usted gira un cheque por esa cantidad más una cuota de aproximadamente 15 dólares de cheques o al banco como pago de un préstamo de 100 dólares. Su cheque se elabora posterior, generalmente con la fecha de su próximo pago de nómina, lo que significa que no puede hacerse efectivo hasta que usted considere que tiene suficiente dinero en su cuenta como para cubrir ese cheque de 115 dólares. Cuando llegue su día de pago usted puede hacer una de las tres cosas siguientes:

1. Puede autorizar a la agencia de cambio de cheques o al banco a cambiar su cheque.
2. Le pueden devolver su cheque si paga en efectivo el préstamo y la cuota.
3. Si no puede pagar el préstamo, puede "posponerlo" pagando una cuota adicional que extienda el plazo por una o dos semanas. Es una pésima idea contraer préstamos de día de pago. Sus cuotas se traducen a tasas de interés anuales de tres cifras.

Sus porcentajes por préstamos de día de pago de 100 dólares sobre cheques retenidos por un plazo de siete días varían entre el 521 por ciento y el 1,820 por ciento, de acuerdo con el estudio de agencias de cambio de cheques realizado en 23 ciudades por la *Consumer Federation of America*. De acuerdo con la misma fuente, los cheques retenidos por 14 días llevan porcentajes entre un 261 por ciento y un 913 por ciento.

Existen tres razones de peso para evitar las *compañías financieras*, que son compañías que otorgan préstamos además de los bancos o las uniones de crédito. En primer lugar, los préstamos de consolidación que llevan tasas de interés muy altas hasta el 25%, también cargan cuotas muy altas por la solicitud y por los pagos mensuales mínimos todo esto puede resultar en deudas aún mayores.

En segundo lugar, un préstamo proveniente de una compañía financiera se considera con frecuencia como una referencia negativa en su historial crediticio. Y en tercer lugar, las compañías financieras frecuentemente añaden costosas modalidades de seguro a los préstamos sin avisar al usuario hasta que ya es demasiado tarde. Por ejemplo, un seguro de vida o de incapacidad crediticio pagarán su deuda si usted muere o queda incapacitado. El seguro de vida crediticio a veces es un requisito para recibir préstamos muy grandes, como los otorgados para comprar una casa o un auto. Debería evitar estos seguros si sólo quiere un préstamo pequeño. En este caso, el tipo de cobertura que se ofrece es demasiado costoso comparado con lo poco que se obtiene de él. Si usted necesita, por ejemplo, un seguro de vida podrá conseguir una póliza más amplia por su cuenta (vea el Capítulo 3).

Si usted ya se encuentra atrapado por el pago de primas de seguro sobre su préstamo, investigue si puede prescindir del seguro después de haber reducido el monto de su deuda sobre el préstamo. También tenga cuidado con los servicios de pago de facturas. A menudo parecen ser compañías financieras que ofrecen echarle una mano con la consolidación de su préstamo. Sin embargo lo único que hacen, sin embargo, es pagar sus facturas mensuales. No le otorgan un nuevo financiamiento en absoluto. De hecho, usted les envía un cheque cada mes y la firma paga a sus acreedores con ese dinero. Los servicios de pago de facturas a menudo cobran por sus servicios grandes cantidades en cuotas anuales o mensuales. Las tiendas de alquiler para comprar constituyen otro "servicio" que debe evitar. Cuando usted alquila en algo una de estas tiendas, usted firma un contrato en el cual se compromete a efectuar pagos semanales por el tiempo que usted desee tener el artículo alquilado. Por lo general, uno alquila electrodomésticos tales como refrigeradores o televisores. Usted tiene la opción de comprar el artículo si efectúa todos los pagos semanales, durante un año o más.

La gente que acude a las tiendas de alquiler para comprar, suele ser de bajos ingresos que no pueden permitirse comprar el artículo y son atraídos por la oferta de pagos semanales económicos sin desembolso inicial. Muchas tiendas de alquiler para comprar tampoco revelan su tasa de interés anual. Se sabe que muchas venden artículos usados como si fueran nuevos, para cobrar costosas cuotas de "servicio":y se llevan el artículo alquilado rentado si usted se retrasa en el pago por un sólo día. Las tiendas de rente para comprar frecuentemente ofrecen malas condiciones. Un estudio efectuado *por U.S. Public Interest Research Group*, un grupo sin ánimo de lucro que protege a los consumidores reveló que las tasas de interés media cargada sobre refrigeradores y televisores en 124 de estas tiendas en 17 estados es del 100% y a veces puede subir hasta el 275%.

Los *préstamos de título* también deben evitarse. Con un préstamo de título usted intercambia el título de su auto por unos préstamos que normalmente cubren sólo el 20% del valor del vehículo. La "cuota" por el préstamo es esencialmente una tasa de interés que puede llegar a ser tan alta como del 260 por ciento anual. Si usted falla en un pago, el acreedor se quedará con su auto y lo venderá con una ganancia importante dejándolo a usted sin *nada*.

Las *casas de empeño* ofrecen pequeños préstamos garantizados por ciertos objetos de valor tales como joyas. Los préstamos, generalmente, constituyen una pequeña fracción del valor de alguno de estos objetos personales. Si usted no puede pagar el préstamo, la casa de empeño venderá el objeto que usted empeñó con una gran ganancia. Si usted paga el préstamo, recupera el objeto, pero este puede haber sufrido daños, por lo cual uno casi nunca es recompensado.

ACCIÓN: Un folleto llamado *"Alquiler Para la Compra: Conozca sus Derechos"* está a su disposición, en inglés y en español, si envía un sobre con su nombre y sellos a *Consumer Action*, 116 New Montgomery St., Suite 233, San Francisco, CA 94105

Si no puede resolver sus problemas por sí mismo, busque la asesoría de un servicio de consultoría de crédito sin ánimo de lucro que tenga buena reputación.

Dos excelentes grupos de asesoría son el *Consumer Credit Counseling Service*, una agencia sin ánimo de lucro afiliada *al National Foundation for Consumer Credit*, y el *Debt Counselors of America*. Los asesores de ambos grupos tienen experiencia en manejo de finanzas. Ellos pueden ayudarlo a desarrollar un presupuesto de una manera amigable y en un ambiente acogedor, además de que están altamente capacitados en la elaboración de planes de negociación de manejo financiero con los acreedores, lo cual podría ayudarle a pagar todas sus deudas en un plazo de 3 a 5 años. De acuerdo con estos planes los acreedores a menudo aceptan reducir los pagos, reducir o cancelar las tasas de interés y los cargos financieros y cancelar los cargos por pago atrasado y rebasar el límite de crédito.

Cuando usted empieza a participar en el plan probablemente depositará dinero mensualmente en el servicio de asesoría, el cual, por consiguiente, pagará a sus acreedores. En algunas ciudades, el CCC ofrece también una buena parte de sus servicios en español, incluyendo servicios como asesoría presupuestaria, revisión de historial crediticio, presentaciones de cómo manejar las finanzas personales a grupos de adultos, estudiantes y empleados y un programa para instruir a los consumidores en el proceso de compra de una vivienda.

ACCIÓN: Para contactar a *Debt Counselors of America*, llame al 800-680-3328, o consulte el sitio de Internet al www.dca.org/; para contactar al *National Foundation for Consumer Credit*, llame al 800-388-2227 en inglés o al 800-682-9832 en español, o consulte el sitio de Internet www.nfcc.org/

 Acójase a una declaración de bancarrota sólo como último recurso.

Declararse en bancarrota es un procedimiento jurídico que permite eliminar la mayor parte o todas las deudas e incluso el reembolso de algunas deudas. No es, sin embargo, una panacea. No importa en qué tipo de bancarrota se declare, algunas deudas no pueden ser canceladas; estas incluyen la pensión alimenticia para la esposa y los hijos, la mayoría de los impuestos, los préstamos recientes para la educación, multas y penalizaciones por haber cometido un delito y deudas procedentes de los daños físicos o la muerte causados por haber conducido bajo el efecto del alcohol. La declaración en bancarrota permanecerá en su historial crediticio por un plazo de siete a diez años, lo que puede hacer difícil la aprobación de un crédito futuro. Un mal historial crediticio, a su vez, puede dificultarle conseguir empleo, una hipoteca, crédito para la compra de un auto, alquilar un apartamento y hasta la compra de un seguro. Existen 2 tipos básicos de bancarrota: Capítulo 7 (liquidación) y Capítulo 13 (reorganización). Los "capítulos" se refieren a los códigos legales donde se encuentran ambos tipos de bancarrota. Existen también otros dos tipos de bancarrota de los cuales, usted probablemente, no se tenga que preocupar: Capítulo 11, que se refiere a negocios o individuos con más de 1.000 000 de dólares de deuda y el Capítulo 12 para una deuda proveniente de una granja familiar.

Declararse en bancarrota de Capítulo 7 le permite deshacerse de sus deudas mediante la venta de aquellos bienes considerados "no exentos". Estos bienes no-exentos varían en cada Estado muy poca gente, sin embargo, pierde bienes de propiedad (bienes muebles) al declararse en bancarrota de Capítulo 7. A menudo los acreedores no reciben nada, sólo un pequeño porcentaje sobre cada dólar. Esta es una de las razones por la cual los acreedores generalmente están dispuestos a aceptar la reducción de los pagos en lugar de forzar al deudor a declararse en bancarrota. Bajo el capítulo 7 normalmente usted puede renunciar a una propiedad (bien mueble) no residencial, otras propiedades vacacionales o no, caravanas pequeñas, segundos autos o camionetas, instrumentos musicales costosos (a menos que sea usted un músico profesional), colecciones de sellos postales, monedas, etc y reliquias familiares. Según el Estado, probablemente usted pierda sus acciones, bonos y otros depósitos en efectivo. Si usted tiene esas cantidades de dinero, es preferible que las utilice para pagar sus deudas, en lugar de arriesgarse a perderlo todo en una bancarrota. Algunos bienes están exentos en las bancarrotas del Capítulo 7, lo que quiere decir que usted puede conservarlos. Existe una lista dispuesta por el Gobierno Federal de las posesiones que usted puede conservar, y además cada Estado saca su propia lista. En 17 estados usted puede elegir entre la lista del Gobierno Federal y la estatal. En el caso de los demás, debe guiarse por la lista estatal. En términos generales, la propiedad exenta incluye parte del valor de un vehículo automotor, ropa, la casa familiar, mobiliario, mercancías, electrodomésticos, joyería de hasta cierto valor, efectos personales, seguro de vida que no tenga un valor en efectivo, o que sea un valor limitado, parte del valor de una residencia, herramientas comerciales o profesionales de hasta cierto valor, una proporción de salarios no pagados pero devengados y asistencia pública.

Con la bancarrota del Capítulo 13 usted no tiene que vender sus bienes.

En lugar de eso, usted presentará un plan al tribunal de quiebras en el que propone la manera en que pagará a sus acreedores dentro de un plazo no mayor a cinco años. A esto con frecuencia se le llama "plan del devengador salarial" ya que usted debe tener un empleo o ingresos fijos para ser elegible en este Capítulo. Una bancarrota de Capítulo 7 permanece en su historial crediticio durante 10 años, y sólo se puede declarar cada 7 años. Una bancarrota de Capítulo 13 permanece en su historial durante 7 años, pero usted puede declararla las veces que quiera, siempre y cuando la declaración de bancarrota anterior haya sido desahuciada o haya concluido. No existe ninguna fórmula fácil para determinar cuál es la bancarrota que le conviene. Si usted no cree que sea posible tener ingresos constantes y suficientes como para cubrir su deuda dentro de un plazo de tres a cinco años, aun con un plan de pagos negociado, le convendría consultar a un abogado de bancarrotas. Se han propuesto reformas legales de bancarrota, pero hasta la fecha, no se han tomado decisiones al respecto. Hay tres libros publicados por Nolo Press que podrían ayudarle a decidir si la bancarrota representa una opción para usted: *How to File for Bankruptcy,* de Stephen Elias, Albin Renauer y Robin Leonard; *Chapter 13 Bankruptcy; Repay your Debts,* de Robin Leonard y *Bankruptcy: Is It the Right Solution to Your Debt Problems?*, de Robin Leonard y Twila Slesnick.

ACCIÓN: Un folleto llamado *Cómo declararse en quiebra puede reducir sus deudas* se puede conseguir, gratuitamente, en inglés y español con el Federal Trade Commission Consumer Response Center si escribe a 6th St. and Pennsylvania Ave. NW, Washington, DC 20580

Tenga cuidado con las ofertas de crédito garantizado y las reparaciones de crédito fantasma, los préstamos por adelantado y los servicios de asesoría crediticia.

No solicite los servicios de las compañías que "garantizan" que pueden conseguirle una tarjeta de crédito sin importar qué tan deficiente sea su historial crediticio. Con frecuencia, estas compañías le piden una gran cantidad de dinero por adelantado y luego desaparecen antes de darle la tarjeta de crédito. Algunas compañías le piden que las llame a un número 900 para solicitar información, lo cual suele resultar carísimo. Tenga cuidado con las compañías que lo desaniman a contactar directamente a una agencia de créditos, que le dicen que impugne toda la información de su historial crediticio o que le sugieren crearse una nueva identidad. Es un delito federal hacer declaraciones falsas en una solicitud de préstamo o crédito u obtener un número falso de Seguro Social. Muchos consumidores que intentan reconstruir su historial crediticio caen en las garras de los estafadores que dicen pretender eliminar un mal historial. Muchos de estos malhechores se anuncian en los periódicos, la radio, por correo y en Internet y cobran una gran cantidad de dinero por sus servicios. Estas compañías de reparación de crédito se limitan a acribillar a las agencias de créditos con solicitudes para verificar la información. Si una agencia de créditos no puede verificar un dato en un plazo de 60 días, retirará esta información del historial. Sin embargo, si es verificada posteriormente, se incluirá de nuevo en su historial.

Algunas de estas compañías exigen un pago por adelantado antes de proporcionar cualquier servicio lo cual constituye un delito; los vendedores telefónicos que ofrecen rehabilitación crediticia no deben solicitar pago alguno antes de seis meses de haber entregado los resultados de sus servicios. También se deben evitar las compañías de crédito por adelantado. Estas compañías pretenden otorgarle un préstamo sin importar el estado de su historial crediticio. El engaño está e el hecho de que usted tiene que pagar una cuota importante sólo por la solicitud. Algunas compañías desaparecen después de haber recibido esta cuota. Cuidado con las compañías cuyos nombres suenan parecidos al nombre legítimo *Consumer Credit Counseling Service*, el cual proporciona asesoría acerca de deudas sin cargo alguno. Es posible que estas otras compañías sean sin ánimo de lucro pero eso no significa que sean *legítimas*. Para investigar los antecedentes de una compañía, pregunte cuáles son sus cuotas, consiga los números de teléfono y las direcciones de algunos de sus clientes y póngase en contacto con entidades que conceden importantes cantidades de crédito con los que esta compañía haya trabajado. Si tiene dificultades, póngase en contacto a la oficina local del consumidor, la oficina de la fiscalía de su estado o el Centro Nacional de Información de Fraudes.

ACCIÓN: Para presentar una queja en contra de una compañía de rehabilitación de crédito o de una agencia crediticia, llame al *National Fraud information Center* al 800-876-7060, o consulte el sitio de Internet al

www.fraud.org/. Un folleto llamado *No se deje engañar por declaraciones
falsas de rehabilitación de crédito* está disponible en forma gratuita, en
inglés y español, si envía un sobre con su dirección y sellos al Consumer
Action, 116 New Montgomery St., Suite 233, San Francisco, CA 94105

■ REPASO

♦   Si no cuenta con historial crediticio alguno, trate de establecer uno
    utilizando medios no tradicionales.

♦   Consiga una tarjeta de crédito garantizada o un pequeño préstamo
    personal que le ayudarán a construir un historial crediticio tradi-
    cional, pero investigue bien sus opciones para conseguir las mejores
    condiciones.

♦   Si puede, pague el importe total de su saldo mensual y de no ser posi-
    ble páguelo dentro de un máximo de de tres meses.

♦   Verifique su propio historial crediticio antes de solicitar un préstamo
    importante.

♦   Tome la iniciativa para corregir errores en su historial crediticio o
    para reconstruir un mal historial crediticio.

♦   Si comienza a tener problemas de dinero, deje de utilizar sus tarjetas
    de crédito, no acepte o solicite nuevas tarjetas de crédito, trate de
    negociar un nuevo plan de pagos con sus acreedores y utilice sus
    ahorros para pagar las deudas que tengan las más altas tasas de
    interés.

♦   Cuidado con los préstamos de día de pago, las compañías financieras,
    los servicios de pago de deudas, las tiendas de rente para comprar, los
    préstamos sobre títulos y las casas de empeño.

♦   Si no puede resolver sus problemas por su cuenta, busque un servi-
    cio de asesoría de deudas de buena reputación.

♦   Considere declararse en bancarrota sólo como última opción.

♦   Cuidado con las compañías que ofrezcan crédito garantizado y las de
    reparación de crédito fantasmas, las de asesoría de crédito y las de
    préstamo por adelantado.

RECURSOS ADICIONALES

Libros recomendados:

Bankruptcy: Is it the Right Solution to your Debt Problems?. Por Robin Leonard y Stephen Elias (Berkeley: Nolo Press, 1998).

Chapter 13 Bankruptcy: Repay Your Debts, por Robin Leonard (Berkley,: Nolo Press,1998)

Credit Repair. Por Robin Leonard y Shae Irving (Berkeley: Nolo Press,1998)

How to File for Chapter 7 Bankruptcy, por Stephen Elias, Albin Renauer y Robin Leonard (Berkeley: Nolo Press, 1999)

Money Troubles: Legal Strategies To Cope With Your Debts, por Robin Leonard (Berkeley: Nolo Press)

Surviving Debt: A Guide for Consumers in Financial Stress, por Jonathan Sheldon y Gary Klein (Boston: National Consumer Law Center, 1996)

The Ultimate Credit Handbook, por Gerri Detweiler (New York: Plume Books, 1997).

CAPÍTULO 3

Seguros

"*DIOS DESAMPARA A QUIENES ABANDONAN A SUS FAMILIAS*"

VENEZUELA

U NA PREGUNTA: ¿Qué pasaría si el proveedor principal de su familia muriera o quedara incapacitado? Algunos latinos tenemos familiares dispuestos a darnos apoyo financiero pero muchos otros no, o prefieren encargarse de la situación solos. Una manera de reducir el terrible impacto de una pérdida inesperada es comprar un seguro.

Una póliza de seguro es un contrato que le garantiza una compensación económica en caso de muerte, incapacidad, enfermedad, desastres o accidentes, entre otras cosas. La tarifa que paga se llama LA PRIMA. Entre más grande sea la probabilidad de sufrir una pérdida de este tipo, más grande será la prima.

Para la mayoría de las personas la cuestión de los seguros puede parecer muy complicada, pero los latinos enfrentan algunos obstáculos específicos. Pocas compañías de seguros brindan servicios, materiales y agentes bilingües. Muchos latinos trabajan en sectores de la economía de bajos ingresos que históricamente no han prestado beneficios adicionales tales como seguros médicos o de incapacidad. Otros latinos tienen uno o más trabajos de tiempo parcial, que no le conceden derecho a beneficios.

A veces los inmigrantes recién llegados no están familiarizados con el concepto del seguro médico, porque la atención médica es suministrada por el gobierno en muchos países latinoamericanos. Otros tipos de seguros no-gubernamentales, tales como de automóvil o de vida, resultan terriblemente caros en Latinoamérica.

Para muchos de nosotros, el lugar más lógico al cual recurrir en caso de emergencia es la *familia*. Con gusto compartimos los gastos y prestamos apoyo financiero a nuestros padres, hijos, hermanos y demás miembros de nuestra familia extendida en caso de necesidad, y esperamos lo mismo por parte de ellos si nos encontramos en problemas.

Las estadísticas reflejan esto. Una encuesta hecha en 1998 por el *Strategy Research Corp.* en Miami en los primeros 10 mercados latinos —Los Ángeles, Nueva York, Miami, San Francisco, San José, Chicago, Houston, San Antonio, McAllen, Brownsville, Dallas Fort Worth, y San Diego— demostró que el 62% de los latinos no tiene seguro de vida, el 50% no tiene seguro médico y el 26% no tiene seguro de automóvil.

Los latinos constituyen el grupo étnico con menor cobertura de seguro médico en todo el país. De acuerdo con el Departamento de Salud y Servicios Humanos de Estados Unidos, durante la primera mitad de 1996, aproximadamente el 33.5% de los latinos no tenían seguro, comparado con el 13.1% de blancos no latinos,

La importancia del seguro médico se hizo evidente para Elda a una temprana edad. Cuando tenía 15 años vivía en Homestead, Florida, con sus padres, su abuela y un tío. Se habían mudado de Venezuela a Estados Unidos unos cuantos años antes.

Una mañana, cuando su tío Osvaldo conducía el automóvil a su trabajo, se quedó dormido al volante, se pasó el semáforo y chocó con una camioneta. Sufrió graves heridas en la cabeza que lo dejaron con la capacidad mental de un niño de 8 años. También se había roto la pelvis por lo que tuvo que aprender a caminar de nuevo. El seguro de automóvil sólo cubrió aproximadamente 10.000 dólares de los 100.000 dólares del costo total de los gastos médicos.

"Mi tío nunca pensó que le pasaría algo, entonces, ¿para qué comprar un seguro?", cuenta Elda, que a sus 20 años ya es asesora. "Pero es necesario tener un seguro. Incluso un accidente menor puede resultar muy costoso si no puedes trabajar. Es tu responsabilidad asegurarte de que podrás seguir manteniendo a tu familia."

Compre un seguro para protegerse de las pérdidas que usted deba cubrir y que podrían provocarle caer en bancarrota o forzarlo a solicitar un préstamo.

Si usted quiere comprar una casa, uno de los requisitos por parte de su acreedor es que adquiera un seguro inmobiliario. Si es dueño de un coche es un requisito, por ley estatal, tener un seguro de automóvil. Es posible que otros tipos de pólizas importantes no sean obligatorias, pero debería considerarlas porque pueden salvarlo de la ruina financiera. Estas pólizas incluyen el seguro de incapacidad, el seguro de vida, el seguro médico a largo plazo, seguro contra desastres y seguro de arrendatario.

 No compre un seguro contra las pérdidas que usted pueda cubrir con bienes existentes, ingresos actuales o a través de otras pólizas de seguro.

No hay necesidad alguna, por ejemplo, de adquirir un seguro de enfermedad contra el cáncer, si cuenta con un buen seguro médico. Con algunas excepciones, los seguros innecesarios incluyen seguro de vida para niños; contratos de cobertura amplia para autos; protección hipotecaria; cobertura de vida e incapacidad que sólo cubran el pago de préstamos; cobertura de gastos de servicios legales, seguro de grúa, contra viajes cancelados, mal clima, bodas, mascotas, adopciones, y pagos para la manutención de los niños en caso de divorcio.

Evite también "garantías extendidas" y "planes de servicio opcional" que prometen reparar o reemplazar objetos en mal estado. Los vendedores ganan grandes comisiones de venta por estas garantías, y la mayor parte de los consumidores nunca las usan. Además, la mayoría de los objetos nuevos están cubiertos por una garantía implícita o expresa por parte de los fabricantes, de por lo menos 90 días.

 Investigue diversas compañías hasta que encuentre el tipo de seguro que más le convenga.

Hay tres pasos básicos que puede seguir para encontrar las mejores condiciones. Antes que nada, póngase en contacto con unos cuantos agentes para

DESGRAVACIONES MAYORES SIGNIFICAN PRIMAS MENORES

Usted puede ahorrar mucho dinero en su seguro de automóvil al elegir una desgravación mayor y al bajar los límites de cobertura. Algunas compañías ofrecen descuentos basados en su membresía grupal o de organización de profesionales.

Aquí hay un ejemplo* de cómo desgravaciones mayores reducen las tasas para un hombre de 30 años que vive en el estado de Los Angeles, que tiene un registro limpio y maneja un Honda 1997:

COBERTURA/LÍMITES	$100 DESGRAVACIÓN	$250 DESGRAVACIÓN	$500 DEGRAVACIÓN
HERIDA CORPORAL/DAÑOS A PROPIEDAD ($25,000/$50,000/$10,000)	$597	$597	$597
PAGOS MÉDICOS ($50,000)	$146	$146	$146
AUTOMOVILISTAS NO ASEGURADOS/ COBERTURA DE AUTOMOVILISTA NO ASEGURADO ($25,000/$50,000)	$91	$91	$91
DAÑO A LA PROPIEDAD DE UN AUTOMOVILISTA NO ASEGURADO ($3,500)	$13	$13	$13
SEGURO AMPLIO	$170	$141	$116
SEGURO DE COLISIÓN	$540	$491	$383
TOTAL SEIS MESES DE PRIMA:	**$1,557**	**$1,479**	**$1,346**

*Los importes están basados en las tasas de abril de 1998. Las tasas actuales varían y todas son tasas sujetas a cambios.

ver el tipo de planes que ofrecen. Los agentes independientes venden planes de distintas compañías de seguros, mientras que los agentes exclusivos trabajan para una sola compañía.

Si necesita ayuda en español, busque a algún agente en su vecindario, o pida referencias a amigos o familiares. Busque también alguna compañía de seguros que tenga material en español. Una manera de encontrarle, es estar pendiente de anuncios en español en la radio, en la televisión y en las revistas y periódicos.

En segundo lugar, si usted se encuentra relativamente sano y tiene sufi-

COMPAÑÍAS DE SEGURO DEL MERCADO DIRECTO

AETNA: Vida y médico. Bilingüe	800-584-6001
ALLSTATE: Automóvil, inmobiliario, arrendamiento y de vida. Bilingüe	800-777-3900
AMICA: Arrendamiento, inmobiliario, incapacidad y cuidados a largo plazo	800-992-6422
AMERICAN EXPRESS CO.: Automóvil, propietarios de vivienda y seguro de vida	800-535-2001
AMERITAS: Seguro de vida e incapacidad	800-552-3553
AMERICAN LIFE IN NEW YORK: Seguro de vida	800-872-5963
GEICO: Seguro de auto y de vida	800-841-3000
PROVIDENT: Seguro de vida e incapacidad	800-843-3426
UNUM: Seguro de vida, incapacidad y cuidado a largo plazo	800-227-8138
USAA: Seguro de vida, médico, de automóvil y de las fuerzas armadas (limitado a miembros de la milicia y a sus familiares)	800-531-8080
WHOLESALE INSURANCE NETWORK: Seguro de vida	800-808-5810

CUOTAS DE SEGURO POR TELÉFONO Y POR INTERNET

DIRECT QUOTE: Seguro de vida	800-845-3853
INSTA QUOTE: Seguro de vida (www.instaquote.com/)	888-223-2220
INSURANCE QUOTE SERVICES: Seguro de vida, de incapacidad y de cuidado a largo plazo (www.iquote.com/)	800-972-1104
INSURANCE INFORMATION INC.: Seguro de vida	800-472-5800
MASTER QUOTE: Seguro de vida (www.masterquote.com/)	800-627-LIFE
PREFERRED QUOTES INSURANCE SERVICES: Seguro de vida, via Internet en quotes@pquins.com (fax al 888-333-3750)	800-333-3750
PROGRESSIVE INSURANCE CORP.: Seguro de auto. También venden seguros de vida e incapacidad	800-288-6776
QUOTE SMITH: Seguro de vida (www.quotesmith.com/)	800-431-1147
QUICK QUOTE: Seguro de vida. Bilingüe (www.quickquote.com/)	800-390-8271
SELECT QUOTE: Seguro de vida	800-343-1985
TERM QUOTE: Seguro de vida	800-444-8376

ciente dinero ahorrado, debe seleccionar el importe deducible que usted pueda pagar. El deducible es la cantidad de dinero que usted tiene que pagar en caso de una pérdida, antes de que su compañía de seguros cubra todos los gastos.

Finalmente, póngase en contacto con una compañía de seguros que no tenga a un intermediario, sino que venda las pólizas directamente al público. Existen también servicios que le pueden dar los precios de estas compañías por teléfono o Internet. Estos planes, generalmente, cuestan menos que los planes que venden los agentes. Su desventaja es que los representantes del servicio al cliente quizá no puedan ayudarle a averiguar lo que usted necesita.

ACCIÓN: Llame a Independent Insurance Agents of America al (800-221-7917) para buscar un agente independiente, o visite el sitio en Internet www.iiaa.org/.

Antes de comprar una póliza de seguro, verifique el estado de la licencia del agente de seguros y el de la compañía de seguros que se lo ofrece, así como la calificación en el historial de la compañía.

Todos los agentes y las compañías de seguros deben tener una licencia otorgada por el Estado en que trabajan para poder operar legalmente. Por ley, los agentes deben imprimir el número de su licencia en sus tarjetas de presentación. Para verificar si un agente o una compañía de seguros tiene licencia —y para averiguar si hay alguna queja por parte de los clientes anteriores en contra de ellos— llame al departamento de seguros de su Estado.

Las compañías de seguros con licencia tienen la obligación de aportar una cantidad de dinero a un "fondo garantizado" de manera tal que los consumidores cuenten por lo menos con un mínimo de protección financiera si la compañía se declara en bancarrota. Usted, sin embargo, también debe averiguar qué tipo de calificaciones de estabilidad financiera ha recibido la compañía de seguros por parte de las diversas agencias calificadoras. No todas las calificaciones son iguales. Por ejemplo, una calificación "A" de A.M Best es el equivalente a una "B+" de Weiss. Quédese con las compañías calificadas como "Superior" o "Excelente".

RATINGS DE COMPAÑÍAS DE SEGUROS

Las siguientes agencias de ratings, usan los ratings financieros enlistados* que analizan la capacidad de una compañía para pagar las prestaciones:

A.M. BEST	STANDARD & POOR'S	DUFF & PHELPS	MOODY'S	WEISS
Los siguientes ratings son considerados superiores o excelentes				
A++	AAA	AAA	Aaa	A
A+	AA	AA+	Aa	
A		AA		
A-		AA-		
Las siguientes son consideradas como buenas				
B++	A	A+	A	B
B+		A		
B		A-		
B-				
Las siguientes son consideradas medianas				
C++	BBB		Baa	C
C+	BB			

* Sólo compre seguros de las compañías que han ganado ratings de "Superior" o "Excelente".

NOTA: los ratings paralelos no son necesariamente equivalentes. Cualquier rating menor de los enlistados están debajo de la calidad aceptable.

ACCIÓN: Un agente puede enviarle las calificaciones y los informes completos de la compañía de seguros. Para ver la calificación de la compañía de seguros por su cuenta, vaya a la biblioteca y pregunte por Best's Insurance Reports. También puede contactar a las compañías calificadoras directamente. A.M. Best cobra 4.95 dólares por calificación solicitada a través de su servicio en línea en www.ambest.com, o puede llamar al (908-439-2200, extensión 5742). Douff & Phelps al (312-368-3198) brinda las calificaciones gratuitamente. Moody's al (212-553-0377) brinda hasta cuatro calificaciones gratuitas por llamada. Standar & Poor's al (212-208-1527) brinda todas las calificaciones gratis. Weiss Ratings al (800-289-9222) brinda las calificaciones por 15 dólares cada una.

AYUDA ESTATAL PARA COMPRADORES DE VIVIENDA

Las llamadas realizadas en las agencias de vivienda estatales del Distrito de Columbia y Puerto Rico a los números 800 y 888 son sin costo si se realizan dentro de los estados respectivos.

ALABAMA	333-244-9200/ 800-325-2432
ALASKA	907-338-6100/ 800-478-AHFC
ARIZONA	602-280-1365
ARKANSAS	501-682-1365
CALIFORNIA	800-789-CHFA
COLORADO	303-297-2432/ 800-877-2432
CONNECTICUT	860-721-9501/ 800-533-9208
DELAWARE	302-577-3720
DISTRICT OF COLUMBIA	202-408-0415
FLORIDA	904-488-4197
GEORGIA	404-679-4840/ 800-359-4663
HAWAII	808-587-0604
IDAHO	208-331-4882/ 800-526-7145
IOWA	515-242-4990/ 800-432-7230
KANSAS	785-296-5865/ 800-752-4422
KENTUCKY	502-564-7630/ 800-633-8896
LOUISIANA	504-342-1320
MAINE	207-626-4600/ 800-452-4668
MARYLAND	410-514-7007/ 800-638-7781
MASSACHUSETTS	617-854-1000/ 800-882-1154
MICHIGAN	517-373-8370/ 800-327-9158
MINNESOTA	612-296-7608/ 800-710-8871
MISSISSIPPI	601-354-6062/ 800-544-6960
MISSOURI	816-759-6600

MONTANA	406-444-3040/ 800-761-6264
NEBRASKA	402-434-3900/ 800-204-6432
NEVADA	702-687-4258/ 800-227-4960
NEW HAMPSHIRE	603-472-8623/ 800-649-6879
NEW JERSEY	609-278-7400/ 800-654-6873
NEW MEXICO	505-843-6880/ 800-444-6880
NEW YORK	212-688-4000/ 800-382-4663
NORTH CAROLINA	919-781-6115
NORTH DAKOTA	701-328-8080/ 800-292-8621
OHIO	614-466-7970/ 888-643-2636
OKLAHOMA	405-848-1144/ 800256-1489
OREGON	503-986-2000
PENNSYLVANIA	717-780-3800/ 800-822-1174
PUERTO RICO	787-765-7577
RHODE ISLAND	401-751-5566/ 000-427-5560
SOUTH CAROLINA	803-540-4251
SOUTH DAKOTA	605-773-3181/ 800-540-4251
TENNESSEE	615-741-2400/ 800-228-8432
TEXAS	512-475-3800/ 800-792-2119
UTAH	801-521-6950/ 800-284-6950
VERMONT	802-864-5743
VIRGINIA	804-782-1986/ 800-968-7837
WASHINGTON	206-464-7139/ 800-67-HOME
WEST VIRGINIA	304-345-6475/ 800-933-9843
WISCONSIN	608-266-7884/ 800-33-HOUSE
WYOMING	307-265-0603/ 800-273-4635

Póngase en contacto con el Departamento de Seguros *en su Estado si piensa que se le ha negado injustamente la cobertura de su seguro.*

Algunas compañías de seguros han sido acusadas de discriminación contra los consumidores latinos y afro-americanos al cobrarles más por un seguro, ofrecerles menor cobertura y negarles ciertos tipos de cobertura. Algunas veces, los agentes que trabajan para estas compañías tratan de mala manera a las personas pertenecientes a una minoría. Si piensa que se le ha negado la cobertura de su seguro injustamente, llame al departamento de seguros de su estado. No sufra en silencio.

No se quede sin seguro médico.

Si trabaja para una compañía grande, lo normal es que su patrón le proporcione algún tipo de cobertura, e incluso que pague una parte de la prima. De cualquier modo, si usted trabaja por cuenta propia o trabaja en una compañía pequeña, quizá tenga que comprar una póliza individual que puede ser además de cara, difícil de encontrar.

Existen dos tipos de planes médicos: El plan de servicios por honorarios (*fee-for-service plan*) y el plan de atención administrada (*managed care plan*). Con un plan de servicios por honorarios, que también es llamado Indemnity Plan, puede ver al médico que prefiera. Usted debe pagar un deducible anual. Una vez que ha pagado esa suma por costos médicos, su seguro comenzará a pagar algunos de sus gastos médicos, generalmente alrededor de un 80%. El 20% restante, del cual usted es responsable, se llama el co-pago.

Los planes de atención administrada son menos caros que los planes de servicio por honorarios, pero no cuentan con tantas opciones. Generalmente, se le proporciona una lista de médicos a elegir, y tendrá que pagar más de su bolsillo si acude a uno que no está en la lista. Con frecuencia los planes de atención administrada no tienen deducibles y tienen co-pagos menores, algunas veces tan bajos como de 5 dólares por visita. A continuación explicamos lo que los diferentes tipos de planes de atención administrada significan para usted, el paciente:

Organización de mantenimiento de la salud (HMO): Estas organizaciones ofrecen coberturas médicas amplias y pre-pagadas para hospitales y visitas al médico. Los HMO afilian a cientos de proveedores de servicios médicos. Como miembro, debe acudir únicamente a estos servicios afiliados para recibir todos los servicios médicos que requiera.

Grupo práctica de HMO: Un grupo práctica de HMO, cuenta con un grupo de médicos con múltiples especialidades para dar servicios médicos a los miembros del HMO. Como miembro, debe conseguir atención médica de un médico del grupo, a menos que éste lo mande a un médico fuera de esta red.

Red HMO: Una red HMO, cuenta con dos o más grupos de práctica independiente para brindar servicios médicos. Como miembro, debe recibir sus servicios médicos de un grupo de práctica independiente, a menos que uno de ellos lo refiera a un médico fuera de esta red.

HMO por el gobierno federal calificada: Estas HMO's deben solicitar su calificación al gobierno federal, y deben reunir ciertos requisitos estipulados por el gobierno para proteger a los consumidores. Como con una HMO normal, debe recibir sus servicios médicos de los afiliados al HMO.

Asociados de práctica independiente (IPA): Una IPA es un negocio formado y dirigido por médicos de consulta privada que pueden afiliarse con las HMO's para proporcionar servicios a su nombre a los miembros de un plan de atención administrada. Como miembro, usted puede solicitar los servicios sólo de los médicos afiliados a una IPA, y no le reembolsarán por los gastos de servicios que haya recibido fuera de esta red.

Organización de afiliados preferentes (PPO): Un PPO es un contrato de servicios médicos efectuado entre los usuarios de servicios médicos (empleados, compañías de seguros) y los proveedores que le ofrecen incentivos tales como bajos deducibles y co-pagos, para que acuda a los médicos afiliados a la red. Como miembro, pagará más si usa servicios fuera de la red.

Punto de servicio (POS): Los planes POS también son conocidos como HMO's abiertas. Le sugieren, sin que sea un requisito, que en principio elija o visite a un médico general, quien hará de "portero" para remitir o referir al paciente. Es decir, probablemente deba ver primero a su médico general antes de acudir a otro profesional. Puede visitar a otros afiliados fuera de la red, pero los deducibles y los co-pagos serán más altos.

Organización de afiliados exclusivos (EPO): Un EPO es parecido a un PPO. Usted puede solicitar servicios médicos solamente de un proveedor de la red, y no le reembolsarán si recibe servicios fuera de la red.

¿Qué tipo de plan debe escoger? Eso depende de los servicios médicos que considere que usted y sus dependientes necesitarán en el futuro próximo. Si usted piensa comenzar una familia o tener otro hijo, quizá desee elegir un plan que ofrezca buena cobertura de tratamientos de fertilidad, cuidado prenatal, y pediatría. Por otro lado, si usted es mayor de cierta edad, quizá quiera un plan que brinde buenas ofertas de medicinas y equipos de gran duración, como sillas de ruedas.

Para averiguar el costo de la cobertura del servicio médico, calcule el costo total de la cobertura, incluyendo las tarifas mensuales, los co-pagos, los deducibles, y otros gastos menores de los diferentes planes, para tener una idea de lo que realmente se puede permitir.

Revise las calificaciones de los diferentes planes de servicios médicos. Probablemente lo más fácil sería revisar la información que aparece en las publicaciones de salud, los informes para el consumidor y las notas de los consumidores.

ACCIÓN: Para conseguir un informe de acreditación gratuito de un plan de atención adminstrada, llame *al* National Committee for Quality Assurance al (800-839-6485).

Si usted está a gusto con su médico, averigüe a que plan de salud él o ella pertenece. Si está buscando un médico pida referencias a sus familiares y amigos. Asegúrese que la oficina del médico se encuentre cerca de usted y que tenga horarios convenientes. Aprenda a conseguir referencias para ver a un especialista.

Averigüe adónde tiene que ir en caso de emergencia o atención urgente, en caso de que esté viajando, y cuanto le costará acudir a un lugar no afiliado. Por ley, un plan médico debe cubrir tratamiento en caso de emergencia, sin importar a donde vaya, siempre y cuando cumpla con el estándar de "persona razonable". Eso significa que un plan no le puede negar una visita a un servicio de emergencias si tiene dolor en el pecho y cree que está sufriendo un ataque al corazón, pero resulta que tiene indigestión.

Determine qué cubre y qué no cubre su plan. ¿Existen límites en el servicio médico psiquiátrico, programas de ayuda en casos de abuso de alcohol y drogas, atención quiropráctica, y medicina alternativa como por ejemplo acupuntura? ¿Están incluidos los programas de bienestar, tales como la reducción de peso, la instrucción nutricional, dejar de fumar, el manejo del estrés e incluso hacerse socio de un gimnasio?.

¿El plan cubre condiciones existentes? Las HMO's aceptadas por el Gobierno Federal tienen prohibido hacer cualquier tipo de exclusiones o limitaciones en la cobertura de condiciones preexistentes, tales como el cáncer o el lupus. Sin embargo algunos estados admiten periodos de "antecedentes" de seis a doce meses, durante los cuales la compañia de seguros puede eliminar o limitar la cobertura para condiciones médicas por las que usted haya sido tratado durante el último año.

Para asegurarse que está adecuadamente protegido por su póliza, verifique que ofrece cobertura de por lo menos el 80% de sus gastos médicos; que supera su co-pago anual y que tiene una cobertura de vida de por lo menos un millón de dólares y que garantiza su renovación. La garantía de renovación significa que el asegurador no puede incrementar su tarifa ni cancelar su póliza si usted se enferma y que puede renovar su póliza todas las veces que quiera.

Muchos estados otorgan seguros médicos a personas que no pueden conseguir seguro de ninguna otra manera, a causa de una condición preexistente. Algunos estados también ofrecen programas especiales para mujeres embarazadas de bajos recursos, y niños de familias pobres a través del Programa de Seguros para la Salud Infantil *(Children's Health Insurance Program)*. Llame a su departamento estatal de seguros para averiguar lo que ofrecen.

Los latinos que quieren tener un médico que hable español y que sea sensible a las particularidades de su cultura son tratados cada vez más por los asociados de médicos independientes (IPA); estos grupos están formados por médicos de consulta privada, y son contratados por los HMOs para dar servicios médicos a los miembros de "managed care." *Latino Health Care*, en Los Angeles, es uno de los más exitosos y aunque sólo funciona en el sur de California piensan expandirse a otros estados.

ACCIÓN: Para conseguir una guía gratuita *llamada Choosing and Using Health Care Plan*, escriba a la Health Insurance Association of America al 555 13th St N.W, Washington, DC 200004. O llame al (888-844-2782), para buscar Latino Health Care, llame al (800-284-3236).

Si usted está desempleado o trabaja por cuenta propia puede encontrar un plan individual de salud a un precio accesible si investiga lo suficiente.

Comience por averiguar las opciones que ofrece el Estado. Si deja su trabajo, es despedido o pierde su cobertura de seguro debido a una reducción en su horario de trabajo, usted puede comprar un seguro con una cobertura de grupo para usted y su familia bajo el mismo plan que tenía en su empleo anterior por un plazo de tiempo determinado, gracias a una ley llamada *Consolidated Omnibus Budget Reconciliation Act* de 1986, o COBRA.

La cobertura del estado COBRA es ofrecida a empleados de compañías que tengan por lo menos 20 o menos trabajadores. Generalmente tiene vigencia de 18 a 36 meses. Después de que su patrón le notifique su elegibilidad para ingresar al COBRA, usted tiene 60 días para decidir si quiere ingresar o no. Usted debe pagar el importe total del plan, el cual consiste en la cuota de grupo de su empleo anterior más una cantidad adicional de un máximo del 2%.

Además de la cobertura COBRA, los estados de California y Florida se encargan también de que las compañías pequeñas que tengan menos de 20 empleados pueden ofrecer planes similares al COBRA si proporcionan beneficios de seguros médicos. Esto, sin embargo, no ocurre frecuentemente ya que muchas de las compañías pequeñas no se pueden permitir ofrecer beneficios.

Otra opción es unirse a una organización profesional, industrial o fraternal que ofrezca cuotas de grupo de seguro médico a sus miembros, lo que puede resultar menos costoso que las cuotas individuales. Estos grupos incluyen la *National Association for the Self-Employed*, y muchas cámaras de comercio locales.

Muchos proveedores de atención médica venden pólizas de seguro directamente a los consumidores. Los agentes de seguro independientes, que normalmente trabajan con diversas compañías, pueden proporcionarle, rápidamente, información respecto a múltiples y diferentes planes. Existen también muchos sitios de Internet con información sobre seguros como por ejemplo:

- ◆ Quicken Insure Market: www.insuremarket.com/
- ◆ Insurance News Network: www.insure.com/
- ◆ Insweb: www.insweb.com/
- ◆ Safe Tnet: www.safetnet.com/

ACCIÓN: Para conseguir información bilingüe sobre planes de salud, llame al National Insurance Consumer Helpline al 800-942-4242

 No se quede sin un seguro de incapacidad

El seguro de incapacidad es también conocido como seguro de restitución de ingresos. Le restituye los ingresos que deja de percibir si se enferma o sufre una lesión. Muchos expertos en seguros al igual que numerosos planificadores financieros (incluyendo a Laura) consideran este tipo de seguro tan importante como el seguro de vida, especialmente si trabaja por cuenta propia o si es el proveedor de su familia.

¿Por qué? Aunque resulte difícil de creer, el riesgo que corre de quedar incapacitado antes de cumplir los 65 años es tres veces mayor que su probabilidad de morir antes de esa edad. El seguro de incapacidad puede proteger su hogar, su automóvil, la educación de sus hijos, su negocio, en suma, todos los aspectos de su vida si usted queda incapacitado.

Muchas empresas grandes les ofrecen seguro de incapacidad a sus empleados en cuotas de grupo, a muy buenos precios. De lo contrario, usted debe buscar una póliza de incapacidad individual. Como en el caso de los seguros de salud individuales, lo mejor que se puede hacer es tratar de asociarse a una industria profesional o a una organización fraterna que ofrezcan póliza de incapacidad a los miembros, con una cuota grupal. También puede comprar un seguro de incapacidad directamente de un corredor de seguros.

Aunque es imposible saber cuánto dinero necesitará cuando se encuentre incapacitado, generalmente debe tratar de comprar una cobertura que sea suficiente como para cubrir por lo menos el 60% de sus ingresos. Si usted tiene seguro de incapacidad por medio de su patrón, pero no alcanza este porcentaje, puede comprar un seguro de incapacidad suplementario.

El costo de su cobertura dependerá de su edad, salud, ocupación y periodo de espera. En general, entre más joven y saludable sea y entre más estable sea su trabajo, cuando compre el seguro de incapacidad, más bajas serán las primas.

Si usted no tiene mucho dinero, quizás sea buena idea comprar una póliza renovable anualmente en donde las primas se incrementan a medida que mayor sea su edad. Un mayor tiempo de espera —el tiempo que pasa entre el día que resulta incapacitado y el día que comienza a recibir los beneficios— también puede bajar los gastos. Asegúrese de preguntar por los descuentos para los no fumadores.

La mayoría de los estados ofrecen una compensación para los trabajadores, la cual le brinda beneficios a los empleados que resulten lesionados en su trabajo. Cinco estados —California, Hawaii, Nueva Jersey, Nueva York, y Rhode Island— también proporcionan fondos de incapacidad a corto plazo para lesiones o enfermedades no relacionadas con el trabajo.

Las características claves que tiene que considerar al comprar una póliza son:

Definición de incapacidad: La cobertura ocupacional le pagará beneficios si no puede seguir en su trabajo actual. La cobertura de cualquier ocupación le paga si no está en capacidad de trabajar en ninguna ocupación para la cual esté preparado o entrenado. En este caso, lo que usted necesita es una póliza de reemplazo de ingresos, que le pagará los beneficios si usted pierde sus ingresos.

Periodo de beneficio: Algunas pólizas pagan beneficios sólo durante algunos años. En el mejor de los casos, usted debe conseguir un plan que lo cubra hasta que obtenga los beneficios del Seguro Social, que comienzan a los 65 años.

Beneficios residuales: Asegúrese que su plan incluya beneficios residuales, los cuales pagan una parte de sus beneficios si usted está parcialmente incapacitado y sólo puede trabajar de tiempo parcial o en un trabajo menos exigente.

No cancelable versus garantía renovable: Con un plan no cancelable, sus primas permanecen fijas. Con un plan de garantía renovable, sus primas están sujetas a los incrementos generales de las tasas. Ningún plan puede cancelar su póliza si usted presenta un reclamo.

ACCIÓN: Para conseguir una copia gratis de *Guide to Disability Income Insurance,* y un directorio de las compañías que ofrecen incapacidad individual o pólizas de reemplazo de ingresos, escriba al Health Insurance Association of America a 555 13th St. N.W., Washington, DC 20004, o llame al 888-844-2782.

 Investigue a qué tipo de beneficios médicos y de incapacidad tiene derecho por parte de las agencias gubernamentales.

Medicare es el programa médico más grande de todo el país; le brinda beneficios a bajo costo a personas de 65 años o mayores, a incapacitados, y a personas que sufren de una enfermedad renal grave, Está compuesta por dos partes: la Parte A que es un seguro hospitalario, y la Parte B, que es un seguro médico.

El seguro hospitalario cubre servicios para pacientes hospitalizados, atención de enfermeras especializadas, servicios médicos en su casa y cuidado personal en asilos. El servicio médico cubre el costo de los servicios médicos, atención a pacientes no hospitalizados, equipo y suministros médicos y otros servicios.

Medicaid provee asistencia médica para los indigentes, y cuenta con un fondo conjunto entre el gobierno federal y el estatal. Cada Estado establece sus propios criterios de elegibilidad; determinan el tipo, la cantidad, la duración, y la gama de sus servicios; establece las cuotas de pago por los servicios, y administra su programa. Es muy posible que los servicios de Medicare tanto como los de Medicaid, se reduzcan substancialmente en el futuro. *Es mejor no depender mucho de estos servicios.*

Las pólizas privadas, llamada planes de seguro Medigap, están disponibles para cubrir gastos que están sólo parcialmente cubiertos por Medicare. Todos los estados (con excepción de Minnesota, Massachusetts y Wisconsin), así como Puerto Rico y el Distrito de Columbia, limitan la variedad de pólizas Medigap que se pueden vender (sólo 10); cada plan está designado por una letra de la "A a la J". El plan A es el paquete de beneficios más básico. Cada uno de los otros nueve planes consiste en el paquete básico más algún otro beneficio. Si usted vive en Minnesota, Massachusetts o Wisconsin, póngase en contacto con el departamento de seguros estatal para averiguar qué tipo de cobertura alternativa de Medigap se ofrece.

Por ley, si usted tiene por lo menos 65 años, se le otorga un periodo de seis meses a partir de la fecha en que inscribió al Medicare Parte B (seguro médico), al que tiene derecho, para comprar la póliza medigap de su elección sin importar los problemas médicos que tenga. Las primas varían de acuerdo a las distintas compañías de seguros y según el Estado en que usted viva.

Otro producto suplementario del seguro médico de Medicare, es Medicare SELECT. Este plan es igual al de cualquier póliza de seguro Medigap. La única diferencia es que, a excepción de las emergencias, con Medicare SELECT debe acudir solo a hospitales específicos y con frecuencia implica visitar a médicos específicos para recibir los beneficios completos.

Navegar en el laberinto de seguros médicos gubernamentales puede resultar abrumador. Afortunadamente, existe el Programa de Asesoría y Defensa en Seguros Médicos [*Health Insurance Counseling and Advocacy Program* (HICAP)], un programa gubernamental que ofrece consejos bilingües gratuitos respecto a los seguros médicos, incluyendo asistencia médica a largo plazo, a través de su servicio de Localización de Asistencia para la Tercera Edad (*Eldercare Locator*).

 Algunos inmigrantes no pueden recibir Medicaid.

Si usted es inmigrante y cumple con los requisitos para recibir Medicaid y llegó a los Estados Unidos a partir del 22 de agosto de 1996, tiene que esperar 5 años para recibir los beneficios. Las únicas excepciones son los refugiados, las personas que han recibido asilo político, los individuos cuya deportación ha sido denegada por el Servicio de Inmigración y Naturalización [*Immigration and Naturalization Service* (INS)], los residentes legales permanentes, y los veteranos militares de E.U que han sido licenciados honorablemente. Cuando la prohibición obligatoria de 5 años expire, el ingreso de un inmigrante en Medicaid depende del Estado. Los inmigrantes tienen derecho a los servicios de emergencia de Medicaid en cualquier momento.

El Seguro Social también ofrece dos programas de incapacidad: el seguro de incapacidad y el de garantía de ingresos suplementarios (SSI). El costo del seguro de incapacidad, está incluido en los impuestos del Seguro Social. La elegibilidad está basada en su historial laboral, y los beneficios se determinan de acuerdo con sus ingresos. El SSI es financiado a través de los ingresos de impuestos generales. Se pagan los beneficios a personas de bajos ingresos y de recursos limitados.

Si usted es ciudadano estadounidense puede recibir los beneficios del Seguro Social en otro país si ha permanecido en ese país durante por lo menos treinta días seguidos. Se considera que está fuera del país hasta que complete treinta días seguidos de permanencia en Estados Unidos.

Existen, además, diecinueve países donde puede seguir recibiendo los beneficios siempre y cuando sea elegible, sin importar cuánto tiempo permanezca fuera de los Estados Unidos, y hay cincuenta y tres países donde puede recibir sus beneficios, a menos que esté recibiendo beneficios como dependiente o viudo. En ese caso, necesita obtener un dictamem adicional. De cualquier forma, no puede recibir los pagos de su Seguro Social si se encuentra en ciertos países, incluyendo Cuba.

Para recibir beneficios cuando vive fuera de los Estados Unidos, necesita llenar periódicamente un cuestionario para notificar al gobierno de cualquier cambio que pudiera afectar sus pagos. La información que debe darse al gobierno incluye haber conseguido trabajo fuera de los E.U, contraer matrimonio y la adopción de un niño.

ACCIÓN: Para conseguir información bilingüe sobre Medicaid, SSI y beneficios de incapacidad, llame a la Administración del Seguro Social, al 800-772-1213. Para adquirir información sobre los beneficios Medicaid, llame a su departamento estatal de seguros. Para tener más información sobre beneficios si está fuera del país, póngase en contacto con la embajada americana, el consulado o la oficina del Seguro Social más cercanos. Para conseguir un folleto llamado *Medicare, Medigap and Managed Care: Consumer Update,* mande 3 dólares a United Seniors Health Cooperative, 1331 H St. NW, Washington, DC 20005. Para comunicarse con IIICAP y otras agencias locales que ofrecen una amplia gama de servicios para el consumidor, llame a Eldercare Locator Service al 800-677-1116.

 CONSEJO   *No se quede sin un seguro de automóvil y consiga la cobertura adecuada.*

Si usted es dueño de un vehículo automotor, debe tener seguro de auto. El monto de la cobertura que puede obtener depende de varios factores incluyendo los requisitos de su Estado, la clase de auto, el tipo de seguro médico que tiene y sus bienes. Un seguro de automóvil debe cubrir lo siguiente: daños a terceros, gastos médicos y colisión y cobertura amplia.

La *responsabilidad por lesiones*, (daños a terceros), cubre a cualquier pasajero que se encuentre en su auto, y que resulte herido o lesionado en un accidente, y a las personas del otro automóvil si usted es culpable del accidente. La *responsabilidad por daños a la propiedad*, cubre los daños del coche y los de otras propiedades, tales como fachadas.

Este tipo de cobertura de responsabilidad, se vende como "límite compartido" (*"split limit"*), el cual le indica la cantidad máxima que se pagará por cada persona herida en el accidente, el total de la cantidad máxima que se pagará por accidente, y el total de la cantidad máxima por daño a la propiedad.

En California el mínimo legal es de 15-30-5, o 15.000 dólares por persona, 30.000 dólares por accidente, y 5.000 por daño a propiedad ajena. Pero usted puede ser demandado por una cantidad mayor, así que le conviene comprar un seguro con mayor cobertura que el legalmente obligatorio. Muchos expertos recomiendan un "split limit" de por lo menos 100/300/100.

La cobertura de *pagos médicos* se hace cargo de las cuentas médicas y de hospital, hasta cierta cantidad, tanto para usted como para los pasajeros. Si usted está obligado por ley a comprar una cobertura para pagos médicos, depende del Estado en que viva. En un Estado "sin culpa" (*"no fault"*), usted o su seguro paga por todas las lesiones y daños producidos en un accidente automovilístico, sin importar quién tiene la culpa. En este caso, probablemente tendrá la obligación de adquirir una cantidad mínima de cobertura de gastos médicos, que también se conoce como daño personal o seguro "no *fault"* (sin culpa).

En un estado de "culpa" (*"fault"*) o "indemnización" (*"tort"*), la persona que causó el accidente, o el seguro de esta persona, debe pagar por todas las lesiones y daños sufridos. La cobertura de gastos médicos no es obligatoria en los estados de "indemnización" ("tort"). En términos generales, determinar de quién fue la culpa implica un proceso legal largo y caro. No correrá con suerte alguna si usted, el culpable de su accidente es un automovilista no asegurado.

Actualmente hay once estados "no-fault": Massachusetts, Florida, Georgia, Nueva York, Minnesota, Hawaii Colorado, Michigan, Utah, Kansas, y Dakota del Norte. En otros tres estados, Kentucky, Pennsylvania, y Nueva Jersey, los conductores pueden elegir entre los sistemas "no fault" y "tort."

El seguro de colisión (choque) cubre el costo de reparación o reemplazo de su coche si usted tiene un accidente. La cobertura amplia (*comprehensive*), paga por los daños ocasionados por incendio, inundación, robo, tormenta y otros daños no causados por una colisión. Los seguros de colisión y de cobertura amplia por lo general no son legalmente obligatorios, pero es posible que sí lo sean si usted está pagando su automóvil con un préstamo de auto o si está alquilando uno.

Si su vehículo es nuevo, o aún vale mucho dinero, debería adquirir un seguro de colisión y uno de cobertura amplia. Pero usted debería suspender esta cobertura si el costo de reparación de su auto sobrepasa su valor de venta, y si la cantidad total de su prima alcanza más del 10% del valor del automóvil.

Compre una cobertura contra automovilistas no asegurados o con cobertura limitada.

La cobertura contra automovilistas no asegurados, obligatoria en algunos estados, paga los gastos médicos de usted y de los pasajeros, si usted tiene un accidente causado por un automovilista sin seguro. El seguro contra coberturas limitadas, le protege a usted y a sus pasajeros, en caso de que el culpable es un conductor que no tiene un seguro de cobertura amplia.

Evite comprar un seguro de auto alquilado, si usted ya tiene un seguro de automóvil propio.

Si usted alquila un automóvil y no tiene uno propio por lo cual no cuenta con un seguro, compre la cobertura de la agencia de alquiler para cubrir los posibles daños al vehículo por el tiempo que usted lo alquile. Pero, si usted cuenta con un seguro para su propio auto, es probable que éste incluya un seguro para autos alquilados. En ese caso, no hay necesidad de pagar por una cobertura extra. Algunas compañías de tarjeta de crédito también pagan el seguro de colisión son costo adicional si usted paga el alquiler con esa tarjeta.

Debe estar cubierto por una compañía de seguros mexicana, cuando conduce en México.

Existe la posibilidad de que su póliza de seguro en E.U. pueda ser extendida para abarcar territorio mexicano, siempre y cuando usted permanezca a no más de 25 millas de la frontera con Estados Unidos. Algunas compañías de seguros expiden un respaldo que se agrega a su póliza, para cubrir ese tipo de viajes. No hay garantía alguna, sin embargo, de que las autoridades mexicanas reconozcan una cobertura expedida por una compañía de seguros en los Estados Unidos. Por lo tanto, si usted viaja más allá del límite de 25 millas de la frontera con Estados Unidos, deberá comprar una póliza de una compañía de seguros mexicana debidamente autorizada.

Aunque el seguro de automóvil no es obligatorio en México (a excepción de una póliza contra daños a terceros en la ciudad de México que tiene un valor que va desde 23 dólares diarios, sufrir un accidente en México es algo muy grave y se considera un delito. Las autoridades mexicanas podrían detenerlo hasta determinar de quién fue la culpa del accidente. Además usted debe estar en condiciones de probar que tiene la capacidad económica para cubrir los daños ya sea con efectivo o a través de una póliza de seguros aprobada en México.

Para estar seguro, le recomendamos adquirir una póliza de seguros de una compañía mexicana autorizada antes de salir de Estados Unidos, independientemente de qué tan lejos piensa viajar. Estas pólizas pueden adquirirse a lo largo de toda la frontera México-Estados Unidos. Además, en la mayoría de los estados, resulta también muy fácil encontrar una compañía mexicana de seguros.

El departamento estatal de seguros de los estados de Texas y Nuevo México puede proporcionarle una lista de las compañías de seguros mexicanas que cuentan con una licencia para vender pólizas de seguro de automóvil en esos estados. El Departamento Estatal de Seguros de Arizona proporciona los nombres de los agentes con licencia que tienen autorización para vender pólizas de seguro de automóvil mexicanas. En California lo único que se puede conseguir es la confirmación de que un determinado agente de seguros tiene la licencia requerida; bueno... algo es algo.

El costo de un seguro mexicano depende del valor de su auto, de cuántas personas viajan en él, de cuánto tiempo se piensa quedar en el país y del lugar al que piensa viajar. Algunos agentes le cargarán cuotas que pueden llegar hasta los 100 dólares, por lo que le conviene comparar diversas cuotas, antes de adquirir un seguro. Una última advertencia: Cualquier póliza de seguros pierde validez si el conductor está conduciendo bajo la influencia de drogas o alcohol.

ACCIÓN: Si usted habla español, puede verificar por su cuenta, las licencias de las compañías que venden seguros en México, si llama a la Comisión Nacional de Seguros y Finanzas al 011-525-724-7436 o al 011-525-724.7597

Ahorre al seleccionar un deducible alto y averigue todos los descuentos disponibles.

la cantidad que paga depende de quien es usted. (o según el sapo es la pedrada). Las primas de los seguros de automóvil están basadas en múltiples factores, entre ellos: su edad, lugar de residencia, sexo, historial de manejo, número de millas conducidas, marca y año del auto e incluso su historial crediticio. Usted puede evitar algunos de estos costos si adquiere una cuota especial de grupo; por ejemplo si es miembro de alguna organización profesional, solicite los descuentos pertinentes y compre el mayor deducible permitido.

Los descuentos se otorgan si su vehículo cuenta con bolsas de aire, frenos anti-bloqueo o artefactos anti-robo, como una alarma, o, por otro lado, si usted ha tomado cursos de conducción defensiva; si alterna vehículos para transportar grupos, si asegura más de un auto con la misma compañía e incluso si es estudiante y saca buenas notas.

Pregunte sobre los planes de pago a plazos, los cuales están disponibles para los conductores que no pueden pagar todas las primas de una sola vez. Las cuotas en estos planes, comúnmente llamados planes de cotización de prima, generalmente son bajas. Sin embargo, algunos de ellos pueden resultar tan caros como las cuotas cargadas a las tarjetas de crédito, por lo cual es conveniente investigar diversas compañías.

Si usted tiene un historial no muy bueno como conductor y le está costando trabajo conseguir un seguro, no se desanime hasta el punto de quedarse sin seguro. Por lo menos una compañía, *Progressive Insurance Corp.*, se especializa en la cobertura de conductores de alto riesgo (y proporciona cuotas gratuitas de seguro de automóvil de muchas compañías de seguros diferentes). Además, muchos estados ofrecen seguros para conductores de alto riesgo.

La revista *Consumer Reports* ofrece también un servicio de cotización seguros de automóvil a los conductores de Arizona, California, Colorado, Connecticut, Florida, Georgia, Idaho, Illinois, Louisiana, Michigan, Mississippi, Missouri, Nevada, Nueva Jersey, Nueva York, Carolina del Norte, Ohio, Pennsylvania, Tennessee, Texas, Virginia, Washington y Wisconsin. Este servicio le enviará por fax o por correo un reporte personal el mismo día en que lo solicite. El costo de los informes es de $12 dólares por el primer vehículo y $8 dólares por cada vehículo adicional si se solicita durante la misma llamada.

ACCIÓN: Para conseguir información bilingüe sobre seguros de automóviles, llame a National Insurance Consumer Helpline al 800-942-4242. Para contactar al Consumer Reports Auto Insurance Price Service, llame al 800-288-6776.

No compre un seguro de vida hasta haber aprendido lo suficiente con respecto a las diversas clases de pólizas disponibles y hasta que sepa lo que usted realmente necesita.

El seguro de vida les pagará beneficios a sus herederos cuando usted muera. Es así de sencillo. Lo que resulta confuso es comprender quién necesita un seguro de vida, cuánta cobertura se desea y qué tipo de póliza comprar. Una persona soltera que no tenga dependiente alguno, generalmente, no necesita un seguro de vida. Laura, la planificadora financiera, sin embargo, ha notado a lo largo de su vida laboral que muchos latinos ayudan económicamente a su familia; en este caso, no está de más pensar en un seguro de vida independientemente de su estado civil.

Existen dos tipos de planes de seguro de vida, el seguro temporal (*term*) y el seguro con valor en efectivo (*cash value*). Con el seguro de vida temporal, usted paga una prima por un periodo específico de tiempo, generalmente de uno a veinte años. Cuando la póliza temporal expira, usted puede renovarla y volver a empezar. Cuando usted muere, la compañía de seguros les paga a sus beneficiarios una cantidad específica de dinero. A esto se le llama el beneficio de muerte. Con el seguro temporal, las primas son generalmente muy bajas al comienzo, pero se incrementan a medida que usted envejece.

Existen dos clases de pólizas temporales: el *seguro a plazos renovable anualmente* (annual renewable) y el de prima nivelada (level premium). Una póliza de seguro temporal renovable anualmente, no requiere de un exámen médico para renovarse, pero en términos generales sus primas se incrementarán. Una póliza de prima nivelada lo deja con una prima fija durante un periodo específico de tiempo. Cuando la póliza se vence normalmente usted deberá pasar un examen médico para renovarla a un buen precio. Algunas pólizas de seguro de vida temporal le permitirán que las convierta posteriormente en pólizas con valor en efectivo.

Los seguros con valor en efectivo son también conocidos como "seguros permanentes". Una póliza con valor en efectivo maneja su prima de dos maneras: Una parte pagará la porción de seguro de la póliza y se invierte el resto. El valor en efectivo de la porción invertida aumenta con impuestos diferidos. Usted puede cobrar la cantidad que ha aumentado o utilizar el valor de efectivo como colateral para conseguir diferentes clases de préstamos. Las pólizas de valor en efectivo pueden ser participativas, es decir que pagan dividendos, o no participativas, lo que quiere decir que no los pagan.

Existen tres clases de pólizas de seguro de valor en efectivo: de vida entera, de vida universal y de vida variable. Las pólizas de vida entera brindan, generalmente, beneficios de muerte y primas fijas y se invierte el valor en efectivo en inversiones que producen ingresos fijos tales como bonos o cuentas de inversión que en general le garantizan un reembolso mínimo. La compañía de seguros, sin embargo, no está obligada a informarle cuál es la tasa efectiva de interés que usted está ganando en su póliza.

La póliza de vida universal ofrece beneficios variables de muerte, primas flexibles de seguro y costos y cuotas mayores que las de vida entera. El reembolso del valor en efectivo depende del desempeño de la compañía de seguros y de los ingresos de su cartera de valores.

El valor en efectivo y los beneficios de muerte de la póliza de vida variable, fluctúan de acuerdo con los ingresos de la cartera de valores que incluyen fondos mutuos. De hecho, las pólizas de vida variable son consideradas contratos de valores. Los pagos de primas son flexibles. Los costos y cuotas son mayores que los de las pólizas de vida entera.

 Piénselo bien antes de comprar una póliza de seguro de vida de valor en efectivo.

La mayor parte de los grupos de consumidores recomiendan el seguro de vida temporal, especialmente si es usted joven, ya que es bastante menos caro que la póliza de seguro de vida de valor en efectivo. Desafortunadamente, algunos agentes de seguro, insisten en que compre la póliza de seguro de valor en efectivo, ya que las comisiones que ganan con estos planes son más elevadas.

Aunque es cierto que la porción de valor en efectivo de sus pólizas aumenta, libre de impuestos, hasta que usted no recibe ninguna deducción de impuestos por adelantado, como lo hace si contribuye a 401(k), SEP-IRA, o Keogh. (Para más información sobre estos planes de retiro vea el capítulo 7). Por lo, contribuya primero a estas cuentas de retiro, con el máximo límite permitido.

Con la planificación apropiada, sin embargo, una póliza de valor en efectivo puede resultar muy buena ya que efectúa el pago de los beneficios a sus beneficiarios exento de impuestos estatales. Necesitará, por supuesto, tener una gran fortuna en el momento de su muerte para sacar provecho de estos beneficios. (Ver el capítulo 8 para mayor información acerca de planificación de fortunas).

Recomendamos enfáticamente tomar dos cosas en cuenta en el momento de comprar una póliza de valor en efectivo. Primera, solicite un análisis financiero a un planificador financiero objetivo, en vez de a un agente de seguros que se gane la vida vendiendo estos planes. Segunda, compare precios llamando a las compañías de seguros que venden estas pólizas sin cargo y directamente al público. Estos planes son más baratos porque los agentes no cobran comisiones de venta.

Asegúrese de comprar una cobertura de vida por una cantidad adecuada.

La Fundación Nacional Para la Educación Financiera (*National Endowment for Financial Education*) recomienda que se compre una póliza que tenga un valor nominal de 8 a 14 veces sus ingresos anuales más otros bienes líquidos para gente de 40 años o menos. Si usted es mayor de 40 años, multiplique sus ganancias de 4 a 10 veces. Asegúrese de considerar el número de los dependientes a su cargo, los estudios universitarios para sus hijos pequeños, los pagos hipotecarios y los ingresos necesarios de por vida para el cónyuge que sobrevive.

ACCIÓN: Para conseguir información bilingüe sobre seguros de vida llame al National Insurance Consumer Helpline, al 800-942-4242. Para conseguir un folleto gratuito llamado What You Should Know About Buying Life Insurance, llame al American Council of Life Insurance al 800-334-4471.

CONSEJO *Consiga una opinión imparcial si piensa cambiar de póliza de seguro de vida o comprar una póliza de segundo en morir.*

"Voltear" es el término que se utiliza cuando un agente de seguros convence a un cliente de cambiar una póliza de valor en efectivo, por otra póliza.

Es una palabra horrible y una práctica terrible. Esto, generalmente, genera una gran comisión para el agente, pero le cuesta al consumidor mucho más en cargos de renuncia, impuestos, y otras tarifas. Un buen agente o planificador debe ofrecerse a mostrar la comparación escrita entre la póliza de reemplazo y su póliza vigente. A algunos estados ya les obligan a los agentes a hacerlo.

La póliza de segundo en morir cubre a dos personas, pero paga los beneficios hasta que la segunda persona se muera. Estos planes generalmente son para las personas más acaudaladas que desean asegurarse de que sus beneficiarios no tengan que vender nada que hayan heredado para pagar impuestos de propiedad.

Para tener una opinión imparcial respecto a una póliza de seguro de vida o de segundo en morir, póngase en contacto con el Grupo de la Federación de Consumidores de Aseguradoras en América (*Consumer Federation of America Insurance Group*). El grupo ofrece un servicio de seguro de vida junto con el porcentaje de ganancias, lo cual le informa si vale la pena conservar su plan de seguro actual. También podría comparar su póliza de vida actual con otras nuevas y analizar las pólizas de segundo en morir.

Un análisis de plan de seguro de vida vale 40 dólares por la primera póliza y 30 dólares por cada plan adicional sometido a comparación simultáneamente. Las recomendaciones acerca de los planes de segundo en morir valen 75 dólares por el primero, y 30 dólares por cada plan adicional sometido simultáneamente a comparación.

La *American Society of Chartered Life Underwriters & Chartered Financial Consultants*, también ofrece una hoja de trabajo gratis para ayudarle a evaluar los pros y los contras de cambiar sus planes de seguros de vida.

ACCIÓN: Para contactar al servicio de Consumer Federation of America's Rates of Return, llame al 202-387-6121. Para contactar al American Society of Chartered Life Underwriters llame al 800-392-6900.

 Aprenda cómo utilizar su póliza de seguros para conseguir efectivo.

Si tiene su propio seguro de vida temporal —lo cual recomendamos en la mayoría de los casos— o una póliza de valor en efectivo, puede utilizarlo si sufre de alguna enfermedad terminal o de vejez:

Pago de viáticos: Una compañía de pago de viáticos, normalmente le pagará una gran suma que varía desde el 60 al 90 por ciento del valor nominal de su póliza, según su índice vital. Después de su muerte, la compañía de pago de viáticos recibe todos los beneficios de su póliza de seguro de vida.

Entre más enfermo esté, mayor será la cantidad que recibe. Por ejemplo, si le quedan tres meses de vida, usted recibirá aproximadamente el 90% del valor nominal de su póliza de seguro de vida, pero si le quedan 24 meses de vida, sólo recibirá el 60%. Los pagos de viáticos representan la mejor opción para las personas que no tienen necesidad de dejarle dinero a sus herederos.

Si usted quiere un pago de viáticos, tiene que hablar con un agente de una compañía de pago de viáticos. (Su departamento estatal de seguros debe tener una lista de ellas.) El agente le hará la transacción por una comisión promedio de un 6% del valor nominal de su póliza. Usted también puede vender su póliza directamente a una compañía de pago de viáticos si cuenta con la fortaleza y el tiempo.

Beneficios de muerte acelerada: Estos beneficios, conocidos también como beneficios de vida, están disponibles por medio de algunas compañías de seguros y como parte de ciertas pólizas. Para llenar los requisitos debe tener un índice vital corto, de entre seis a doce meses. El pago que recibe varía desde el 25 al 95 por ciento del valor nominal de su póliza. (La mayoría ofrecen el 50%).

El remanente del valor de la póliza se les pagará a sus beneficiarios después de que usted muera. La compañía de seguros no gana dinero alguno con los ADB's, a menos que la póliza se venza después de que le den su parte del pago, en cuyo caso ya no se les pagaría el remanente de los beneficios de muerte a sus herederos. La única razón, por la cual debe elegir una ADB, en lugar de un pago de viáticos, es si usted no necesita todo el dinero por adelantado y quiere asegurarse de que les quede algo a sus herederos.

Préstamos de póliza: Usted puede sacar efectivo de su seguro de vida entera y universal, al solicitar un préstamo contra su valor en efectivo. (Esta opción, generalmente, no está disponible en seguros de término o de grupo). La tasa de interés que usted debe sobre el préstamo puede ser fija o variable, y dependerá de la póliza que usted tenga y de la compañía de seguro por medio de la cual la obtuvo.

El beneficio de muerte le será restituido si usted paga el préstamo y los intereses. En caso contrario, el préstamo y los intereses les serán restados de sus beneficios de muerte, y sus herederos recibirán el resto. Los préstamos sobre póliza representan una buena opción si usted tiene suficiente cantidad en efectivo ya que puede solicitar en préstamo tanto como quiera, y sus herederos recibirán los beneficios de muerte cuando usted muera. La mayoría de las personas, sin embargo, no cuenta con en efectivo como para recibir un préstamo.

Pólizas mezcladas y de equiparación: Algunas veces es posible "mezclar y equiparar", o recibir una combinación de pagos de viáticos, ADBs y préstamos sobre la misma póliza. Si usted tiene muchas pólizas de seguro de vida, siempre podrá vender una o más y quedarse con las demás para que pueda así dejar algún dinero a sus herederos.

ACCIÓN: Para conseguir un folleto gratuito llamado: *What You Should Know About Accelerated Death Benefits*, además de una lista de compañías de seguros que ofrezcan estas pólizas llame al National Insurance Consumer Helpline al 800-942-4242.

Considere cuidadosamente el seguro de cuidados a largo plazo.

Un año en un asilo para ancianos de los Estados Unidos cuesta aproximadamente 35.000 dólares, y se cree que aumentará en un término medio anual del 7 por ciento, de acuerdo con el Estudio Sobre la Tercera Edad del Congreso de los E.U. (*U.S Congressional Study on Aging*). Por otro lado, mucha gente teme que Medicare, que ayuda a pagar el cuidado de los ancianos y de los pobres, sea eliminado.

En consecuencia, se ha desarrollado un gigantesco mercado de seguros de cuidado a largo plazo, los cuales cubren total o parcialmente los costos de un asilo para ancianos o del cuidado profesional en casa. Las primas de algunos seguros de cuidado a largo plazo son desagradables en el caso de que éstos costos más otros gastos médicos, excedan el 7.5% de su alquiler neto. Los pagos de los beneficios del seguro de cuidado a largo plazo, también son desgravables.

De cualquier forma, el seguro de cuidado a largo plazo es costoso y complicado. Básicamente, estas pólizas son para personas que tienen muchos valores, pero no poseen el efectivo suficiente como para pagar por el cuidado a largo plazo, sin arruinarse. Estas pólizas, además, deben comprarse antes de que necesite el cuidado. Muchas compañías de seguros no le venderán planes de seguros de cuidado a largo plazo a personas mayores de 85 años o a individuos que sufren de ciertas condiciones médicas.

De cualquier forma, algunos estados ofrecen planes de seguro de cuidado a largo plazo más accesibles a personas de recursos moderados, a través de un programa piloto nacional llamado Asociación para el cuidado a largo plazo, (*Partnership for Long term Care*). Las primas de estos seguros varían dependiendo del Estado estado en que usted viva. Hay que considerar que el programa sólo proporciona cinco años de cuidados. Los siguientes estados tienen pólizas de Asociación para el cuidado a largo plazo:

California	800-CARE-445
Connecticut	800-547-3443
Illinois	800-548-9034
Indiana	800-452-4800
Nueva York	888-697-7582
Washington	800-397-4422

¿Cómo se sabe si un seguro de cuidado a largo plazo es el apropiado para usted? Una regla de oro es que las primas nunca deben exceder el 5 por ciento de sus ingresos anuales. Sin embargo, si su activo no alcanza a cubrir el costo de un año en un asilo de ancianos, probablemente el seguro de cuidado a largo plazo no sea para usted. ¿Por qué? porque no tiene sentido comprar una póliza cara para proteger un bien o activo pequeño.

Entre las preguntas claves que hay que hacerse antes de comprar una póliza de cuidado a largo plazo figuran:

- ♦ ¿Cubre el pago del asilo tanto como el del cuidado profesional en casa?
- ♦ ¿Cuál es el beneficio diario?
- ♦ ¿Cuánto tiempo duran estos beneficios?
- ♦ ¿Cuál es el deducible y el periodo de eliminación?
- ♦ ¿Las primas se incrementan cada año?
- ♦ ¿Existe un beneficio máximo de vida?
- ♦ ¿Cuenta con protección inflacionaria para cubrir el creciente costo del cuidado?
- ♦ ¿Existe un periodo de gracia para pagos atrasados?
- ♦ ¿Existen límites de edad o de condiciones específicas de salud que le pueden prohibir el acceso a una póliza?
- ♦ ¿Qué tan largo es el periodo de espera para condiciones preexistentes?
- ♦ ¿Hay lesiones o enfermedades que no estén cubiertas, tales como las enfermedades mentales?

ACCIÓN: Para conseguir una copia gratuita de la *Guide to Long-Term Care* y un directorio de las compañías de seguros que venden estas pólizas, escriba a Health Insurance Asociation of America al 555 13th St. N.W. Washington, DC 20004, o llame al 888-844-2782

Compre un seguro de propiedad si es dueño de una casa o un seguro de arrendatario si usted está alquilando.

Si usted es dueño de una casa y la tiene hipotecada, lo más probable es que su acreedor le obligue a comprar un seguro de propiedad (*seguro para propietarios de vivienda*), que proteja la estructura y el contenido de su casa. Este seguro también le protege contra lesiones a terceros o contra daños a la propiedad ajena que puedan imputarse a su propiedad.

Cuando compre un seguro, consiga suficiente cobertura como para reconstruir su casa y reemplazar el contenido de ésta, lo que es conocido como costo de reemplazo. No existe necesidad alguna de asegurar el predio como tal.

Los diferentes tipos de casas requieren diferentes tipos de seguros. En la mayoría de los estados un seguro básico para propietarios es conocido como

HO-1. Las pólizas para propietarios de vivienda más exclusivas están nominadas como HO-2 y HO-3. El seguro para arrendatarios está bajo las siglas HO-7; el HO-6 es para cooperativas y condominios y el HO-8 es para casas antiguas. Por alguna extraña razón, no existen pólizas HO-5.

Usted puede calcular el costo de reemplazo de su propiedad personal al hacer un inventario de todo lo que posee y calcular aproximadamente cuánto le costaría reemplazar estos objetos. Si puede, incluya la fecha de compra y el precio de sus pertenencias, los recibos, y los números de serie y modelos de sus electrodomésticos.

La cobertura de responsabilidad lo cubre en caso de que alguien se caiga de las escaleras de su casa y decida demandarlo. La mayoría de las pólizas tienen una cobertura de hasta 100.000 dólares, pero usted querrá ampliarla si sus bienes —casa, coche, inversiones— tiene un valor mayor.

La cobertura de responsabilidad resalta la importancia de conseguir un seguro de arrendatario. El plan también cubrirá el contenido de su apartamento si resulta estropeado o si se pierde durante un incendio o un robo. No obstante, la razón más importante para conseguir esta cobertura es proteger sus bienes en el caso de que lo demanden.

Puede reducir el costo de su seguro de propiedad asegurándose de que le concedan los descuentos pertinentes por contar con dispositivos tales como chapas de seguridad, alarmas contra incendio, extinguidores y sistemas de seguridad. Probablemente logre conseguir un descuento adicional si compra su seguro de propiedad y el de su automóvil en la misma compañía.

Si no puede conseguir un seguro de propiedad, alo mejor podrá conseguir una cobertura a través de un programa de Acceso Justo a los Requisitos de los Seguros (en inglés *Fair Acces to Insurance Requirements or FAIR*).

ACCIÓN: Para conseguir información bilingüe acerca de los seguros de propiedad, llame al National Insurance Consumer Helpline al 800-942-9242.

 Considere una póliza "paraguas".

En lugar de comprar más seguros de propiedad y de automóvil, si usted cuenta con muchos bienes que desea proteger, podría resultar más económico adquirir una póliza de cobertura paraguas. Este tipo de póliza lo cubrirá por los daños que no estén contemplados o incluidos en su seguro de propiedad o de automóvil, tales como la difamación. En general, el costo de estas pólizas es muy razonable. La mayoría de las pólizas le dan una cobertura de 1 millón de dólares por un pago de entre 200 y 300 dólares por año.

Considere un seguro contra desastres tales como las inundaciones, los terremotos, los tornados, etc.

El seguro de propiedad excluye inundaciones y terremotos. Si usted está en peligro de sufrir cualquiera de estos desastres naturales necesita una póliza especial. El seguro para inundaciones está disponible por medio de *National Flood Insurance Program*, que opera a través del *Federal Emergency Managment Agency*. El seguro para terremotos puede ser caro y difícil de conseguir. Si no puede encontrarlo, quizá necesite recurrir a su programa estatal FAIR.

ACCIÓN: Para localizar al National Flood Insurance Program llame al 800-638-6622.

■ REPASO

- ◆ Compre un seguro para protegerse de pérdidas que le puedan llevar a la bancarrota, o cuando sea legalmente obligatoria.
- ◆ Si se lo puede permitir, compre un seguro que lo proteja contra pérdidas que le obligarían a pedir un préstamo.
- ◆ No compre seguros para pérdidas que puede pagar de su bolsillo, con bienes existentes o ingresos actuales
- ◆ Investigue la confiabilidad de una compañía de seguro llamando a una empresa que investiga estas compañías, tales como, A.M. Best, Duff & Phelps, Moody's, Standard & Poor's, y Weiss Ratings.
- ◆ Investigue la credibilidad de agentes de seguros y de laa compañías de seguros, llamando al departamento de seguros de su Estado.
- ◆ Reexamine sus necesidades de seguro al ocurrir culaquier gran cambio en su vida, como por ejemplo, el matrimonio o el nacimiento de un hijo.

- ◆ Investigue diversas compañías de seguros para conseguir los mejores precios, llamando a los servicios telefónicos de información de cuotas libres de cargo, a las compañías de seguro de venta directa al público y a los agentes de seguros independientes o adscritos a una aseguradora.
- ◆ Para no pagar más d elo necesario, consiga un deducible alto y todos los descuentos a los que tiene derecho.
- ◆ Investigue a qué beneficios gubernamentales tiene derecho.
- ◆ Consiga una segunda opinión imparcial antes de comprar o cambiar de póliza de seguro.
- ◆ Si tiene dificultades para conseguir su cobertura, llame a su departamento de seguros estatal para averiguar qué planes de seguro ofrecen.

RECURSOS ADICIONALES

Libros recomendados:

Choosing and Using an HMO, de Ellyn Spragins (Princeton, New Jersey: Bloomberg Press, 1998).

How to Insure Your Home, ed. Silver Lake Editors (Santa Monica, California: Merrit Publishing, 1996).

How to Insure Your Income, ed. Silver Lake Editors (Santa Monica, California: Merrit Publishing, 1997).

How to Insure Your Life, de Reg Wilson, y The Silver Lake Editors (Santa Monica, California: Merrit Publishing, 1996).

Smarter Insurance Solutions, de Janet Bamford (Princeton, New Jersey: Bloomberg Press, 1996).

CAPÍTULO 4

Inversión

"EL QUE NO ARRIESGA, NO GANA"

MÉXICO

D ELIA FUE CRIADA EN UNA FAMILIA MEXICANA, de clase trabajadora, que sobrevivía de sueldo en sueldo y que nunca hablaba de dinero. "Era una grosería preguntar cuanto ganabas, era grosero preguntar cuánto pagabas por algo, era grosero preguntar por cualquier cosa relacionada con el dinero", dice la administradora de atención médica, ya jubilada, de San Francisco. ¿Invertir? "Jamás formó parte de nuestro lenguaje o de nuestro pensamiento".

Por supuesto que algunos latinos, son inversionistas muy sofisticados. Muchos de nosotros tenemos planes 401(K) y cuentas de retiro individual (IRAs) o hemos recibido acciones de las compañías dónde trabajamos (aunque probablemente no sabemos exactamente cómo funcionan estas inversiones).

Por desgracia, la gran mayoría de nosotros perdemos oportunidades o incluso nos quedamos sin invertir porque no entendemos cómo funciona, no tenemos idea de dónde conseguir ayuda o nos sentimos incómodos al hablar de dinero. Por ejemplo, de acuerdo con la Oficina nacional del Censo (en inglés: U.S. Census Bureau) sólo el 16% de los latinos, tienen acciones individuales y valores en fondos mutuos, comparado con el 23% de no-latinos.

¿Por qué no invertimos? Una razón importante radica simplemente en la falta de orientación. Si nuestros padres hubieran sido inversionistas que leían atentamente las páginas de finanzas durante el desayuno, es muy posible que nosotros también nos hubiésemos convertido en inversionistas. En caso contrario es difícil aprender a hacerlo cuando ya somos adultos.

No existen muchas casas de bolsa en los barrios latinos, mucho menos alguna que proporcione materiales bilingües educacionales o corredores. Laura, la planificadora financiera, es una excepción. La cobertura a profundidad de los tópicos financieros en muchos periódicos, revistas, programas de radio o televisión para latinos, es superficial o poco consistente. Fuera de nuestras comunidades o barrios, es muy difícil saber en quién confiar.

Los latinos a menudo luchan a brazo partido contra las barreras culturales así como con las de inversión. Muchos de nosotros crecimos en hogares donde, al igual que en el caso de Delia, cualquier discusión sobre dinero era desaprobada. Ambas Lauras, tanto la periodista como la planificadora financiera, han descubierto que el dinero es un "tema tabú" para muchos latinos. Nuestros amigos, clientes, y colegas en el oficio de la planificación financiera nos han dicho que ¡es más fácil hablar sobre el control de natalidad que sobre dinero!

Como inmigrantes, o como hijos de inmigrantes, muchos latinos tienden a evitar las inversiones "intangibles", tales como las acciones o los bonos y fondos mutuos, y prefieren las cosas que literalmente podemos tomar con nuestras manos, tales como, una casa, un terreno o el negocio familiar.

Las compañías de servicios financieros tienden a ignorar el mercado latino, pensando que no tenemos dinero alguno para invertir. Es cierto que, con frecuencia, los latinos son más jóvenes y tienen familias más numerosas que otros segmentos de la población, ambos factores podrían implicar que se tiene menos dinero para invertir. La Oficina Nacional del Censo dice que la edad media de los latinos es de 26 años, mientras que la edad media de los blancos no-hispanos es de 37.3. Y de acuerdo con el *Hispanic Market Handbook*, por M. Isabel Valdés y Marta H. Seone, el número medio de personas que residen en la casa de una familia hispana es del 3.45, comparado con el 2.49, para los blancos no-hispanos. De cualquier forma, Valdes y Seone también señalan que el segmento de mayor crecimiento en el mercado latino es el de familias con ingresos anuales de $50,000 dólares o más.

Cambiar nuestras ideas y comportamiento acerca de las inversiones no es fácil ni sucederá de la noche a la mañana. Pero educarnos respecto a las inversiones básicas, es una de las cosas más importantes que podemos hacer para construir un futuro financiero sólido para nosotros, para las personas que amamos y para nuestras comunidades.

Las mujeres solteras necesitamos tener los conocimientos y la confianza como para tomar nuestras propias decisiones. La educación financiera es particularmente importante para la mujer. Como la mujer tiene un promedio de vida 7 años mayor que el hombre, existe una gran posibilidad que muchas mujeres casadas acaben haciéndose cargo de las finanzas de la familia.

Las *Amigas Investment Corp.* en San Antonio, Texas, es un club de inversión sólo para mujeres que cuenta con 12 miembros entre los 45 y los 65 años de edad. El grupo solía reunirse a comer una vez por semana para *chismosear*. Sin embargo, a medida que un mayor número de miembros de su círculo se fueron quedando viudas o se divorciaron, decidieron formar un club de inversión para educarse acerca de finanzas en un ambiente amigable y de confianza.

En este momento el club tiene seis acciones que han producido en total aproximadamente el 10% de interés en un año, lo cual está muy por debajo del comportamiento del mercado global durante el mismo periodo. La meta principal, sin embargo, es ganar confianza, no volverse ricas. "Siento que realmente le agarramos la onda a esto", dice Yolanda, una integrante de Las Amigas, agregando que el club busca mostrar a la siguiente generación lo importante que es empezar a temprana edad.

Muchos de nosotros tenemos el tiempo, el temperamento y el talento para aprender cómo invertir nuestro dinero y podemos hacerlo por nuestra cuenta. Otras preferirán trabajar con un planificador financiero (vea el capítulo 10). Pero aún si usted contrata un asesor, necesita darse el tiempo para aprender lo básico, para evaluar los consejos que reciba, para preguntar las cosas correctas y para evaluar el progreso de sus inversiones.

 Nunca compre una inversión si no entiende exactamente cómo funciona.

Todos los días aparecen inversiones nuevas. Como inversionista principiante, concéntrese en lo fundamental: acciones, bonos y fondos mutuos.

Revisaremos posteriormente cómo puede utilizarlos para construir una buena cartera de valores. (Para información acerca de anualidades variables —que son fondos mutuos con un componente de seguro— vea el capítulo 7).

Acciones: Comprar acciones quiere decir que usted tiene una pequeña participación en la posesión de una compañía. Si compra acciones de una compañía, se convierte en accionista de esa compañía. Cuántas más acciones compre, mayor porcentaje tendrá. Lo que usted paga por una acción se llama precio de acción o precio de participación. Las acciones pueden comprarse en una casa de valores bursátiles, o algunas veces directamente de la compañía cuyas acciones quiere comprar.

Las acciones pueden poseerse directamente, al recibir un certificado de acciones, emitidas a su nombre, o si tiene la acción a un "nombre de calle", lo que significa que su acción está registrada bajo el nombre de la casa de valores. En este caso, todos los registros están computarizados y no recibirá el certificado de acciones. Sin embargo, puede seguir el comportamiento de sus acciones, por medio de los extractos de cuenta que recibirá regularmente y que le especificarán lo que tiene. También se pueden conseguir acciones de manera indirecta, a través de un fondo mutuo en el cual se juntan las acciones, los bonos y el dinero en efectivo (se hablará más acerca de los fondos mutuos posteriormente en éste mismo capítulo).

Existen dos formas de ganar dinero al invertir en las acciones. La primera es que algunas compañías pagan parte de los ingresos o servicios públicos a sus accionistas como dividendos, lo cual ocurre normalmente cada trimestre. La otra manera de ganar dinero sobre una acción, es venderla a un precio mayor que el precio en que la adquirió. La diferencia se llama la plusvalía.

Algunas veces, se hace referencia a los precios de las acciones se miden mediante puntos; un punto equivale a un dólar. El rendimiento total de una acción es el incremento del valor de una acción más cualquier dividendo. Digamos que usted compra una acción de una compañía a diez dólares por participación y cada participación le rinde un dividendo de diez centavos por año. Si los precios suben a once dólares por participación, entonces, su rendimiento total en esa acción será de un dólar con diez centavos por acción, o un 11%.

Hay dos tipos de acciones: las acciones ordinarias, que le dan el derecho de votar por los directores y acerca de otros asuntos de importancia, aunque no garantizan dividendo alguno; y las acciones preferentes, que le garantizan un dividendo, incluso si la compañía pierde dinero, pero no le dan el derecho de votar.

Cuando los inversionistas hablan de la bolsa de valores —o simplemente la bolsa— generalmente se refieren al Dow Jones Industrial Average, un índice que rastrea el desempeño de las 30 empresas más grandes de E.U., como *Coca-Cola* y *Exxon*. Existen también otros índices de mercado: *The Standard & Poor (S&P) 500* que rastrea el desarrollo de 500 grandes empresas de E.U. *The Russell 2.000* que rastrea a 2.000 pequeñas compañías de E.U que cotizan en la bolsa. *The Wilshire 5000*, que rastrea las acciones de empresas de E.U. de cualquier tamaño. El índice *The Morgan Stanley EAFE*, rastrea los precios de las acciones en otros países desarrollados y *The Morgan Stanley Emerging Markets* rastrea las acciones en países con economías y en vías de desarrollo.

Las acciones se compran y venden en las casas de valores bursátiles. Las casas de valores bursátiles más importantes de E.U. son, el *New York Stock Exchange (NYSE)*, que se enfoca en algunas de las más grandes empresas que cotizan en la bolsa y el *American Stock Exchange (AMEX)*, que se enfoca en las empresas pequeñas y medianas. Tanto el NYSE como el AMEX, tienen casas comerciales en Nueva York. Las acciones también pueden venderse y comprarse "en el mercado informal" a través de una red informática de corredores de bolsa llamada el *Nasdaq (National Association of Security Dealers Automated Quotation System)*. El Nasdaq no tiene una instalación física (el AMEX y Nasadaq surgieron como una sola compañía al final de 1998, pero en la actualidad operan separada e independientemente). También existen muchas bolsas regionales. Por lo general, si usted compra o vende acciones individuales, necesitará un corredor de bolsa. Hablaremos acerca de los diferentes tipos de corredores más adelante en este capítulo.

Las acciones pueden ser extremadamente volátiles, lo que significa que las acciones pueden cambiar de precio de manera rápida y poco predecible a corto plazo; Su rendimiento a largo plazo es excelente. Por ejemplo, el rendimiento anual de las inversiones en una gran empresa de acciones en E.U., entre 1926 y 1996 ha fluctuado desde un 43.3 por ciento de pérdida hasta un 54 por ciento de ganancia. El rendimiento compuesto medio anual, sin embargo, incluyendo los dividendos reinvertidos en el mismo periodo de 70 años, ha sido del 10.7%, de acuerdo con *Ibbotson Associates*, una firma de investigación con sede en Chicago.

Piense en lo siguiente: si durante este periodo usted hubiera invertido un dólar en el mercado de valores y lo hubiera sostenido únicamente por un año, hubiera terminado con una perdida de 43 centavos hasta de 1 dólar con 54 centavos al final de ese año. Pero, si usted hubiera invertido un dólar en el mercado de valores en 1926 y reinvertido los dividendos durante 70 años, usted habría acumulado ganancias por 1.370,95 dólares en 1996.

Por eso usted no debería comprar acciones si cree que le faltará ese dinero dentro de 5 años. La posibilidad de perder dinero es demasiado grande. Pero, si guarda las acciones por más de 5 años —entre más tiempo, mejor— la posibilidad de ganar dinero es muy buena. En elmejor d elos casos, usted debería tratar de guardar sus acciones por un periodo de por lo menos siete años.

Nadie puede predecir cuándo los precios de las acciones subirán o bajarán. Es por eso que no resulta una buena idea "jugar a la bolsa", es decir, comprar cuando las acciones están bajas y venderlas cuando vana subir. *Ni los profesionales pueden* hacerlo con precisión aún con la ayuda de sus diplomas de universidades prestigiosas y un equipo de investigación. Las Lauras incluidas. En lugar de andar brincando dentro y fuera de la bolsa de valores, la mejor estrategia es "comprar y guardar".

Bonos: Un bono es un pagaré con el cual usted hace de acreedor. Los prestatarios pueden ser: el gobierno central, estatal o municipal o bien una empresa. Estos prestatarios utilizan su dinero por un periodo de tiempo específico, o plazo, para financiar sus operaciones cotidianas y sus proyectos especiales. A cambio de su inversión, los prestatarios le prometen pagarle una cierta cantidad de intereses y devolverle el valor nominal de sus bonos —el importe original que pagó por el bono en una fecha determinada o fecha de vencimiento. El valor nominal de un bono, también llamado per-value, es generalmente de 1.000 dólares. Los bonos son llamados valores de renta fija, porque la tasa de rendimiento de su inversión ya está determinada.

La mayoría de los bonos llevan cupones que pagan intereses regulares, generalmente mensuales o trimestrales. Un cupón es un informe que se puede desprender del bono que especifíca el pago de intereses de un plazo determinado. También se pueden adquirir bonos de cupones en cero, los cuales no pagan intereses regulares. A cambio, los bonos de cupones en cero se venden a un precio determinado, con un descuento muy por debajo de su valor nominal, y su ganancia o pérdida consiste en la diferencia que obtiene cuando vende el bono.

La mayoría de los bonos son totalmente negociables, es decir, se pueden vender antes de su fecha de vencimiento a otros inversionistas del mercado secundario, el cual es manejado por las casas de bolsa. El valor de un bono en el mercado o el precio que consigue antes de su fecha de vencimiento puede ser mayor o menor que la inversión original, según lo que haya sucedido con las tasas de interés y la inflación, desde que el bono fue emitido. Un cambio en la condición financiera del emisor del bono, también puede afectar su precio de bono.

Las tasas de interés juegan un papel muy importante en la valoración de un bono en el mercado de bonos. Cuando las tasas de interés se desploman, el precio de los bonos existentes sube. Esto se debe a que los bonos antiguos siguen pagando las tasas de interés anteriores que son más altas; por eso resultan más atractivos que los bonos recién emitidos. Por otro lado, cuando las tasas de interés suben, los precios de los bonos existentes se desploman.

Sin embargo, cuánto más cerca esté un bono de su fecha de vencimiento, menos fluctuará el precio debido a las tasas de interés cambiantes. Ya que los precios de los bonos fluctúan, es posible que cuando compre un bono ocurra una de dos cosas: que pague más de su valor nominal, lo que es conocido como pago de prima, o que pague de menos que su valor nominal, lo que se conoce como comprar con descuento. Eso significa que su rendimiento o interés real será mayor o menor que la tasa de interés establecida, o la tasa del cupón, en el bono.

Digamos que usted compra un bono con un valor nominal de 1.000 dólares, un cupón con una tasa del 10 por ciento y una fecha de vencimiento de 10 años. Cada año recibirá 100 dólares de intereses (el 10 por ciento de 1.000 dólares). Si usted pagó el valor nominal, su rendimiento real será, sin duda, del 10%. Pero si pagó 1.100 dólares por el bono, su rendimiento será del 9.1 por ciento (100 por 1.100); si usted pagó sólo 900 dólares, su rendimiento será del 11.1 por ciento (100 dividido por 900).

Los bonos a corto plazo vencen en un plazo de 1 a 3 años. Los bonos de plazo intermedio, vencen en un plazo de 3 a 10 años. Los bonos a largo plazo vencen en un plazo de 10 a 30 años. Los bonos a largo plazo tienen un rendimiento mayor que los bonos a corto plazo, pero conllevan más riesgos porque transcurre un periodo de tiempo más largo durante el cual puede ocurrir algo que disminuya el valor del bono. Por ejemplo, las tasas de interés pueden subir o el prestatario puede declararse en bancarrota. Además, con algunos tipos de bono el prestatario puede decidir por su cuenta, pagar o "llamar" el bono, antes de la fecha de vencimiento y privarlo de años de altas tasas de interés.

Como un bono puede ser comprado y vendido por muchos inversionistas diferentes durante su vigencia, es posible comprar un bono que fue vendido, digamos, hace 29 años, con un plazo de vencimiento de 30 años. Eso significa que el bono se vencerá en un año. Así que, aunque este bono comenzó a largo plazo, ahora se comporta como un bono a corto plazo —con menor rendimiento y menor riesgo.

Los bonos del Tesoro cuentan con el respaldo total del gobierno de los E.U. y se consideran los valores de renta fija más seguros. Los bonos del Tesoro se emiten en montos de 1.000 dólares, se venden con descuento o a precio reducido dentro de un plazo de 3 meses a 1 año. Estos bonos pagan un interés semi-anual y vencen dentro de un plazo de 30 años.

Los bonos corporativos son emitidos por empresas grandes y pequeñas. Los bonos municipales son emitidos por distritos escolares locales, ciudades, estados y agencias gubernamentales locales. Los bonos respaldados por hipotecas tiene el respaldo de fondos comunes de préstamos hipotecarios. Los bonos hipotecarios de tasas variables son bonos respaldados por hipotecas cuyos pagos incrementarán de acuerdo con la tasa inflacionaria. Los bonos de calidad inferior ofrecen rendimientos más altos, pero son los más riesgosos de todos porque el prestatario no se considera económicamente estable. Los bonos intercambiables son emitidos por empresas que le permiten convertir su bono en una acción común del emisor a un precio predeterminado. Los bonos de ahorro E.U. o bonos de serie EE, son emitidos por el Estado y requieren una inversión mínima de 25 dólares. (Para más información sobre los bonos de ahorro, consulte el capítulo 6.)

Algunos bonos tienen ventajas de gravamen. El interés que se paga por un bono del Tesoro está, generalmente, exento de los impuestos de ingresos locales y estatales, pero no está exento de los impuestos del Estado. El interés que se paga por los bonos municipales generalmente está exento de impuestos del Estado y en algunos casos, de los impuestos estatales y locales. Sin embargo, las ganancias sobre el capital de los bonos municipales, están sujetas a los impuestos del Estado sobre la renta y posiblemente a los impuestos locales y estatales.

 Investigue la clasificación de crédito de un bono antes de comprarlo.

La clasificación de crédito de un bono es la medida de su calidad de crédito: la probabilidad de que el prestatario realizará todos los pagos pestipulados a tiempo. Existen varias agencias independientes de clasificación de bonos: las dos mayores son *Standard & Poor´s Corp. y Moody´s Investor Service.* Los bonos con menor riesgo (y con mayor calidad) son clasificados como **Aaa** por Moody´s y **AAA** por Standard & Poor´s Corp. Los bonos de mayor riesgo (y menor calidad) son clasificadas como **C** por ambas agencias, (una calificación **D** significa que el bono está desfalcado). El corredor que le vende el bono le puede indicar su clasificación de crédito. *Si no se la dicen, no lo compre.* Recuerde que un menor riesgo, por regla general, significa menor rendimiento, un mayor riesgo y un mayor rendimiento. Los bonos calificados como **Aaa** o **AAA,** como los bonos del Tesoro, le darán menos rendimiento que un bono con una calificación **C**. Por eso, los bonos de calidad inferior también son conocidos por le nombre de bono de alto rendimiento.

Por lo común, los bonos son inversiones menos arriesgadas que las acciones, o sea que el rendimiento de un bono es menor que el rendimiento de una acción a largo plazo. Esto, sin embargo, no es necesariamente negativo; los bonos sirven para equilibrar el mayor riesgo de las acciones.

Por ejemplo, de acuerdo con Ibbotson Associates, entre 1926 y 1996, el rendimiento compuesto anual, incluyendo los dividendos reinvertidos, fue del 5.1 por ciento para los bonos a largo plazo del gobierno de E.U.; del 5.6 por ciento para los bonos corporativos a largo plazo; del 5.2 por ciento para los bonos gubernamentales a plazo intermedio; y del 3.7 por ciento para los bonos del Tesoro a un plazo de vencimiento de 30 días.

Puede comprar y vender los bonos por medio de los mismos corredores que manejan transacciones de acciones. Se pueden comprar los bonos del Tesoro directamente del gobierno, para ahorrase el dinero de las comisiones de los corredores.

Trate de comprar bonos con fechas de vencimiento variables, lo que se conoce como "escalonar." Aunque parezca sofisticado, en realidad es sólo una cuestión de utilizar el sentido común y el calendario. Digamos que usted tiene 40.000 dólares para invertir en bonos, en lugar de poner todo ese dinero *en* un bono grande, reparta las inversiones en porciones de 10.000, e inviértalas con distintas tasas de rendimiento y fechas de vencimiento.

ACCIÓN: Para conseguir un folleto gratis llamado *Fixed-income Investments*, llame a Charles Schwab & Corp. al 800-534-4000. Una versión en español llamada *Inversiones de Renta Fija*, también está disponible en el Centro Latinoamericano de Schwab en el al 800-362-1774.

Fondos mutuos: Un fondo mutuo es un vehículo de inversión que coloca el dinero de miles de personas en un fondo común. Un administrador de fondos decide dónde invertir el dinero. Por lo general se invierte en acciones, bonos o instrumentos del mercado de inversión; valores de crédito a corto plazo, como por ejemplo los certificados de depósito; y deudas corporativas y gubernamentales a corto plazo, o una combinación de los tres. Usted invierte en un fondo mutuo al comprar unidades, conocidas como acciones. En efecto, usted compra acciones de un producto que, a su vez, compra acciones y otros valores.

La mayoría de los fondos mutuos son ilimitados, lo que significa que se pueden abrir o cerrar a nuevos inversionistas, pero siguen emitiendo acciones a los accionistas existentes. Usted puede comprar acciones en un fondo ili+mitado por medio de una empresa de fondos mutuos, como Fidelity Investments y Vanguard Group; que maneja docenas de fondos mutuos. Uno de los beneficios de los fondos mutuos abiertos es que tiene derecho a cancelar sus acciones cuando quiera.

Cuando compra o cancela acciones en un fondo ilimitado, el precio que paga es igual al de los fondos de valor de activo neto, o *NAV* —el valor total de los valores en cartera del fondo, dividido por el número de acciones en circulación (el NAV es calculado al final de cada día de operación del Mercado y es publicado en varios periódicos a la mañana siguiente. Cuando compra fondos, tiene que pagar un cargo de venta, además del NAV, por cada acción.

Un fondo limitado emite una cantidad fija de acciones en una oferta pública inicial o *IPO* y no vuelve a emitir ninguna acción ni siquiera a los accionistas existentes. Además, el administrador de un fondo limitado, no está obligado a cancelar las acciones de los inversionistas. Un fondo limitado de acciones, suele sacar provecho de la bolsa comprando a un precio que puede fluctuar, por encima o por debajo de los fondos NAV.

Existen muchas y diferentes clases de fondos mutuos y algunos son más volátiles que otros. Los fondos del mercado de inversión y los fondos de bonos, tienden a proporcionar la mayor seguridad del capital. Los fondos del mercado de inversión invierten sólo en instrumentos del mercado de inversión. Los fondos de bonos invierten en bonos individuales emitidos por gobiernos, tanto foráneos como de E.U. y por empresas. La diferencia entre los bonos individuales y los bonos de fondo es que los individuales llevan tasas de interés estipuladas y fechas de vencimiento fijas, mientras que no es el caso para la mayoría de los bonos de fondo, los cuales son una mezcla de varios tipos de bonos.

Los fondos mutuos de acciones invierten sobre todo en acciones y tienden a caer y subir repentinamente. Existen muchos tipos diferentes de fondos mutuos de acciones y bonos, y cada categoría refleja una estrategia diferente. Los fondos de renta ofrecen un flujo constante de ingresos, por medio de dividendos. Los fondos equilibrados combinan bonos y acciones con el fin de producir ganancias de capital tanto como ingresos estables. Los fondos de apreciación invierten en acciones de empresas más establecidas, de las que se espera un incremento de utilidades a largo plazo. Los fondos de apreciación agresivos, invierten en acciones de empresas nuevas, innovadoras o pequeñas, con el fin de ganar los mayores rendimientos en el menor periodo de tiempo posible. Los fondos del mercado emergente buscan países con economías que estén a punto de avanzar hacia el éxito del mercado. Los fondos globales invierten en empresas extranjeras y de E.U. Los fondos de acciones internacionales sólo invierten en empresas extranjeras.

Los fondos especializados, tales como los fondos de índices, intentan imitar el comportamiento de las acciones en un determinado índice, como *Standard & Poor´s 500* (también hay bonos de fondos de índice que tratan de igualar los rendimientos de todo el mercado de E.U. o de un segmento particular del mercado). Con los fondos de bienes distribuidos, los administradores mueven los fondos según el comportamiento del mercado, entre diferentes categorías de bienes. Los fondos socialmente responsables aplican protecciones morales y éticas en su selección de valores. Los fondos sectoriales invierten en un solo sector de la economía, como por ejemplo los servicios y las aerolíneas.

CÓMO COMPRAR BONOS DEL TESORO A TRAVÉS DEL TESORO DIRECTO

Los bonos y Letras del Tesoro se pueden adquirir en el Departamento de la Tesorería a través del programa de Tesoros Directos.

Una cuenta directa de tesorería puede abrirse personalmente o por correo en su Banco de la Reserva más cercano. Para abrirla necesitará su número de cuenta de banco, el número de ruta interbancaria (su banco le dará ese número) y su número del Seguro Social o el número de identificación de contribuyente.

La modalidad de Pago Directo le permite comprar valores del Tesoro mediante el cargo a su cuenta corriente que es transferido a su cuenta Directa de Tesorería. La compra mínima es de 1.000 dólares y se pueden comprar cantidades adicionales en incrementos de 1.000 dólares cada uno.

Puede obtener mayor información sobre los Tesoros Directos en el sitio de Internet del Bureau of Public Debt al www.publicdebt.treas.gov/. Usted también puede comprar valores a través de Internet. Aquí presentamos una lista de los Bancos de Reserva Federal regionales:

ATLANTA	404-521-8653
BALTIMORE	410-576-3300
BIRMINGHAM	205-731-8708
BOSTON	617-973-3810
BUFFALO	716-849-5000
CHARLOTTE	704-358-2100
CHICAGO	612-322-5369
CINCINNATI	513-721-4794, ext. 334
CLEVELAND	216-579-2000
DALLAS	214-922-6100
DENVER	303-572-2470/ 2473
DETROIT	313-964-6157
EL PASO	915-521-8272
HOUSTON	713-659-4433
JACKSONVILLE	904-632-1179
KANSAS CITY	816-881-2883

LITTLE ROCK	501-324-8272
LOS ANGELES	213-624-7398
LOUISVILLE	502-568-9238
MEMPHIS	901-523-7171
MIAMI	305-471-6497
MINNEAPOLIS	612-204-5000
NASHVILLE	615-251-7100
NEW ORLEANS	504-593-3200
NEW YORK	212-720-6619
OKLAHOMA CITY	405-270-8652
OMAHA	402-221-5636
PHILADELPHIA	215-574-6680
PITTSBURGH	412-261-7802
PORTLAND	503-221-5932
RICHMOND	804-697-8372
SALT LAKE CITY	801-322-7882
SAN ANTONIO	210-224-2141
SAN FRANCISCO	415-974-2330
SEATTLE	206-343-3605
ST. LOUIS	314-444-8703
WASHINGTON, D.C.	202-874-4000

Los fondos mutuos distribuyen sus ingresos a los accionistas en forma de dividendos y distribución de las ganancias de capital (reparto de utilidades). Los dividendos representan los dividendos e intereses que el fondo gana de los valores que tiene, después de haber restado los gastos generales del fondo. Los fondos mutuos distribuyen los dividendos en forma mensual, trimestral, semestral o anual, según el fondo. La distribución de las ganancias de capital representa la utilidad percibida por fondo mutuo cuando vende valores a un precio superior al precio de compra. Usted puede elegir entre recibir sus dividendos y su distribución de ganancias de capital en efectivo, o bien pedirle al fondo que los reinvierta automáticamente para comprar acciones adicionales del fondo mutuo.

Existe un malentendido muy común entre los latinos: la creencia de que se necesita una gran cantidad de dinero para invertir en fondos mutuos. En realidad, se puede invertir en algunos fondos por una cantidad tan pequeña como 100 dólares o mediante convenios donde se compromete a realizar cuotas mensuales de por lo menos 25 dólares.

ACCIÓN: Para conseguir folletos gratis sobre fondos mutuos del Plain Talk library del Grupo Vanguard, llame al 800-662-7447. Para conseguir un folleto en español titulado Fondos Mutuos, llame al Centro Latino de Charles Schwab al 800-362-1774. Se pueden conseguir folletos en inglés y español del Investment Company Institute, escribiendo a P.O. Box 27850, Washington, DC 20038-7850.

 La estrategia es importante. Antes de invertir determine sus metas financieras y qué tanto está dispuesto a arriesgar para alcanzarlas.

¡Buenas noticias! Utilizar la combinación adecuada de acciones, bonos y fondos mutuos, rentabilizasu dinero más que invertir en un certificado de depósito o en una cuenta de ahorro. *Y aquí viene el pero.* A diferencia de las cuentas bancarias y del mercado monetario, estas inversiones no están aseguradas por el Estado —y todas corren un cierto riesgo de volatilidad.

Si usted es *muy conservador* con sus inversiones, probablemente lo que más le preocupa es asegurar sus inversiones y no ganar grandes sumas de dinero. En este caso, es posible que se sienta más cómodo invirtiendo en fondos del mercado monetario y en bonos en lugar de acciones. En general, entre mayor edad tenga, más conservador debe ser con sus inversiones.

Si como inversionista, usted es un poco más *mesurado*, probablemente prefiere una cartera de valores con una distribución más equitativa entre acciones e inversiones de renta fija. Si usted es un inversionista agresivo, de pronto está dispuesto a asumir un nivel de riesgo relativamente alto para conseguir los rendimientos que desea. Esto implica invertir en acciones más que cualquier otra cosa. En general, entre más tiempo pueda esperar por su dinero, más agresivo debe ser.

Ya que es posible perder dinero al ser demasiado conservador o demasiado agresivo, es importante que calcule cuál es el nivel de riesgo que puede asumir antes de emprender cualquier tipo de plan de inversión. (Consulte la prueba de tolerancia al riesgo).

Aviso *Cualquier inversión implica asumir ciertos riesgos y es importante entender cuáles son.*

Si usted compra una acción o un bono de una compañía, corre el riesgo de que la solidez financiera de esa compañía se debilite por problemas de negocios. Por consiguiente, el precio de cotización de la acción o el bono podría bajar.

Si usted invirtió en un bono corporativo y el problema financiero del emisor es lo suficientemente serio, es posible que la empresa no esté en condiciones de pagarle los intereses que le debe. En general, sin embargo, el precio de una acción fluctuará más que el de un bono como reacción a las malas noticias acerca de una compañía.Por eso los precios de las acciones son más volátiles que los precios de los bonos.

Los problemas a los que se enfrenta una compañía podrían no estar limitados sólo a esa empresa. También se corre el riesgo de que todo ese sector de la economía sufra un revés —o a que la economía de todo el país e incluso la economía mundial entren en recesión.

Y aun cuando a la empresa en la que invirtió le vaya bien, usted siempre correrá el riesgo de que todo el mercado de valores o el mercado de bonos se deprecien. A veces, los mercados de valores y bonos suben y bajan por razones ocultas o que no parecen razonables.

¿CUÁNTO RIESGO PUEDE ASUMIR?

Las siguientes cinco preguntas han sido diseñadas para ayudarle a determinar cuánto riesgo puede usted asumir. Sea sincero –conteste lo que realmente haría, no lo que piense que es la respuesta correcta. Y recuerde, este es sólo un cuestionario. Sólo queremos hacerle pensar acerca del riesgo. Usted también necesita evaluar cuánto gana; cuánto puede ahorrar; cuáles son sus objetivos; y por último, cuánto tiempo tiene para ahorrar.

1. **CUANDO USTED ERA NIÑO, CUANDO GANABA PESOS ADICIONALES, O RECIBÍA UN SOBRE "ESPECIAL" DE ALGÚN MIEMBRO DE LA FAMILIA, ¿QUÉ HACÍA?**

   a. Esconder el dinero debajo de su colchón.
   b. Gastarse hasta el último centavo en un mes.
   c. Gastar parte del dinero en cosas para las que había estado ahorrando.

2. **EN ESTE PRECISO MOMENTO, USTED GUARDA SUS AHORROS:**

   a. Debajo del colchón.
   b. Invierte todos sus ahorros en su plan de jubilación o de fondos mutuo —le gusta invertir.
   c. En un fondo del mercado monetario o cuenta bancaria.

3. **EN JUNIO USTED INVIRTIÓ 2.000 DÓLARES EN UN FONDO MUTUO INTERNACIONAL ROTH IRA. AHORA ES OCTUBRE Y SU INVERSIÓN SE COTIZA EN 1.800 DÓLARES. USTED DECIDE:**

   a. Venderlo y volver a meter el dinero debajo del colchón.
   b. Lo deja tal cuál porque se confía en el fondo y cree que incrementará su valor en los próximos cinco años.
   c. Lo deja hasta el final de año, pero no se lo dice a nadie.

4. **SU HERMANO SE VA DE VIAJE CON SU FAMILIA A CANCÚN Y LE PREGUNTA SI SU FAMILIA Y USTED QUIEREN IR CON ELLOS. LAS VACACIONES COSTARÁN 1.500 DÓLARES MÁS DE LO QUE HABÍA AHORRADO. USTED:**

   a. Busca un nuevo trabajo y ahorra el dinero extra que gana (quizás debajo del colchón)
   b. Le pregunta, ¿Cuándo nos vamos? y piensa cargar el viaje a su tarjeta de crédito
   c. Va a un viaje menos caro, con el dinero que había ahorrado.

5. Este año usted recibe, otra vez, una gran devolución de impuestos. Usted inmediatamente:

a. Mete el dinero con la devolución del año pasado... debajo del colchón.
b. Compra regalos para su familia y ropa nueva para usted.
c. Paga sus impuestos inmobiliarios, como lo había previsto.

No hay respuestas correctas ni equivocadas, aunque algunas elecciones son más sabias que otras. Evidentemente, las respuestas "a" indican a un inversionista muy poco arriesgado, mientras que las respuestas "b" describe a una persona que se siente cómoda arriesgándose. Y para aquellos que consistentemente respondieron "c", bueno, usted es francamente un inversionista que está dispuesto a arriesgarse si la recompensa potencial puede ser calculada o planeada.

 Consejo   *Diversifique su cartera de valores.*

Ahora bien, toda esta charla acerca de riesgos y desastres económicos puede poner nerviosos a muchos latinos. Una forma de reducir el riesgo a un nivel que le permita vivir con él y, con toda probabilidad, que le produzca los rendimientos que necesita para alcanzar sus objetivos, se llama la diversificación de su cartera de valores.

O sea: no ponga todos los huevos en una sola canasta. Resulta mucho más seguro repartir su dinero entre diferentes tipos de inversión. El objetivo es incluir una variedad de inversiones en su cartera de valores de manera que si un tipo de inversión se desploma, las otras permanezcan fuertes reduciendo el impacto de la pérdida.

En lugar de limitarse a, por ejemplo, un fondo mutuo que compra acciones de empresas nuevas de tecnología menor, el dinero que usted invierte en la bolsa de valores —directamente o a través de fondos mutuos— podría invertirse en empresas pequeñas, medianas y grandes de diversos sectores como por ejemplo, venta al público, atención médica o energía. Si un sector del mercado sufre un revés, la caída de su precio será compensada por sus otras inversiones. *¡Ándele! ¡Con coraje!*

Fomente la distribución adecuada de sus inversiones: ésta es la parte más importante de una inversión.

La distribución de inversiones —o la proporción de acciones, bonos, valores internacionales y efectivo de su cartera de valores— representa el aspecto más importante a la hora de invertir. Encontrar la mejor distribución depende de muchos factores, incluyendo su edad, sus metas financieras y las condiciones de la economía.

Muchas empresas de fondos mutuos y casas bursátiles de valores le ofrecen hojas de trabajo que puede utilizar para distribuir sus inversiones. Los planificadores financieros pueden ayudarlo. Y también puede hacerse a través de su computadora utilizando alguno de los programas disponibles en forma gratuita en algunos sitios de Internet.

Un factor que todas estas fórmulas toman en cuenta es el tiempo que usted considera que transcurrirá antes de que necesite su dinero. Entre más

SITIOS DE INVERSIÓN EN INTERNET (WEB)

Estos sitios están sólo en inglés, a excepción de C. Com/Warner Financial Network, que está disponible en español e inglés:

Alliance for Investor Education	www.investoreducation.org/
American Association of Individual Investors	www.aaii.org
American Express Financial Advisors	www.americanexpress.com
American Stock Exchange	www.amex.com
Association of Mutual Fund Investors	www.amfi.com
Bloomberg	www.bloomberg.com
C.Com/Warner Financial Network, WFNet	http://ntweb.telescan.com/ Warner/home1.html
Charles Schwab	www.schwab.com
Emerging Markets Companion	www.emgmkts.com
Fidelity Investments	www.fidelity.com
Investor Protection Trust	www.investorprotect.com
Merrill Lynch	www.plan.ml.com/zine
Mutual Funs Education Alliance	www.mfea.com
Nasdaq	www.nasdaq.com
New York Stock Exchange	www.nyse.com
100% No-Load Mutual Fund Council	www.100noloadfunds.com
Vanguard Group	www.vanguard.com

joven sea o entre más tiempo pueda esperar antes de sacar su dinero, mayor será el riesgo que pueda sumir.

 Analice frecuentemente su cartera de valores para determinar si sus inversiones están equilibradas adecuadamente entre los diferentes tipos de inversión.

Haga lo que haga, no se limite a calcular qué riesgos puede asumir y su distribución de valores una sola vez. Necesita evaluar frecuentemente su situación personal y profesional y ajustar su cartera de valores cuando le ocurran cambios importantes tales como la compra de una casa, el nacimiento de un hijo, la pérdida de un empleo, la muerte de su cónyuge, la jubilación o cuando ocurra un gran cambio en la bolsa.

 Utilice una parte importante de su inversión para comprar fondos mutuos.

Para la mayoría de los inversionistas, sobre todo los principiantes, los fondos mutuos representan la mejor elección de inversión ya que les permiten diversificar su cartera de valores de manera fácil e instantánea, les dan acceso a valores que serían demasiado caros de otra manera y su administración está en manos de profesionales.

Existen fondos para cualquier meta de inversión. Si usted no teme demasiado los riesgos, comience con un fondo del mercado monetario. Los inversionistas más valientes pquerrán invertir en fondos de acciones, pero se limitan a fondos de inversión, crecimiento e inversión o a los equilibrados. Los inversionistas latinos con corazón de león pueden sentirse perfectamente cómodos con los fondos de crecimiento, crecimiento agresivo o extranjeros.

 Aprenda a evaluar los fondos mutuos.

Una vez que haya identificado el tipo de fondos que le interesan, ha llegado la hora de buscar y comparar diversos fondos dentro de esas categorías. Digamos que le interesa un fondo de crecimiento. Comience por llamar a diversas empresas de fondos o casas de valores bursátiles y pregúnteles el nombre de los fondos que se están comportando mejor en esta categoría. El

ASIGNACIÓN DE BIENES

Los siguientes tres ejemplos presuponen una cartera de valores de 30.000 dólares y un marco temporal de 5 años:

1. EL INVERSIONISTA CONSERVADOR

40% o 12.000 dólares en equivalentes en efectivo.
40% o 12.000 dólares en inversiones de ingresos, por ejemplo los bonos.
10% o 3.000 dólares en fondos de crecimiento/ingresos para aumento de valor de capital de ingresos actuales.
5% o 1.500 dólares en fondos de crecimiento buscando aumentar el valor de su precio.
5% o 1.500 dólares en fondos o valores protegidos contra la inflación.
Tasa de rendimiento anualizada histórica = 7.50%

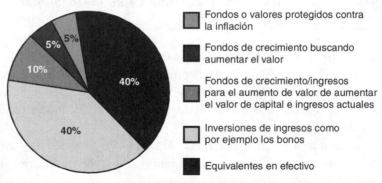

Fondos o valores protegidos contra la inflación

Fondos de crecimiento buscando aumentar el valor

Fondos de crecimiento/ingresos para el aumento de valor de aumentar el valor de capital e ingresos actuales

Inversiones de ingresos como por ejemplo los bonos

Equivalentes en efectivo

Tasa de rendimiento anualizada histórica = 7.50%

2. INVERSIONISTA MODERADO

20% o 6.000 dólares en equivalentes de efectivo.
40% o 12.000 dólares en inversiones de ingresos, por ejemplo los bonos.
25% o 7.500 dólares en fondos de crecimiento/ingresos para capital de ingresos actuales.
15% o 4.500 dólares en fondos de crecimiento buscando aumentar el valor de su precio.
Tasa de rendimiento anualizada histórica = 9.30%

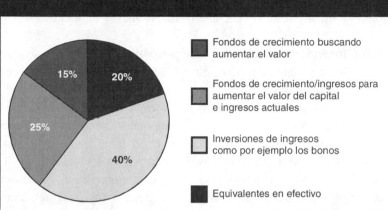

Fondos de crecimiento buscando aumentar el valor

Fondos de crecimiento/ingresos para aumentar el valor del capital e ingresos actuales

Inversiones de ingresos como por ejemplo los bonos

Equivalentes en efectivo

Tasa de rendimiento anualizada histórica = 9.30%

3. EL INVERSIONISTA AGRESIVO.

0% o 0 dólares en equivalente en efectivo

10% o 3.000 dólares en inversiones de ingresos como bonos.

50% o 15.000 dólares en fondos de crecimiento/ingreso para aumento de valor de capital de ingreso actual

40% o 12.000 dólares en fondos/crecimiento buscando aumentar el valor de su precio.

Tasa de rendimiento anualizada histórica = 11.70%

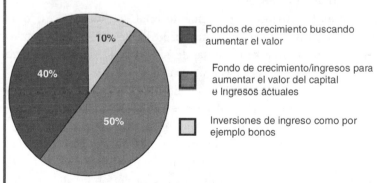

Fondos de crecimiento buscando aumentar el valor

Fondo de crecimiento/ingresos para aumentar el valor del capital e ingresos actuales

Inversiones de ingreso como por ejemplo bonos

Tasa de rendimiento anualizada histórica = 11.70%

sitio IBC en Internet en www.ibcdata.com publica también los fondos de mejor comportamiento. Una vez hecho esto siga los pasos siguientes:

Folletos informativos: Pida a la compañía de fondos que le mande todos los folletos acercade de fondos; estos folletos gratuitos especifican los objetivos, las cuotas, los cargos y el comportamiento de distintos fondos mutuos. (Vea el cuadro de los siete pasos para comprender un folleto de fondos mutuos.) Cuando lea el folleto asegúrese de que los objetivos del fondo coinciden con los suyos y de que invierte en el tipo valores que usted desea. Examine los valores más importantes valores en la cartera del fondo. El fondo *Fidelity Blue Chip Growth*, por ejemplo, tiene el siguiente objetivo de inversión: "Aumentar la plusvalía del capital a largo plazo; invertir fundamentalmente en una cartera de valores diversificada de acciones comunes de empresas bien conocidas".

Empresa y gestora de fondo: Verifique el expediente del gestor del fondo y de la empresa del fondo. La mejor manera de hacer esto es buscar información acerca del gestor en periódicos, revistas y sitios de Internet, que coincida con su experiencia y filosofía de inversión, así como su análisis de las tendencias económicas. La empresa del fondo debe ser económicamente sólida y tener una buena reputación.

Estilo de inversión: Debe también sentirse cómodo con el estilo de inversión de su gestor ya que el o ella será quién decide cuáles inversiones del fondo se deben comprar o vender.

Comportamiento: Analice el rendimiento total del fondo de ese o de otros fondos de la misma categoría, junto con los índices del mercado tales como el S&P 500 para las grandes empresas de acciones o el Russell 2000 para las empresas de acciones pequeñas. Un mantra de Wall Street es que el comportamiento pasado de una inversión no indica sus perspectivas de crecimiento en el futuro. Aun así, usted debe investigar como se ha comportado un fondo en los últimos tres, cinco y diez años, si los datos están disponibles. *¡Nunca* compre un fondo basado en su comportamiento durante el último trimestre! Usted puede encontrar el rendimiento total del fondo en las tablas financieras de los periódicos y en los folletos acerca de fondos. El comportamiento del fondo también se puede ver afectado por el volumen proporcional (la frecuencia con que la gestora compra y vende).

SIETE PASOS PARA ENTENDER LOS FOLLETOS INFORMATIVOS DE FONDOS MUTUOS

1. Busque el objetivo de inversión del fondo como primer paso para determinar si se ajusta a su cartera de valores. Generalmente puede encontrar el objetivo de inversión bajo el título de "metas" u "objetivos".

2. Si el objetivo se ajusta al suyo, consulte la lista de cuotas y gastos. Normalmente, un folleto incluirá un ejemplo hipotético, demostrándole el impacto de estos gastos en una inversión sostenida por un periodo de tiempo específico.

3. Después, revise el "volumen proporcional" del fondo. Esta cifra le indica cuál es la porción de valores del fondo que se reemplazan dentro del año, con el 90% como volumen proporcional promedio para un fondo de acciones. Cuánto más grande sea el volumen, mayores serán los gastos, Los volúmenes consistentes a lo largo del tiempo podrían ser una señal de manejo estable, mientras que las fluctuaciones podrían representar "luces rojas".

4. Busque también la deliberación del fondo con respecto al riesgo, para ver qué tipo de instrumentos puede emplear el administrador del fondo y cuáles tiene restringidos cuando intenta alcanzar sus objetivos.

5. El folleto también le proporcionará una tabla con la información de la historia financiera de los últimos diez años (o de toda la existencia del fondo, si ésta es de menos de diez años).

6. Lea la información biográfica del administrador del fondo, así como las otras historias que aparecen en el folleto.

7. Finalmente, lea el folleto de principio a fin para aprender acerca de los servicios provistos por un fondo, incluyendo IRAs, inversión automática de dividendos, distribución de ganancias de capital, elaboración de cheques, información y ayuda por vía telefónica y cómo comprar y vender participaciones.

Gastos: Finalmente, asegúrese de saber cuánto le cobrará el fondo por gastos generales. Estos gastos incluyen cuotas de asesoría pagadas al gestor del fondo y costos administrativos tales como transacciones, números telefónicos sin costo al usuario, estados de cuenta y las cuotas de los analistas. Con frecuencia se incluyen cuotas "12b/1", las cuales se utilizan para pagar costos de ventas y estudios de mercado.

Por lo general, se hace referencia a los gastos de operación como un porcentaje anual del promedio neto de los activos del fondo. Esta razón entre los gastos y los beneficios puede ser del 0.25 hasta más del 2 por ciento. Aunque usted no paga directamente por los gastos generales, los paga indirectamente como accionista del fondo. Los gastos generales afectan el valor de su inversión en un fondo, ya que reducen el rendimiento del mismo.

Cuidado con el costo de venta de un fondo mutuo. Una "carga frontal" es la cuota de venta que paga cuando compra acciones en un fondo mutuo por primera vez. Por lo general, constituye del 3 al 5 por ciento de su inversión inicial. Los fondos de "carga reducida" cobran sólo del 1 al 3 por ciento. Una "carga de retroceso"es una cuota que se carga algunas veces cuando usted vende sus acciones, y depende de cuanto tiempo ha tenido estas acciones.

A lo mejor ha visto y escuchado muchos anuncios que se refieren a los fondos "sin carga" que no requieren cargos iniciales de venta ya que se compran directamente a un grupo de fondos. Pero ni siquiera éstos son gratis. Como los fondos mutuos, los fondos sin carga tienen proporciones de gastos generales. (Más adelante presentaremos más información sobre fondos con carga versus fondos sin carga.)

Un buen lugar para conseguir información objetiva sobre fondos mutuos es Morningstar, Inc., una editorial financiera independiente. Morningstar produce informes de una página sobre fondos mutuos individuales que incluyen breves biografías de los gestores de fondos, información de comportamiento, y descripciones de las diferentes clases de valores manejados por el fondo.

Los informes del Morningstar proporcionan también el escalafón de los fondos con puntuaciones que van desde tres a cinco estrellas y que está basado en el comportamiento y el nivel de riesgo que han tenido en los últimos tres años, así como una clasificación numérica del uno al cinco, siendo cinco la mejor, basándose en una comparación con otros fondos de la misma categoría. (Las Lauras recomiendan que trate de quedarse con fondos que tengan por lo menos tres estrellas y una clasificación numérica también de tres.) Una de sus características más útiles es un reporte objetivo elaborado por un analista de Morningstar. Otros recursos de los que s epuede servir son boletines, periódicos, revistas y el Internet.

Cada año los inversionistas tienen a su disposición hasta tres informes gratuitos de *Charles Schwab Mutual Fund Report Cards* (y hasta cinco para los clientes de Schwab). Estas clasificaciones instantáneas y de una página sobre los fondos mutuos, los cuales incluyen comparaciones con otros fondos, el escalafón Morningstar e información sacerca del crecimiento a largo plazo, el comportamiento y los gastos. Los informes adicionales tienen un costo de 3 dólares cada uno.

ACCIÓN: Para solicitar un *morningstar Report* a un costo de 5 dólares por reporte, llame al 800-735-0700. También se pueden conseguir en las bibliotecas. Para pedir las Charles Schwab Mutual Fund Report Cards, llame al 800-4-NO-LOAD, visite cualquier oficina de Schwab o busque el sitio Internet al www.schwab.com

 Considere los fondos del mercado monetario como un componente clave de sus reservas de efectivo.

Los fondos del mercado monetario son inversiones que ofrecen seguridad, liquidez y rendimiento, o tasas de interés que generalmente son de uno a dos puntos porcentuales más altos que los que se consiguen en una cuenta bancaria de inversión (consulte el Capítulo 1). Su costo es casi siempre de 1 dólar por participación.

Los fondos del mercado monetario no están asegurados por el Estado y algunos son más riesgosos que otros. Sin embargo, se consideran casi tan seguros como las cuentas bancarias aseguradas, ya que normalmente invierten en instituciones grandes y económicamente sólidas que pagan sus deudas con rapidez. De hecho, estos valores tienen normalmente una fecha de vencimiento promedio de menos de 120 días.

Con un fondo del mercado monetario, el interés que usted gana de parte del gobierno y las grandes empresas a cambio de sus dólares invertidos, le es transferido en forma de dividendos. Estos dividendos pueden serle transferidos electrónicamente a su cuenta bancaria o enviados por correo, mensualmente por lo general, o pueden reinvertirse automáticamente para comprar más acciones.

Muchos inversionistas utilizan los fondos del mercado monetario para hacer depósitos temporales o para mantener reservas de efectivo. Los fondos del mercado monetario requieren, normalmente, que usted mantenga un saldo mínimo. Algunos ofrecen la posibilidad de emitir cheques, pero el número de cheques que usted puede emitir a menudo está restringido.

Si bien hay que pagar impuestos sobre la mayoría de los fondos del mercado monetario, algunos fondos sólo invierten en valores exentos de impuestos, lo que hace que los dividendos que usted reciba también estén exentos de impuestos del Estado y probablemente también de los impuestos estatales y locales. Ahora bien, los rendimientos pagados por los fondos exentos de impuestos son menores que los rendimientos de los fondos que sí los pagan, lo que puede compensar la ventaja tributaria. Por consiguiente, a menos que usted se encuentre en o por encima del 31 por ciento de retención tributaria, le conviene más invertir en un fondo del mercado monetario imponible.

 Considere para empezar —y a lo mejor para quedarse con ellos— los fondos de índice.

Para simplificar el proceso de elegir entre los miles de fondos mutuos que hay en el mercado, considere la posibilidad de comenzar con los fondos de índice. Los fondos de índice se consideran "gestionados pasivamente" porque se llimitan a imitar el comportamiento de ciertas acciones de índice tales como las del S&P 500 al invertir en las mismas acciones que las calculadas para el índice. Los fondos de indicador son atractivos por muchas razones, emntre ellas, por su comportamiento fuerte y por las cuotas y los impuestos bajos.

Desde 1993, los fondos de índice que imitan la S&P 500 han fijado rendimientos superiores al 80 por ciento más que todos los fondos "activamente gestionados" o los que cuentan con gestores que compran y venden valores en forma regular. Además, durante 70 años, los fondos activamente gestionados se han rezagado con respecto al índice S&P 500, de uno a dos puntos porcentuales por año. Por otro lado, los fondos del índice S&P 500 tienden a rezagarse con respecto al mismo índice en una cantidad menor de un punto porcentual.

Una razón para esta diferencia es que el fondo de índice medio tiene proporciones de gasto anual del 0.2 por ciento, o de sólo 2 dólares por año con una inversión de 1.000 dólares. El fondo mutuo activamente administrado cobra un promedio de un 1.3 por ciento anual o 13 dólares anuales con una inversión de 1.000 dólares. En la actualidad usted puede elegir entre más de 370 fondos de índice.

FONDOS MUTUOS LATINOAMERICANOS

ABN AMRO LATIN AMERICA EQUITY COMMON SHARES	800-443-4725
AIM LATIN AMERICA GROWTH FUND	800-959-4246
BANKERS TRUST INVESTMENT LATIN AMERICA EQUITY	800-730-1313
EVERGREEN LATIN AMERICA FUND CLASS A	800-235-0064
EXCELSIOR LATIN AMERICA	800-446-1012
FEDERATED LATIN AMERICAN GROWTH	800-245-5000
FIDELITY LATIN AMERICA	800-544-8888
GOVETT LATIN AMERICA FUND	800-821-0803
INVESCO LATIN AMERICA GROWTH FUND	800-525-8085
IVY SOUTH AMERICA CLASS A	800-777-6472
KEMPER LATIN AMERICA FUND A	800-621-1048
MERRILL LYNCH LATIN AMERICA FUND CLASS B	800-637-3863
MONTGOMERY LATIN AMERICA (R)	800-572-3863
PRUDENTIAL LATIN AMERICAN EQUITY	800-225-1852
SCUDDER LATIN AMERICA	800-225-2470
T. ROWE PRICE LATIN AMERICAN FUND	800-638-5660
TCW GALILEO LATIN AMERICA EQUITIES FUNS	800-386-3829
TCW/ DW LATIN AMERICA GROWTH FUND	800-869-6397
TEMPLETON LATIN AMERICAN CLASS ONE FUND	800-292-9293
VAN KAMPEN LATIN AMERICA FUND	800-282-4404
WEBS INDEX MEXICO (FREE)	800-810-9327
WRIGHT EQUIFUND-MEXICO	800-888-9471

Considere los fondos extranjeros cuando esté diversificando su cartera de valores.

Si usted es un inversionista conservador, limite sus valores extranjeros a no más de un 10 por ciento de su cartera de valores. Si usted se siente cómodo asumiendo un nivel de riesgo mayor, podría desear un incremento de sus valores extranjeros hasta un 25 por ciento.

La manera más fácil de empezar es con fondos de índice extranjeros al igual que los fondos de índice de E.U. Los fondos de índice extranjeros valen menos que los fondos extranjeros activamente gestionados. Estos fondos de índice también reducen el estrés de intentar elegir entre varios países o regiones del mundo.

El índice mejor conocido es el *Morgan Stanley Europe*, Australia, Asia, *Far East Index*, o *EAFE Index*, que contiene más de 1,000 acciones. Pero existen muchos más incluyendo al International Pacific Index, el Southeast Asia índex, el *Emerging Markets índex* y el *Latin America Index*.

Existen también muchas clases de fondos extranjeros. Algunos invierten en valores de los mercados establecidos en Europa y Asia. Los fondos regionales invierten en una región geográfica específica. Los fondos de un sólo país invierten en un único país extranjero. Los fondos de mercados emergentes invierten en valores de países en vías de desarrollo. Los fondos globales invierten en acciones de E.U. tanto como en las del extranjero.

Como latinos, tenemos la inclinación natural de invertir en países o compañías latinoamericanas porque hemos vivido o viajado en esa región. *Fantástico*. El sentido común de la inversión es invertir en lo que se conoce. Cada día se incorporan más fondos latinoamericanos. Pero no deje de lado el resto del mundo.

Los fondos extranjeros tienen un elemento de riesgo que normalmente no tienen los fondos de EE.UU comparado con los fondos de E.U., los fondos extranjeros resultan mucho más afectados por los riesgos políticos que ocurren en ese país. Además, una disminución del valor de la moneda de un país, reducirá el valor de su inversión en términos de dólares norteamericanos y también existe el riesgo de que la información que usted consiga sobre la política, la economía, el mercado o las empresas no sea completa. Por supuesto, el riesgo de recibir información "incompleta", también existe en los E.U., pero las empresas americanas generalmente siguen estándares más altos y la información se distribuye en forma más amplia.

El proceso de selección de un fondo extranjero se parece al de elegir un fondo de E.U. Primero, decida qué tipo de fondo desea, cuál es el objetivo de su inversión y si quiere una gestión manejada activa o pasivamente. Después, revise la experiencia del gestor del fondo, el comportamiento pasado del fondo, cuánto riesgo hay que asumir y los costos.

| CONSEJO | **Comprenda con toda claridad la diferencia entre los fondos con y sin carga.** |

Le recordamos que la carga es simplemente la cuota de venta. Si usted se siente cómodo eligiendo sus fondos por su cuenta y le gusta rastrear el comportamiento y los rendimientos de ellos, entonces puede elegir entre una gama muy amplia de excelentes fondos sin carga. La única ocasión en que usted puede sentirse tentado a comprar un fondo con carga es si se topa con alguno que resulte particularmente valioso, debido a su gestión, comportamiento anterior o sus objetivos. Por cierto, la carga en sí no determina el valor de un fondo; sólo fija la cuota de entrada.

Si usted no quiere seleccionar sus inversiones por su cuenta, lo más probable es que acabe por comprar bonos con carga por haber contratado la asesoría y servicios de un planificador financiero que trabaja a comisión o de un corredor de una empresa de servicio completo. Estos profesionales financieros reciben su pago completa o parcialmente de las comisiones que ganan por los productos que venden. Los planificadores o corredores deben proporcionarle información específica acerca de cómo reciben su pago. Y usted debe exigir un servicio completo y de alta calidad sin importar cuales sean sus necesidades de inversión y planificación.

Existe, sin embargo, un punto intermedio. Si usted no se siente cómodo de recibir asesoría de alguien que ganará una comisión por la inversión que le recomienda y le vende, contrate a un planificador financiero que sólo trabaje por honorarios. Los planificadores por honorarios le brindan asesoría, pero como no venden ningún producto financiero, le recomendarán, en términos generales, que compre fondos de carga baja o sin carga. (Vea más información sobre planificadores financieros en el capítulo 10)

¿Cuál es mejor?, ¿un fondo con o sin carga? La mayoría de los estudios demuestran que por lo general los fondos con carga no se comportan mejor que los fondos sin carga. Revise una lista de los fondos mutuos con el mejor comportamiento anual en base a los rendimientos totales con el costo de la carga, si existe, facturada. En estas listas siempre se encontrarán ambos fondos, con y sin carga.

Lo más importante es saber la clase de rendimiento a lo largo de un periodo específico de tiempo que necesita para alcanzar sus objetivos, y si algún fondo en particular ha producido históricamente ese tipo de rendimiento. Si puede conseguir esa información por su cuenta y está dispuesto a ser "un estudiante de negocios", busque un buen fondo sin carga. *Pero sea honesto consigo mismo*: ¿Es lo suficientemente disciplinado como para estudiar los mercados y quedarse con su programa de inversión, aun si eso implica aguantar las inevitables pendientes de la montaña rusa del mercado? *Si no, busque ayuda.*

Utilice la compra de acciones en intervalos fijos y con desembolsos de cantidad constante.

Una manera eficaz de facilitar la inversión es con la compra de acciones a intervalos fijos y con desembolsos de cantidad constante. Tiene tanto sentido que incluso los inversionistas más experimentados lo hacen. Con la compra de acciones a intervalos fijos y con desembolsos de cantidad constante, usted invierte una cantidad fija de dólares con una periodicidad conocida durante un plazo de tiempo predeterminado en lugar de pagar una gran cantidad de una sola vez. Esta estrategia le permite sacar provecho de cualquier reducción en los precios.

Digamos que invierte 100 dólares cada mes. Si un fondo mutuo de acciones vendió a 20 dólares el mes anterior, pero bajó a 10 dólares este mes, usted podrá comprar más acciones por la misma cantidad de dinero. Por supuesto que lo ocntrario también puede pasar. En este caso, si las acciones se vendieron a 10 dólares el mes anterior, pero aumentan a 20 dólares este mes, usted adquirirá menos acciones por la misma cantidad de dinero.

De todas formas, al comprar acciones de un fondo en forma regular ya sea que el mercado esté en alza o de baja, usted puede reducir el costo medio de sus y pagar menos que si usted hubiera invertido todo su dinero de una vez.

Los planes de inversión automática pueden arreglarse con facilidad, de tal manera que ese dinero le sea deducido automáticamente de su sueldo o de su cuenta bancaria e invertido en acciones de un fondo mutuo. _Recuerde, páguese primero a sí mismo._

 Reinvierta sus dividendos para llevarse los beneficios del interés compuesto.

Reinvierta automáticamente sus dividendos para así poder comprar más acciones del fondo. Los dividendos reinvertidos le permiten aprovechar los intereses compuestos o las utilidades sobre los intereses que usted ya percibió así como sobre el monto del capital original.

Funciona de la siguiente manera: Digamos que invirtió 10.000 dólares en un fondo del índice S&P durante los últimos veinte años. Durante ese tiempo su capital habrá aumentado a 38.000 dólares y habrá recibido 16.000 dólares en dividendos, lo que equivale al final a un total de 64.000. Ahora bien, si usted hubiera reinvertido todos sus dividendos, el valor total de su inversión habría aumentado a más de 110.000 dólares. *¡Eso es un buen negocio!* A las Lauras les encanta esa estrategia.

 Únase a un club de inversión.

Nosotras recomendamos que canalice la mayor parte de sus dólares de inversión a fondos mutuos, con una excepción: comprar y vender acciones a través de un club de inversión es una manera maravillosa de aprender a invertir de una forma divertida, sintiéndose apoyada y sin costos. Y *es perfecto para nosotros: otra excusa para reunirnos.*

De acuerdo con la *National Association of Investors Corp. (NAIC),* un grupo sin ánimo de lucro que promueve los clubes de inversión como una forma de educar a los consumidores acerca de las inversiones, hoy en día existen alrededor de 32,000 clubes de inversión en los Estados Unidos, y su cartera de valores media asciende a 82.000.

El NAIC ha construido su filosofía de inversión alrededor de cuatro principios de eficiencia comprobada. Primero, invierta regularmente, sin importar si el mercado está arriba o abajo (o sea, compre acciones intervalos fijos y con desembolsos de cantidad constante). Segundo, reinvierta todas sus ganancias (interés compuesto). Tercero, invierta en empresas en crecimiento (sea un poco agresivo). Y cuarto, diversifique (reduzca el riesgo).

Aprender a investigar y a elegir acciones requiere de cierto esfuerzo. Pero el NAIC facilita las cosas al ofrecer un curso de 12 lecciones que les enseña a los asociados del club cómo estudiar las acciones. El grupo también proporciona una lista de verificación para ayudarle a completar un análisis básico de acciones y una guía de selección de acciones para ayudarle a decidir qué acciones comprar.

ACCIÓN: Para conseguir un "equipo de inversión" gratuito del NAIC, escriba al 711 West 13 Mile Rd., Madison Heights, MI 48071.

Cuando se una a un club de inversión, utilice los planes de reinversión de dividendos (DRIP) o algún otro plan de adquisición para comprar sus acciones.

Ahorre dinero al comprar las acciones directamente de la empresa que las emite en lugar de hacerlo a través de un corredor, si se inscribe en un plan de reinversión de dividendos (DRIP) o algún otro plan de adquisición. Usted puede elegir entre dos clases de DRIP: el tradicional o el super. Con un DRIP tradicional usted contrata a un corredor para comprar su primera participación de una acción, y luego compra participaciones adicionales directamente de la empresa. Usted también puede comprar participaciones a través del NAIC u otra compañía llamada *Temper of the Times* si se inscribe en sus planes de compra directa de acciones. De cualquier forma, usted tendrá que pagar algunas cuotas cada vez que compre una acción, sin embargo, estas cuotas son en general más bajas que las comisiones que cobran los corredores.

Con un Super DRIP (conocido también como acciones sin carga), usted puede comprar su participación inicial directamente de la empresa emisora sin tener que recurrir a un corredor y sin inscribirse en un plan de compra directa de acciones. Usted no tendrá que cubrir las cuotas de inscripción asociadas a las DRIP tradicionales pero tendrá que pagar cuotas de compra adicional y de cuenta anual.

ACCIÓN: Para conseguir una lista gratuita de empresas que ofrecen los Super DRIP, escriba al DRIP Investor al 7412 Calumet Ave., Suite 200, Hammond, IN 46324. Para más información sobre el *NAIC Stock Service Plan*, llame al 888-780-8400. Para más información sobre Temper´s Direct Stock Purchase Plan, llame al 800-388-9993.

Considere las inversiones socialmente responsables.

Su dinero puede utilizarse para apoyar empresas que reflejen sus convicciones políticas, éticas, sociales y/o religiosas a través de la inversión socialmente responsable.

Los críticos dicen que esto tipo de inversión limita sus rendimientos, dificulta la diversificación e incrementa el riesgo de perder dinero al excluir los segmentos tradicionalmente lucrativos tales como el tabaco y el alcohol. Se puede razonar que resulta más eficaz financiera y socialmente buscar los mejores rendimientos, sin importar de dónde provengan y luego donar parte de las ganancias directamente a sociedades benéficas.

Pero la idea de que usted no se puede ganar mucho dinero al tratar de "hacer bien" a través de a inversión socialmente responsable no es necesariamente cierta. Si usted es cuidadoso, invertir con conciencia puede reembolsarle buenos rendimientos y apoyar las causas que son importantes para usted y para su comunidad. De hecho, muchos expertos financieros aseguran que los filtros de las inversiones socialmente responsables también eliminan las prácticas de mala gestión. *En fin,* los argumentos contra la inversión socialmente responsable no toman en cuenta como muchos de nosotros nos sentimos respecto a nuestras inversiones. Y las emociones son una parte integral del sentido de integridad de cualquiera, sean lo que sean sus antecedentes o su herencia.

Vea el Domini 400 Social Stock Index. Fue diseñado después del S&P 500 index, e incluye 400 empresas que se han sujetado a una gran variedad de filtros. Desde que salió en 1991, el Domini Index cuenta con un 302.78 por ciento de rendimientos versus el 261.61 por ciento del S&P 500. El Domini Social Equity Fund, que contiene acciones de todas las empresas del Domini Index, ha fijado un rendimiento medio anual de cinco años del 20.77 por ciento comparado con el 20.24 por ciento del S&P 500. Esta diferencia de rendimientos sustenta el argumento de que los filtros de inversión socialmente responsable ayudan a eliminar la mala gestión.

La inversión socialmente responsable está experimentando un gran auge. El importe total de los valores que forman parte de los fondos mutuos socialmente responsables brincaron de 64 billones de dólares en 1985 a 639 billones en 1996, de acuerdo con el *Social Investment Forum* in Washington D.C. A pesar de tal crecimiento, todavía no existe un "Fondo Latino" en el mercado que invierta en negocios de latinos o en empresas que promueven los intereses de latinos. Sin embargo, sí es posible encontrar un fondo que refleje sus valores, aunque no refleje su procedencia étnica.

Muchos fondos invierten en empresas que tienen políticas progresistas en cuanto a la contratación y promoción de la gente de color. Otros hacen hincapié en los "valores familiares" como el *Aquinas Fund* y el *Catholic Values Investment Trust*; ambos fondos invierten en empresas cuyas actividades son consecuentes con las doctrinas de la Iglesia Católica. Por otro lado, el *Meyers Pride Value Fund* elige empresas que apoyan a los homosexuales.

Los únicos fondos mutuos socialmente responsables que maneja los valores extranjeros de importancia son el *Calvert World Values International Equity Fund*, el *Calvert New Africa Fund*, el *Citizens Global Equity Portfolio* y el *MMA Praxis International Fund*. Aunque las acciones del extranjero son una magnífica manera de diversificar una cartera de valores, la razón por las que no existen más fondos extranjeros socialmente responsables es que resulta muy difícil filtrar compañías extranjeras. Para más información consiga: *Investing with your Values: Making Money and Making a Difference* de Hal Brill, Jack A. Brill y Cliff Feingenbaum (Bloomberg Press), el cual ofrece un estudio minucioso de la inversión socialmente responsable y proporciona listas actualizadas de fondos recomendados.

ACCIÓN: Para conseguir una copia gratuita de The Socially Responsible Financial Planning Handbook, llame al Co-Op America al 800-58-GREEN, o escriba al 1612 K St. N.W. Suite 600, Washington, DC 20006. Para conseguir una copia del Directory of Socially Responsible Investment Services, envíe 2 dólares al Social Investment Forum, P.O. Box 57216, Washington, DC 20037, o llame al 202-872-5319. Para más información sobre Community Development Loan Funds, llame al National Association of Community Development Loan Funds al 215-923-4754, o escriba a la asociación al 924 Cherry Street, 2nd Floor, Philadelphia, PA 19107.

 Comprenda la diferencia entre una casa de valores bursátiles de servicio completo y una de descuento.

A la mayoría de los inversionistas les recomendamos los fondos mutuos. Si usted, sin embargo, quiere comprar o vender acciones, probablemente necesitará abrir una cuenta en una casa de valores bursátiles, la cual le cargará una cuota por cada servicio que lleve a cabo. Las casas de valores bursátiles de servicio completo ofrecen informes de propiedad elaborados por sus analistas de acciones y fondos mutuos, pueden manejar su cuenta en forma activa y hacer recomendaciones específicas acerca de qué comprar y qué vender. Las cuotas o comisiones, pueden ser hasta del 3 por ciento o más por cada transacción.

Las casas de valores bursátiles pueden ahorrarle más del 50 por ciento en comisiones, y aún más si usted hace sus operaciones via Internet. Las casas de valores bursátiles de descuento no manejan su cuenta de forma activa ni hacen recomendaciones específicas acerca de qué comprar y qué vender. De todas formas, la mayoría ofrece información acerca de inversiones y algunas le ofrecen una amplia gama de inversiones que coincidan con su criterio.

Si usted se siente cómodo eligiendo sus propias acciones, debe inscribirse en una casa de valores bursátiles de descuento. De lo contrario considere una de servicio completo. Una advertencia: ha habido casos en que los corredores han recomendado negocios desaconsejables a los inversionistas sólo para embolsarse una comisión mayor.

Para protegerse, verifique los antecedentes de su corredor y establezca una relación con él o ella. No siga ciegamente cualquier recomendación sin hacer preguntas y sentirse plenamente satisfecho con la razón por la cual inversión en particular es la correcta para usted. También podría hacer alguna investigación independiente antes de comprar.

ACCIÓN: Para contactarse con casas de valores bursátiles de servicio completo, llame a Merrill Lynch al 800-MERRILL o a American Express Financial Advisors al 800-GET ADVICE. Para contactar al *National Discount Brokers*, llame al 800-888-3999. Para contactar a Schwab en inglés, llame al 800-435-4000. Para contactar al Centro Latinoamericano de Schwab llame al 800-362-1774. Para contactar a Fidelity en inglés, llame al 800-544-8888. Para contactar a Fidelity en español, llame al 800-544-5670.

 CONSEJO   *Cuídese de las estafas dirigidas a inversionistas.*

Nunca, jamás, acepte hacer una inversión con alguien que lo haya contactado por teléfono. *¡Por nada del mundo! ¡Jamás!* Cuando haya decidido finalmente hacer una inversión, antes de proceder llame al *National Association of Securities Dealers* (NASD), para verificar el historial disciplinario de su corredor o de la casa de valores bursátiles, y póngase en contacto con los reguladores de valores de su Estado, quienes cuentan con frecuencia con más información que la NASD.

Si usted tiene un problema que no puede resolver con su corredor o casa de valores bursátiles, presente una queja a la Comisión de valores (en inglés:

Securities and Exchange Commission o SEC) de la oficina para la educación y asistencia del inversionista (en inglés: *Office of Investor Education and Assistance*). El SEC también proporciona una gran cantidad de folletos gratuitos tales como *Ask Questions: Questions You Should Ask About Your Investment*. (Para más información sobre corredores vea el Capítulo 10.)

ACCIÓN: Para contactar al NASD y solicitar una verificación de antecedentes de su corredor o casa de valores bursátiles, llame al 800-289-9999. Para localizar el número del regulador de valores de su estado, llame al National Fraud Information Center al 800-876-7060. Para contactar al SEC, llame al 800-SEC-0330.

■ REPASO

- ◆ Nunca efectúe ninguna inversión, a menos que entienda exactamente cómo funciona.
- ◆ Determine sus metas financieras y cuándo quiere alcanzarlas.
- ◆ Calcule el nivel de riesgo que está dispuesto a asumir para alcanzar esas metas.
- ◆ Desarrolle un plan de diversificación de valores.
- ◆ Nunca le ceda toda la responsabilidad de sus finanzas a otros, ni siquiera a su asesor financiero.
- ◆ Recuerde que el comportamiento previo de una inversión no garantiza sus perspectivas futuras. Nadie puede predecir lo que sucederá en el futuro.
- ◆ Concéntrese en el largo plazo. No se ponga demasiado nervioso respecto al mercado de valores, pues éste sube y baja constantemente.
- ◆ No trate de predecir el movimiento del mercado. Es imposible.
- ◆ Saque provecho de la compra de acciones a intervalos fijos y con desembolsos de cantidad constante.
- ◆ Reinvierta sus dividendos para aprovechar el interés compuesto.

RECURSOS ADICIONALES

Revistas y periódicos recomendados

Bloomberg Personal Finance: Se dirige a los inversionistas más sofisticados.

Consumer Reports: Esta revista abarca todo aquello que se puede comprar, desde fondos mutuos hasta refrigeradores. Hay también una gran cantidad de información disponible en su sitio de Internet en el www.consumerreports.org/.

Family Money: Esta es la revista perfecta para el inversionista novato; hay artículos muy fáciles de entender, escritos por algunos de los más importantes periodistas del país, especializados en negocios.

Kiplinger´s Personal Finance Magazine: Consejos muy sensatos acerca de una variedad de temas sobre inversión y consumo. Su dirección de Internet es: http://kiplinger.com/.

Smart Money. Una de las mejores; ofrece información muy completa acerca de las finanzas personales además de mucha información para inversionistas tanto novatos como sofisticados. Tiene uno de los mejores sitios de Internet pero sólo está disponible para los abonados a la Edición Interactiva del *The Wall Street Journal.*

Money: Mucha información de calidad para los inversionistas serios. Su dirección de Internet es http://money.com/.

The Wall Street Journal: La Biblia mundial de las noticias de negocios. Su sitio de Internet es www.wsj.com/ Sólo está disponible para los abonados. También se puede conseguir el *The Wall Street Journal Americas* en el Internet; consulte el informe diario de negocios publicado en español y portugués al http://wsj.com/americas.

Libros recomendados

10 Minute Guide to Mutual Funds, por Werner Renberg (New York: MacMillan General References, 1996).

10 Minute Guide to the Stock Market, por Dian Vujovich (New York, Alpha Books, 1998).

Investing with Your Values: Making Money and Making a Difference, por Hale Rill, Jack A. Brill, y Cliff Feigenbaum (Princeton, New Jersey: Bloomberg Press, 1999).

Investing in Latin America: Best Stocks, Best Funds, por Michael Molinski)
Princeton, New Jersey: Bloomberg Press, September 1999).

Keys to Investing in Government Securities, por Jay Goldinger (Hauppage, New
York: Barron´s Business Keys, 1995).

*Starting and Running a Profitable Investment Club: the Official Guide from the
National Association of Investment Clubs,* por Kenneth S. Janke y Thomas E.
O´Hara (New York: Times Books, 1998).

The New Common Sense Guide to Mutual Funds, por Mary Rowland
(Princeton, New Jersey: Bloomberg Press, 1998).

The Only Investment Guide You´ll Ever Need, por Andrew P. Tobias (New York:
Harvest Books, 1999). También existe una versión en español, *La única guía de
inversión que usted necesitará,* (New York: Harvest Books, 1998).

*The Wall Street Journal Book of International Investing: Everything You Need to
Know about Investing in Foreign Markets,* por John A. Prestbo y Douglas R. Sease
(New York: Hyperion, 1998).

CAPÍTULO 5

Cómo comprar una casa

"EL PAN DE TU PROPIA CASA, SIEMPRE ES BUENO"

CUBA

CUANDO EN 1992 HUMBERTO INTENTÓ COMPRAR UNA CASA por primera vez consultó a varios prestadores de crédito para preguntar sobre la posibilidad de un préstamo. Pero invariablemente le decían que no tenía suficiente dinero para la cuota inicial, aun cuando tenía 10.000 dólares ahorrados. El funcionario de préstamos de un banco ni siquiera se molestó en responder a sus llamadas. "Me di por vencido y me fui a Hawaii," dice este administrador de un restaurante de 31 años nacido en México.

En 1996 lo volvió a intentar y lo logró. Humberto y su esposa, junto con su hermano y su cuñada, se las arreglaron para comprar una casa de cuatro habitaciones y dos baños en Renton, Washington, con una cuota inicial de sólo 5.000 dólares del precio total equivalente a 131.000 dólares. *¿Cómo lo hizo?* Contactó y trabajó con *Bedford Falls Funding* en Seattle, uno de los cada vez más abundantes prestadores de crédito que tratan de atraer usuarios latinos.

Bedford Falls Funding tiene funcionarios bilingües que asesoran a los latinos sobre préstamos y les ofrecen orientación e información. "Todo se hizo en español", dice Humberto. "Tenía la confianza de que entendía todo". La compañía hipotecaria acepta historiales de crédito no tradicionales y considera ingresos procedentes de varias fuentes y trabajos de tiempo parcial para aprobar un préstamo.

El sueño americano de poseer una casa se está haciendo realidad para muchos latinos como Humberto, gracias a una economía rigurosa, a las bajas tasas de interés de los préstamos inmobiliarios, a una aplicación más estricta de leyes justas de vivienda y la ampliación de los sectores de la población que sirven como prestadores de crédito y que ahora incluyen a los que compran casa por primera vez y tienen ingresos que oscilan entre bajos a moderados.

Entre 1993 y 1996, el número de propietarios de casa latinos aumentó de acuerdo con un estudio realizado por *Harvard University's Joint Center for Housing Studies*. Estas son las buenas noticias. Las malas noticias son que, como demuestra el censo anterior, a pesar de ese aumento en el porcentaje de propietarios latinos, sólo el 43 por ciento del porcentaje total de latinos eran propietarios de sus casas en 1997, comparado con el 72.3 por ciento de blancos no latinos. Y según el *Federal Financial Institutions Examinations Council*, en el año de 1996 el porcentaje de rechazo de autorización de préstamos o hipotecas era del 34.4 por ciento para los latinos comparado con el 24.1 por ciento para blancos no latinos.

De acuerdo con un informe realizado en 1996 por el *Freddie Mac Corp*, y el *Research Triangle Institute*, llamado *Focus Group Research on Barriers to Minority Homeownership* (Investigación de las barreras a las que se enfrentan las minorías para comprar vivienda) muchos de nosotros no consideramos jamás comprar una casa, debido a la percepción exagerada de la cantidad de dinero que necesitamos para pagar la cuota inicial, la aversión a contraer una deuda demasiado grande, la inquietud de tener que pasar 30 años pagando una hipoteca y el miedo de que nos rechacen un préstamo.

Los latinos que presentan una solicitud hipotecaria, son rechazados algunas veces debido a su puntuación de crédito, un cálculo matemático que determina si vale la pena otorgar el crédito, y que se basa en el historial crediticio tradicional. La puntuación de crédito ignora el hecho de que muchos de nosotros tenemos un destacado historial de crédito no tradicional y unos ingresos adicionales por parte de nuestra familia extendida, que posiblemente vive con nosotros.

Los latinos necesitan saber que hay muchos programas muy accesibles sobre la vivienda y para los compradores de vivienda principiantes, que proporcionan educación gratuita sobre la compra de viviendas, así como descuentos en viviendas que se ubican en zonas de pobreza económica, créditos de impuestos hipotecarios y préstamos inmobiliarios que requieren una cuota inicial de tan sólo un 3 por ciento o menos.

 Comprenda las ventajas y desventajas de poseer una vivienda

Poseer su propia *casita* genera un sentimiento de logro, seguridad e intimidad. Le puede dar más espacio para criar a su familia, acceso a mejores escuelas e implica convertirse en miembro permanente de su comunidad.

El hecho de ser dueño ayuda también a mantener los costos de vivienda estables. Los intereses hipotecarios, los impuestos inmobiliarios locales y algunos gastos de mudanza son desgravables. Y si la vende después de haber vivido en ella por lo menos durante dos años, hasta 500.000 dólares de sus ganancias están exentas de los impuestos sobre la renta si es casado (y hasta 250.000 dólares si es soltero.)

Poseer una propiedad le ayuda a construir *equidad* (valor), que es la diferencia entre el valor justo de una casa en el mercado y la cantidad de la hipoteca que todavía se adeuda. Digamos, por ejemplo, que usted compra una casa por 126.500 dólares —el precio medio de una casa en E.U.— con 20.000 dólares de cuota inicial y 106.500 de préstamo. Su "equidad" en ese momento es entonces de 20.000 dólares. Por eso, a la compra de una casa se le llama algunas veces *"ahorrar a la fuerza"*.

Su equidad aumenta a medida que va pagando la hipoteca y al tiempo que el valor de la casa se incrementa en el mercado. Puede utilizar esta equidad, sin vender la casa, al tomar una segunda hipoteca o *hipoteca subordinada*, o bien un *crédito garantizado por la equidad del hogar* (línea de crédito sobre el valor de la vivienda), para pagar gastos tales como los estudios universitarios de los hijos. En ambos casos, el préstamo está asegurado por la propiedad.

La adquisición de una casa será probablemente la mayor compra que usted hará en su vida; por lo tanto, necesita ser consciente de las posibles desventajas. Durante los primeros años, es muy posible que tenga que efectuar un pago mensual mayor por la hipoteca que el que tenía que hacer por su alquiler. Podría tener que reducir otros gastos.

Aun si el pago de su hipoteca es igual o menor que el de su alquiler, tendrá que enfrentar otros gastos tales como, impuestos sobre propiedad, seguro para propietarios de vivienda, servicios, reparaciones, mantenimiento, incluso muebles integrales y mobiliario. Siempre existe, además, una posibilidad de que el valor de la propiedad disminuya.

Y puede perder su *casita*, su inversión, y su buen historial crediticio, si usted incumple el pago de su préstamo de vivienda, o no realiza sus pagos hipotecarios a tiempo. Si esto sucede, el prestador de crédito puede ejecutar la hipoteca de su casa, lo que significa que se la puede quitar, y venderla a otra persona.

 Determine si será mejor para usted comprar o alquilar.

La sabiduría popular dice que siempre es mejor comprar una casa que alquilarla, esencialmente porque es desgravable. Uno de los mayores beneficios de ser el propietario de una casa es el hecho de que puede deducir el interés anual que paga sobre su hipoteca, si ésta y otras deducciones exceden su deducción estándar, que en 1999 era de 4.300 para solteros y de 7.200 para casados si se presenta una declaración de impuestos conjunta.

Pero si se muda con frecuencia, tiene en alquiler un sitio estupendo en condiciones muy ventajosas, no puede reclamar más que la deducción estándar o tiene impuestos bajos sobre la propiedad, podría ser preferible alquilar. Al ser dueño de una casa, se dificulta y se hace más costosa una mudanza. A menos que planee quedarse en un lugar varios años, podría resultarle imposible recuperar la inversión que hizo en una casa cuando la venda, particularmente si el valor de la propiedad se desploma o se *deprecia*.

En términos generales el alquiler se "come" el 25 por ciento de su pago bruto mensual. Si usted está pagando mucho menos que eso, quizás sea mejor canalizar el efectivo adicional que se está ahorrando cada mes hacia una inversión que le dé una buena tasa de interés, como la de fondos mutuos o hacia un vehículo de inversión como una cuenta individual para la jubilación.

Si está interesado en comprar, aprenda sobre el proceso de comprar una casa.

Lea la sección de bienes y raíces en el periódico, libros sobre compra de casas, sitios en Internet para compradores de vivienda o los múltiples folletos gratuitos ofrecidos por diversas agencias de bienes raíces. *Mientras más lea, mucho mejor.*

Trate de asistir a un taller gratuito de compra de vivienda. Estos seminarios lo encaminarán, paso a paso, a través del proceso de compra de vivienda. También le pueden ayudar a calcular si está económicamente preparado para comprar una vivienda, cómo obtener y revisar su historial crediticio, y dónde encontrar programas accesibles sobre compra de viviendas e información para quienes compran vivienda por primera vez. Muchos le enviarán un certificado de asistencia al taller, lo que resulta relevante para algunos prestadores de crédito.

The Consumer Credit Counceling Service (CCCS), una agencia de asesoría sin ánimo de lucro afiliada a la *National Foundation for Consumer Credit*, ofrece en algunas ciudades un Programa Educativo de Compra de Viviendas. Las ferias de compra de viviendas son patrocinadas también por *el U.S Department of Housing and Urban Affairs* (HUD), y la *Federal National Mortgage Association*, o Fannie Mae, una empresa privada fundada conjuntamente con el gobierno de E.U. para proveer fondos a quienes requieren créditos hipotecarios. Todos estos seminarios se brindan sin costo alguno, y algunos son *en español.*

ACCIÓN: Para averiguar si su CCCS local tiene un programa de instrucción sobre compra de vivienda (Housing Education Program), llame al 800-388-2227. Para solicitar asistencia en compra de vivienda de Fannie Mae, llame al 800-FANNIE. Para conseguir información sobre asesoría en compra de vivienda de HUD, llame al 800-569-4287.

 Entienda todos los costos asociados con la compra de una casa.

Los costos asociados con la compra de una casa están generalmente divididos en dos grupos: los pagos por adelantado, que es l acantidad que debe entregar antes de mudarse a la casa, y los pagos programados, que es lo que pagará mientras vive en la casa.

COSTOS INICIALES

Cuota inicial: Con algunas excepciones, los prestadores de crédito exigen, en términos generales, que los compradores cubran por adelantado una porción del precio de la casa, lo que se conoce como cuota inicial o enganche (*down payment*). El enganche promedio es de alrededor del 20 por ciento del precio total de la casa. Este, con frecuencia, representa el mayor obstáculo para la mayoría de las personas. Por ejemplo, el 20 por ciento de enganche de una casa que cuesta 126.500 es de 25300 dólares, lo que significa que necesitaría pedir un préstamo de 101.200 dólares para completar el resto.

De manera creciente, sin embargo, los prestadores de crédito están comenzando a pedir un enganche de sólo un 3 a un 5 por ciento, y algunos programas, que describimos más adelante en este capítulo, no piden enganche en absoluto. Un menor enganche puede significar una enorme diferencia. Un enganche del 5 por ciento sobre los mismos 126.500 dólares, es de tan sólo 6.325 dólares. Por supuesto, eso significa que tendrá que pedir prestado más dinero —120.175 dólares— para cerrar el trato.

Gastos de cierre: Los compradores y vendedores pueden negociar el pago de gastos de cierre, que son las tarifas asociadas a la liquidación del pago. (Describiremos estos gastos en mayor detalle más adelante en este capítulo). El total de los gastos de cierre generalmente es de un 3 a un 6 por ciento del total del préstamo.

Gastos de mudanza y de los muebles: No se olvide de los gastos de mudanza y de los muebles. La casa también podría necesitar algunas reparaciones antes de que pueda mudarse a ella. Y en términos generales, tendrá que comprar electrodomésticos tales como estufa, refrigerador, lavadora y secadora.

COSTOS PROGRAMADOS

Capital: El pago mensual de la hipoteca consiste en una porción del "capital, interés, impuestos sobre la propiedad, y seguro", o PITI (*principal, interest, property taxes, and insurance*). El capital es la cantidad de dinero que recibió en préstamo. Cuando realiza su pago mensual de hipoteca paga una porción del capital. Durante los primeros años la mayor parte de su pago se destina al pago del interés y no del capital en sí. Esto es conocido como amortización.

Interés: Esta es la cuota que se cobra por utilizar los fondos del prestador de crédito y generalmente se expresa como un porcentaje del monto del préstamo. El interés es desgravable de impuestos si usted lo declara en su declaración de impuestos. El P&I-capital e interés real, depende de la cantidad que le presten, de la tasa de interés, del periodo de reembolso o término, y de si tiene una hipoteca de tasa fija o de tasa variable.

Impuestos: Los impuestos sobre la propiedad se les pagan a los gobiernos locales la cantidad varía según el lugar en el que viva y son desgravables si los detalla en su declaración;

Seguro: El seguro de propiedad de vivienda es exigido por los prestadores de crédito; lo protege de cualquier pérdida financiera sobre su propiedad en caso de catástrofe como un incendio o un tornado. El seguro hipotecario privado (PMI), le reembolsa la suma al prestador de crédito si usted incumple en su pago y podría ser obligatorio si usted pagó un enganche de menos del 20 por ciento.

Cuotas de propiedad en asociación: Si es dueño de un condominio o cooperativa, tendrá que pagar una cuota de propiedad en asociación, también llamada cuota de mantenimiento o cargo de administración. En un condominio usted es dueño de la unidad en la que vive y de una porción del área comunal del edificio. Con una cooperativa usted posee una proporción de las acciones de la empresa que es dueña del terreno, el edificio y otras instalaciones.

Costos misceláneos: Usted será responsable de una serie de otros gastos mensuales, tales como servicios (petróleo, gas, agua, electricidad, teléfono), y gastos de mantenimiento.

ACCIÓN: Fannie Mae ofrece los dos folletos siguientes, tanto en inglés como en español: Opening the Door to a Home of Your Own: A Step-by-Step Home Buying Guide/*Abriendo la Puerta a su Propio Hogar.* Llame al 800-611-9566 para conseguir una versión en inglés y al 800-690-7557 para conseguir una versión en español. Y para conseguir *La guía para residentes recientes: Cómo hacerse ciudadano; cómo hacerse propietario de vivienda* (en inglés; The National New Americans Guide: How to Become a Citizen; How to Become a Homeowner.) Llame al 800-544-9213 para la versión en inglés y al 800-693-7557, para la versión en español. HUD ofrece el siguiente folleto gratuito en inglés y español: *Cómo comprar una casa* (en inglés: The HUD Home Buying Guide.) Llame al 800-767-7468, para conseguir una copia en cualquiera de los dos idiomas.

CÓMO CALCULAR SUS INGRESOS NETOS

BIENES MUEBLES:

Residencia primaria	$_____
Automóviles y/o motocicletas	$_____
Casa vacacional	$_____
Otros bienes de su propiedad (instrumentos musicales)	$_____
Mobiliario y artículos electrónicos	$_____
Joyería y arte	$_____
TOTAL DE BIENES MUEBLES	**$_____**

BIENES LÍQUIDOS Y DE INVERSIONES:

Efectivo/cuentas corrientes	$_____
Bonos y fondos municipales exentos de impuestos	$_____
Cuentas de inversión	$_____
Acciones y acciones de fondos mutuos	$_____
CDs, Coop. crédito, otros ahorros	$_____
Opciones de	$_____
Bonos y bonos de fondos mutuos	$_____
Sociedades limitadas	$_____
Obligaciones con el gobierno E.U.	$_____
TOTAL DE BIENES LÍQUIDOS E INVERSIONES	**$_____**

BIENES DE NEGOCIOS E INVERSIONES INMOBILIARIOS

Cuentas por cobrar	$_____
Negocio(s)	$_____
Inversiones inmobiliarias	$_____
TOTAL DE NEGOCIOS E INVERSIONES	**$_____**

BIENES DE RETIRO

IRAs	$_____
Anualidades	$_____
Keogh o IRA SEP	$_____
401(k) después de impuestos	$_____
Plan de jubilación (por ejm. 401(k) 403(b))	$_____
TOTAL DE BIENES DE JUBILACIÓN	**$_____**

VALOR NETO = VALORES - RESPONSABILIDADES

TOTAL DE VALORES:

$_____

RESPONSABILIDADES

Hipotecia en residencia primaria	$_____
Cuentas de carga	$_____
Hipoteca en residencia vacacional	$_____
Préstamos personales o escolares	$_____
Hipoteca sobre el valor de la casa	$_____
Préstamos sobre inversiones en bienes raíces	$_____
Préstamo de automóvil	$_____
TOTAL RESPONSABILIDADES	$_____

VALOR NETO:

Total de valores	$_____
Total de responsabilidades	$_____
RESTAR LOS VALORES DE LAS RESPONSABILIDADES PARA OBTENER EL VALOR NETO	$_____

CONSEJO   *Evalúe su salud financiera.*

Llegó la hora de descubrir si tiene las *agallas* suficientes como para convertirse en propietario de vivienda. Comience por revisar su historial crediticio, sus reservas de efectivo, su historial laboral, sus ingresos y sus deudas.

Historial crediticio: Su historial crediticio contiene una lista de sus cuentas de crédito, cuando se abrieron, si paga o no sus cuentas a tiempo, cuánto dinero debe todavía y si comparte esas cuentas con otra persona. Si varias personas van a vivir en la casa y van a contribuir al pago mensual de la hipoteca, cada uno tiene que conseguir una copia de su historial crediticio tradicional o no tradicional. (Para más información sobre crédito vea el capítulo 2).

Reservas de efectivo: Algunos prestadores de crédito desean verificar que tiene una reserva de efectivo equivalente a por lo menos dos pagos mensuales de la hipoteca, además del enganche. Estas reservas deben estar en el banco por lo menos durante dos meses antes de comprar la casa. De cualquier forma, algunos prestadores de crédito le permitirán utilizar fondos donados por algún familiar para cubrir una parte de su enganche o de sus gastos de cierre.

Historial laboral: Una medida de estabilidad financiera es cuánto tiempo se ha mantenido en el mismo trabajo o en el mismo tipo de trabajo; lo ideal es que este periodo sea de por lo menos dos años.

Ingresos: Los prestadores de crédito examinarán sus ingresos mensuales netos, qué cantidad de dinero le quedaría si no tuviera que pagar impuestos. Para determinar si tiene suficientes ingresos tras pagar los gastos de su casa, ellos compararán esta cantidad con los costos mensuales que la vivienda generará en el futuro (el PITI más los servicios y el mantenimiento). (Regrese al presupuesto que hizo en el Capítulo 1 para contrastar sus ingresos con sus gastos).

Valor neto: Los prestadores de crédito quieren asegurarse de que usted no está cargando con demasiadas responsabilidades, tales como pagos de préstamos de estudio, préstamos de automóvil y pagos de tarjeta de crédito. Para conseguir crédito, en primer lugar tendrá que presentar documentación de todos sus activos (bienes) y pasivos (responsabilidades). (Para calcular su valor neto, restando sus pasivos de sus activos, vea el recuadro correspondiente).

Razones de elegibilidad: La gran mayoría de los prestadores de crédito quieren que su PITI (capital, interés, impuestos y seguro) mensual no sea de más del 28 por ciento de su ingreso bruto mensual. Una vez hecho esto, verifican que el monto de sus deudas no sea mayor del 36 por ciento de su ingresos brutos mensuales. Estas dos verificaciones son conocidas como *razones de elegibilidad* y son conocidas por los prestadores de crédito tanto como por los acreedores como el "28/36".

Las razones de elegibilidad, sin embargo, pueden cambiar en el caso de que usted esté en condiciones de pagar un mayor enganche o si tiene un historial crediticio perfecto. Algunos programas de compra de vivienda tienen también razones de elegibilidad más indulgentes. Por ejemplo, la del *Fannie Mae Community Home Buyer´s Program* es de 33/38.

 Calcule lo que usted se puede permitir comprar.

Por regla general usted se puede permitir comprar una casa que cueste dos veces y media su ingreso bruto anual. Así que si gana 50.400 dólares al año, usted podría aspirar a recibir un préstamo hipotecario de 126.000 dólares. Esta fórmula, sin embargo, no incluye factores como deudas, enganche, tasa de interés, término o tipo de hipoteca (tasa fija, o tasa va-riable).

Otra manera de calcular lo que puede permitirse es usando una tabla o guía de pagos de deudas, una que puede conseguirse en una librería o con los prestadores de crédito. Estas guías le informan cuáles serían los pagos hipotecarios mensuales para una gama de diversas tasas de interés basadas en el costo de la casa y el monto del enganche. Los impuestos sobre la propiedad y el seguro, desafortunadamente, no están incluidos.

Una manera más detallada de calcular la magnitud de la hipoteca que podría solicitar es utilizando la razón de calificación 28/36. Primero, divida su ingreso bruto anual, por 12 para conseguir su ingreso bruto mensual. Segundo, multiplique su ingreso bruto mensual por 28 por ciento. Tercero,

INTERESES PAGADOS SOBRE UNA HIPOTECA A 30 AÑOS			
	TASAS DE INTERÉS		
MONTO DEL PRÉSTAMO	**7%**	**7.5%**	**8%**
$120,000	$789	$839	$844
$160,000	$1,064	$1,119	$1,174
$200,000	$1,331	$1,398	$1,468
$240,000	$1,587	$1,680	$1,761
$280,000	$1,863	$1,958	$2,055
$320,000	$2,129	$2,237	$2,348

multiplique su ingreso bruto mensual por el 36 por ciento y réstelo de sus pagos de deudas mensuales. La diferencia —que debe ser un número positivo— será el pago máximo a realizar por su hipoteca.

Para determinar el monto del préstamo para el cual podría ser elegible, multiplique su pago máximo mensual de hipoteca por el 80 por ciento (lo cual calcula tanto el capital como la proporción de interés del PITI). Divida el resultado que obtiene por los factores que se muestran a continuación, que representan, lo más aproximadamente posible, el estado actual de las tasas de interés. El resultado será el monto máximo del préstamo al que puede aspirar.

LAS TASAS DE INTERÉS DE FACTOR P&I A 30 AÑOS

5.5 por ciento	.00568
6.0 por ciento	.00600
6.4 por ciento	.00632
7.0 por ciento	.00665
7.5 por ciento	.00699
8.0 por ciento	.00734
8.5 por ciento	.00769
9.0 por ciento	.00805
9.5 por ciento	.00841
10.0 por ciento	.00878
10.5 por ciento	.00915
11.0 por ciento	.00953

Parece confuso, pero si lo convierte en números reales se vuelve mucho más claro. Digamos que su ingreso bruto anual es de 50.400 dólares y sus deudas mensuales son de 400 dólares. Primero, divida 50.400 por 12 para obtener su ingreso bruto mensual de 4.200 dólares. Segundo, multiplique 4.200 por el 28 por ciento para obtener 1.176 dólares. Tercero, multiplique 4.200 por su razón de calificación deuda-a-ingresos permitida del 36 por ciento y réstelo de sus deudas mensuales de 400 dólares, para obtener 1,112 dólares. Este resultado es el máximo de hipoteca mensual que se puede permitir.

Ahora, multiplique 1.112 dólares por el 80%. Divida el resultado de 889.60 dólares entre el factor que represente de forma más aproximada la tasa de interés actual. Usaremos el 7% o un factor de .00699. La máxima cantidad de préstamo para el que califica es de alrededor de 127.267 dólares.

CÓMO CALCULAR EL IMPORTE MÁXIMO DE SU PRÉSTAMO

Para calcular el importe máximo de su hipoteca, usted debe utilizar el menor de dos números —la Razón de Gastos de Vivienda (1) y la Razón de Deuda Total (2). En el caso de nuestro ejemplo se presupone una renta bruta mensual de 4.200 dólares, un pago de deudas total mensual de 400 dólares, una proporción de gastos de vivienda total del 28 por ciento y un total de proporción de deuda del 36 por ciento.

RAZÓN DE GASTOS DE VIVIENDA (1)

Venta bruta mensual	'$4,200
Por 28 por ciento	x.28
Pago máximo permitido de hipoteca (PITI)	$1,176 (1)

RAZÓN DE DEUDA TOTAL (2)

Renta bruta mensual	$4,200
Por 36 por ciento	x.36
Menos el total de los pagos de deudas mensuales	400
Pago máximo permitido de hipoteca (PITI)	$1,112 (2)

ELEGIR EL MENOR ENTRE (1) Y (2) $1,112   (3)

ESTA CIFRA CALCULA SU PAGO MÁXIMO PERMITIDO DE HIPOTECA (PITI), DE ACUERDO CON SU ALQUILER Y DEUDAS BRUTAS MENSUALES ACTUALES.

Multiplique (3) por el 80 por ciento de la proporción de PITI que represente únicamente el pago de C&I	$1,112 (3)
	x.80
Máximo permitido de P&I	$889.60 (4)
Divida (4) entre el factor que represente más	dividido entre.00699
Aproximadamente la tasa de interés actual (7.5%)	

ESTA ES LA CANTIDAD MÁXIMA DE PRÉSTAMO PARA LA QUE USTED ES ELEGIBLE: 127.267 dólares

CONSEJO   ***Establezca sus prioridades de vivienda.***

Trate de reducir el tipo de viviendas que va a considerar. Entre las cosas que hay que considerar figuran el tamaño de la casa,¿casa nueva o vieja?, el tipo de vecindario, las escuelas locales, el tipo de vivienda (unidades para personas solteras, condominio, unidades habitacionales, o cooperativa), la ubicación (proximidad a transporte público o al trabajo), y características especiales, tales como garage o estacionamiento adecuado

Trate de ser flexible, sobre todo si es la primera vez que compra una casa. Después de que esa primera vivienda ya tenga un valor acumulado, puede cambiarla por la casa de sus sueños. No obstante, hay ciertas cosas con las que no debe ser flexible, como por ejemplo el número de cuartos o la ubicación. Siga buscando hasta que encuentre algo que sea adecuado. No se deje llevar por el entusiasmo y no compre una vivienda sólo porque el vendedor le dice que es un buen negocio.

CONSEJO   ***Precalifique para un préstamo hipotecario.***

Antes de empezar a buscar en serio una casa, debería consultar a un prestador de crédito y conseguir una precalificación para un préstamo hipotecario. La precalificación no le garantiza que el prestador de crédito le apruebe una hipoteca. Simplemente le dice si en principio, usted resulta elegible para una hipoteca y cuál es la cantidad de préstamo que se le puede otorgar.

La información que necesita presentar para conseguir una precalificación incluye: sus ingresos, sus activos, su historial crediticio, deudas y gastos, así como información general, como su nombre, edad, estado civil, número de hijos, dirección y número de teléfono. La precalificación es generalmente válida durante 60 días.

Para obtener una precalificación no debe pagar cuota alguna. Si el prestador de crédito intenta cobrarle por el servicio, haga su trámite en otra parte.

 CONSEJO   ***Contrate los servicios de un profesional de bienes raíces para ayudarle a encontrar una vivienda.***

En términos generales, usted puede contratar los servicios de un agente

inmobiliario en forma gratuita. Esto se debe a que los agentes casi siempre representan los intereses de los vendedores, y cobran una comisión basada en el precio de venta de la casa.

Los agentes le pueden ayudar a calcular lo que se puede permitir, le mostrarán casas que reúnan sus condiciones, le darán los precios y las tasas de interés de la propiedad, presentarán su oferta al vendedor y le ayudarán a conseguir financiamiento y otros servicios. Le pueden decir dónde quedan las escuelas más cercanas e informarle acerca de otros servicios de la comunidad. Además los agentes tienen listas computarizadas que pueden ayudarle a encontrar viviendas que cumplan con sus requisitos.

Sin embargo, como los agentes suelen trabajar para los vendedores, puede crearse un conflicto de intereses. Podrían decirle al vendedor cualquier cosa que pueda resultar provechosa para ellos, como el precio máximo que usted está dispuesto a pagar por la casa. De cualquier forma, también están obligados a responder honestamente a sus preguntas y a informarle acerca de cualquier defecto grave que tenga la vivienda y que esté a la vista.

¿Qué puede hacer para protegerse de un agente deshonesto? Nunca revele a un agente que trabaje para el vendedor, el precio máximo que está dispuesto a pagar. Es mejor contratar a un agente de comprador que trabaje a su favor. El agente del comprador compartirá la comisión con el agente del vendedor, así que usted no tendrá que pagar ni un *centavo* por este servicio.

Una de las mejores maneras de encontrar un buen agente es pedir recomendaciones a sus familiares y amigos que hayan comprado una casa recientemente. Recorra un par de veces los vecindarios en los que está interesado y consiga los nombres y números de teléfono de los agentes apuntados en los letreros de "En Venta" ("For Sale"); hable con los agentes anfitriones de una "casa abierta" (*"open house"*).

Si se siente más cómodo hablando en español, busque avisos de agentes inmobiliarios bilingües en el periódico local y el directorio telefónico. Además, Century 21, la mayor compañía residencial de bienes raíces, tiene un número sin costo al que puede llamar 888-988-2272, para localizar un agente en su área que hable español.

Cuando está visitando viviendas, tome notas y fotografías para que pueda comparar los precios y las características más adelante. Revise el interior y exterior de la casa, el diseño del exterior y las dimensiones de los armarios y la bodega. Averigüe si tiene cocina integral o muebles empotrados y si los sistemas de plomería, electricidad, aire acondicionado y calefacción funcionan correctamente.

Cuando encuentre una casa que realmente le guste, *mírela bien*. Vuelva a verla por la mañana y por la tarde, en las horas pico y por la noche. Visítela entre semana y de nuevo durante el fin de semana. Esto le dará una idea del nivel de concurrencia, ruido y peligro es o no es el vecindario.

 Consiga una pre-aceptación para un préstamo antes de hacer una oferta por la casa.

La pre-aceptación certifica si usted reune las condiciones necesarias para un préstamo y qué tan grande puede ser el préstamo. La pre-aceptación, de hecho, autoriza el préstamo. Asegúrese de estar pre-aceptado para un préstamo antes de hacer una oferta por una casa, sobre todo si encuentra un prestador de crédito que le ofrezca un buen trato. Un vendedor estará más dispuesto a negociar si sabe que usted puede conseguir un préstamo. Y la pre-aceptación que generalmente es válida por sesenta días, podría ayudar a reducir el tiempo que toma finalizar un trato.

 Aprenda cómo hacer una oferta y negociar una compra.

Cuánto debe ofrecer depende del precio de cotización de la casa, el estado en que se encuentra, las circunstancias que rodean la venta, cuánto se puede permitir usted y los términos financieros.

Pídale a su agente un análisis comparativo del mercado o CMA, de la casa. Este es un reporte que incluye los precios de cotización de casas similares de venta que están a la venta o que han sido vendidas en los últimos meses.

Antes de hacer una oferta, inspeccione la casa con el mayor cuidado posible y pregúntele al agente y al dueño si la casa tiene algún problema de importancia. Si lo tiene, pero de todos modos usted quiere comprar la casa, calcule cuánto puede costar hacer las reparaciones y pídale al vendedor que reduzca a esa cantidad el precio de venta.

Cuando haya decidido cuánto ofrecer, averigüe cuánto tiempo ha estado la casa a la venta, si el precio ha disminuido, cuánto pagó el vendedor por ella y cuándo, y cuánto valor (equidad) ha reunido el vendedor. Si el vendedor tiene prisa por vender, probablemente usted pueda obtener un negocio más ventajoso. Su agente debe tener esta información.

Para hacer una oferta, usted le da a su agente un acuerdo de compraventa escrito y firmado, que indica su voluntad de comprar la casa por un precio dado, bajo términos específicos. El agente, entonces, le presenta su oferta al vendedor. Usted puede escribir el acuerdo por sí mismo, pero le recomendamos contratar a un agente o a un abogado.

También tiene que proponer un pago de buena voluntad, conocido como fianza, para mostrar que realmente quiere comprar la casa. La cantidad varía según la ubicación, pero el cheque debe ser hecho a nombre de la compañía de bienes raíces del agente, no al del vendedor.

La fianza es depositada en una plica, o fideicomiso. Si el vendedor acepta su oferta, el dinero será acreditado al pago inicial y a otros costos. Si el vendedor rechaza su oferta, el agente le devolverá la fianza. Pero si el vendedor acepta su oferta y usted se retracta, podría perder el dinero.

El acuerdo de compraventa debe incluir una descripción legal de la propiedad, la cantidad de la fianza, el monto de su oferta, el monto del enganche y cómo piensa financiar el resto las pertenencias personales que se quedarán en la casa, una propuesta de fecha de cirre y de fecha de herencia, por cuánto su oferta es válida, y una lista de contingencias.

Las contingencias son condiciones en el contrato que deben cumplirse para que éste tenga efecto. En términos generales establece que el trato será cancelado y el dinero de la fianza le será devuelto, si no puede conseguir el financiamiento en los términos que usted ha especificado.

La contingencia de inspección le da el derecho a retractarse del trato o renegociar los términos de compra en el caso de que una inspección descubra algún o algunos problemas de importancia en la estructura o sistemas de funcionamiento de la vivienda. La mayor parte de las inspecciones cuestan entre 200 y 350 dólares.

Después de que un agente presente su oferta al vendedor, el vendedor puede aceptarla, rechazarla o hacer una contraoferta. Si el vendedor acepta la oferta, el contrato se vuelve obligatorio. Si el vendedor rechaza la oferta, el dinero de la fianza le será devuelto. Si el vendedor hace una contraoferta, ésta debe presentarse por escrito para que el agente a su vez se la presente a usted.

Este juego de "ping-pong" puede durar un buen rato. *Tenga paciencia*. A la

larga, llegará al punto en que usted o el vendedor se niegue a seguir nego-
ciando. Cuando esto ocurre puede simplemente desistir o bien aceptar la oferta final del vendedor. Antes de hacerlo, sin embargo, tal vez podría solicitar al
vendedor que le conceda beneficios financieros adicionales, tales como encargarse de pagar el título de propiedad, la inspección u otros costos del acuerdo.

ACCIÓN: Para ponerse en contacto con miembros locales del American
Society of Home Inspectors, llame al 800-734-2744. Freddie Mac ofrece un
folleto en inglés y español: *Consumer Home Inspection Kit*. Para solicitar
una copia llame al 800-FREDDIE.

*Visite por lo menos a seis prestadores de crédito
diferentes cuando esté buscando una hipoteca.*

Después de firmar el contrato de venta, tendrá entre treinta y sesenta días
para conseguir una hipoteca. Acuda a por lo menos seis prestadores de crédito diferentes, incluyendo bancos, cajas de ahorro, cooperativas de crédito,
compañías hipotecarias e incluso, compañías en Internet, si esto último le es
posible. (para sitios en Internet de compra de viviendas vea la lista correspondiente).

Puede contratar a un agente hipotecario, si prefiere tratar directamente
con una persona. Los agentes no hacen préstamos sino que actúan de inter-
mediarios poniendo en contacto a los prestadores de crédito y a los deudores
por una cuota que paga el solicitante de crédito, el vendedor o el prestador de
crédito. Los agentes pueden ser particularmente útiles si usted tiene una
situación o necesidad especial, como un historial de crédito malo o un
enganche bajo.

ACCIÓN: Para conseguir una lista de agentes hipotecarios en su región
escriba a *la* National Association of Mortgage Brokers al 8201 Greensboro
Drive, Street 300, McLean, VA 22102. Fannie Mae también ofrece un folleto
gratuito llamado *Choosing the Mortgage That's Right for You*/*Cómo escoger
el Mejor Préstamo Hipotecario*. Llame al 800-611-9566 para conseguir una
versión en español y al 800-782-2729 para hablar con una operadora en
español.

SITIOS EN INTERNET PARA COMPRADORES DE VIVIENDA

BANK RATE MONITOR	www.bankrate.com/
BANX QUOTE	www.banxquote.com/
CYBERHOMES	www.cyberhomes.com/
E-LOAN	www.eloan.com/
FANNIE MAE	www.fanniemae.com/
FREDDIE MAC	www.freddiemac.com/
HOMEBYNET	www.homebynet.com/
HOMESEEKERS	www.homeseekers.com/
HOMESHART	www.homwshark.com/
HUD	www.hud.gov/
INTUIT	www.quickenmortgage.com/
KEYSTROKE FINANCIAL	www.keystrokenet.com/
LOANGUIDE	www.loanguide.com/
MOVEQUEST	www.movequest.com/
REALTOR.COM	www.realtor.com/
REALTYLOCATOR	www.realtylocator.com/
U.S. DEPARTMENT OF VETERAN AFFAIRS	www.va.gov/

CONSEJO *Decida la clase de hipoteca que quiere.*

Tiene que decidir si quiere una hipoteca de tasa de interés fija, que es la más común, o una hipoteca de tasa de interés variable.

Hipoteca de tasa de interés fija: Una hipoteca de tasa de interés fija tiene la misma tasa de interés durante todo su plazo, que es generalmente de 30 años. Sus pagos de capital y de intereses permanecen fijos a lo largo del préstamo, aunque la proporción de interés capital cambia con cada pago mensual, y sus impuestos y los pagos de seguro se incrementan.

Una gran ventaja de las hipotecas de tasa de interés fija, es la tranquilidad mental que conlleva el saber que sus pagos mensuales no se modificarán. Otra, es que si las tasas de interés se desploman, podrá volver a financiar o finiquitar su préstamo hipotecario antiguo por otro con una tasa mejor.

Hipoteca de tasa de interés variable: Con una hipoteca de tasa de interés variable (ver tabla), los prestadores de crédito ajustan la tasa de interés del préstamo de su casa, generalmente no más de una vez al año. En este caso, las tasas están determinadas por un índice económico, como el título del Tesoro a un año más un número fijo de puntos porcentuales.

Ya que en este caso, usted corre el riesgo de que las tasas de interés se incrementen, las tasas iniciales tienden a ser menores que las de las hipotecas de tasas de interés fijas. Esto reduce sus pagos mensuales de hipoteca al principio, pero si las tasas de interés se disparan puede terminar pagando mucho más de lo que hubiera pagado con una hipoteca de tasa de interés fija.

Los propietarios de casa gozan, de hecho, de cierta protección. Por ley todas las hipotecas de tasas de interés variables tienen un tope, el cual limita los cambios anuales de tasa entre periodos de ajuste y limita cuánto puede incrementarse la tasa a lo largo del préstamo. Estos topes son generalmente del 2 y del 6 por ciento, respectivamente.

Sea cual sea la clase de hipoteca, usted necesita comparar los factores siguientes:

Enganche o cuota inicial: En algunos casos, usted probablemente tendrá que comprar un seguro hipotecario privado (PMI), si su enganche es menor al 20 por ciento. Pregunte a los prestadores de crédito cuál es el enganche mínimo que permiten, con o sin PMI.

Seguro hipotecario privado: El costo de un seguro hipotecario privado depende de varios factores, entre ellos, el monto del enganche, el tipo de hipoteca, y el monto de cobertura del seguro. En términos generales, entre menor sea el monto del enganche, mayores serán las primas del PMI, que cubren un rango que varían del .005 por ciento al .0085 por ciento del préstamo. Las primas normalmente se incluyen en el pago mensual de la hipoteca. Usted también puede adquirir una póliza de seguro pagada por el prestador de crédito, aunque probablemente si la adquiere de esa manera, tendrá que pagar una mayor tasa de interés por su hipoteca.

Tasa de interés: La tasa de interés determina el monto del préstamo que usted puede solicitar, así como los pagos hipotecarios mensuales que tendrá que hacer. Las diferencias entre las tasas de interés, aparentemente pequeñas, pueden tener un gran impacto en su pago. El pago hipotecario mensual de un préstamo de tasa de interés fija a treinta años, de 120.000 dólares al 7.5 por ciento sería de 839 dólares (esto no incluye impuestos ni seguro). Pero se reduce a 798 dólares con una tasa de interés del 7 por ciento.

Puntos: Algunos prestadores de crédito cobran por adelantado un cargo adicional por originación de préstamos descritos en términos de puntos. Cada punto equivale al uno por ciento del monto total del préstamo. Un punto de un préstamo de 120.000 dólares, por ejemplo, sería de 1.200 dólares. Entre más puntos pague, más baja debería ser su tasa de interés. Los puntos pueden ser pagados por el comprador tanto como por el vendedor, pero de cualquier forma son desgravables para el comprador.

Tasa anual: La tasa anual o APR, toma en cuenta la tasa de interés en un momento dado, el interés compuesto mensual, los puntos y algunos gastos de cierre. Es por eso que el APR es, generalmente, unas cuantas décimas porcentuales mayor que la tasa de interés establecida.

Penalidades por pre-pago: Algunos prestadores de crédito le cobrarán una cuota si usted liquida su hipoteca antes de un periodo específico de tiempo. Busque un préstamo que no tenga penalidades por pre-pago, si piensa que hay posibilidades de que venda su casa y liquide la hipoteca antes del plazo establecido o si piensa refinanciar su hipoteca en caso de que la tasa de interés se desploma.

Fijación de tasa: La tasa de interés que cotiza un prestador de crédito cuando usted solicita el préstamo, podría ser distinta a la que esté vigente cuando cierre el préstamo. Para protegerse contra las fluctuaciones, pídale al prestador de crédito que mantenga o fije la tasa de interés que fue establecida originalmente. Esto puede o no causar un cargo adicional. (Vea la lista que explica como comparar hipotecas).

Evite el "financiamiento creativo" y no acelere sus pagos hipotecarios mensuales, a menos que esté seguro que se lo puede permitir.

Alerta para bobos: Evite las hipotecas de incremento paulatino, de pagos graduados, de valor graduado y las hipotecas de plusvalía compartida. Y acuda a un consejero financiero de confianza antes de solicitar una hipoteca a quince años o una quincenal.

Un préstamo de tasa de interés fija a quince años, implicará tasas de interés menores que las de los préstamos a 30 años. También creará valor mucho mas rápidamente aunque sus pagos hipotecarios mensuales serán más altos. Para mucha gente puede resultar mejor pagar menos cada mes con una hipoteca a treinta años, y utilizar el dinero adicional para realizar otras inversiones.

Con una hipoteca quincenal, la mitad de su pago hipotecario mensual es deducido automáticamente de su cuenta corriente cada dos semanas. Este plan acumula trece pagos por año, en vez de doce, lo que puede reducir una hipoteca de tasa de interés fija de treinta a veintidós años. (Con una hipoteca de tasa de interés variable, las condiciones de pago no cambiarán, pero cada pago mensual será menor porque estará pagando capital adicional). Vale la pena repetir que puede ser mejor pagar menos en una hipoteca mensual e invertir el dinero adicional en otra parte.

ACCIÓN: HSH Associates proporciona un equipo llamado Homebuyer's Mortgage Kit, por$20 dólares, que incluye las tasas de interés hipotecario de la mayor parte de los prestadores de crédito en su región y un manual de cómo comprar una hipoteca. Llame al 800-UPDATES para conseguir más información. Busque también información al respecto en los periódicos locales y en los sitios de Internet. Información pregrabada de las últimas tasas de interés, está disponible también si llama al Federal Home Loan Mortgage Association, o "Freddie Mac", una compañía privada fundada por el Estado para suministrar fondos a los prestadores de crédito hipotecario, al 888-780-2060. Fannie Mae ofrece un folleto gratis llamado Choosing the Mortgages That's Ligth for You. Llame al 800-611-9566 para una versión en inglés y al 800-690-7557 para una versión en español.

 CONSEJO | *Prepárese para la solicitud de préstamo y la entrevista.*

Una vez que elige un prestador de crédito, debe conseguir una copia de la solicitud de préstamo, hacer una cita para entrevistarse con el funcionario de préstamos e investigar qué documentación necesita presentar en la entrevista.

Hunda el pedal del acelerador. Usted puede acelerar el proceso del préstamo al presentar el contrato de compra de la casa, sus números de cuentas bancarias, la dirección de su banco y su último extracto de cuenta, sus recibos de pagos, las formas W-2 de los últimos dos años u otras pruebas de empleo o salario, información acerca de sus deudas, incluyendo los números

LISTA DE VERIFICACIÓN DE HIPOTECAS

Compare los puntos siguientes cuando está eligiendo entre distintos lugares para adquirirla.

☐ ¿Cuál es la tasa de interés?

☐ ¿La tasa de interés es fija o variable?

☐ ¿Cuál es el plazo de vencimiento del préstamo?

☐ ¿Cuál es el enganche mínimo permitido?con y sin seguro hipotecario privado?

☐ ¿Si el seguro hipotecario privado es obligatorio, ?cuánto cuesta y por cuánto tiempo debe mantenerse?

☐ ¿El prestador de crédito está cobrando "puntos"?; de ser así ¿como afectan éstos la tasa de interés?

☐ ¿Cuál es la tasa anual?

☐ ¿Existen penalidades por prepago?

☐ ¿Cómo y cuándo puede usted fijar la tasa?, y ¿existe un cargo por hacerlo?

☐ ¿La plica es obligatoria?

☐ ¿Tiempo que tardan en tramitar el préstamo?

☐ ¿Cuál es la previsión de costos de cierre?

de préstamos y tarjetas de crédito y los nombres y direcciones de sus acreedores, así como los documentos comprobantes de hipotecas o de pagos de alquiler que haya hecho en el pasado.

Al tramitar el préstamo, el prestador de crédito está interesado fundamentalmente en la propiedad, en su estabilidad financiera, y en su historial crediticio. Usted, probablemente, tendrá que pagarle a un perito tasador para que evalúe la casa. El prestador de crédito solicitará a las agencias su historial crediticio y verificará toda la información financiera de su solicitud.

Después de que la solicitud haya sido firmada, lo más probable es que tenga que pagar una cuota de solicitud no reembolsable, para cubrir los gastos del tasador y de su historial crediticio. Es posible que se vea forzado a aceptar el monto del préstamo que le ofrezcan o que, si su solicitud sea rechazada, tenga que pagarle al prestador de crédito los gastos de tramitación.

Por ley el prestador de crédito tiene que enviarle un informe de veracidad en contratos de préstamo durante los tres días posteriores a haber recibido su solicitud de préstamo inicial. Este informe revela el APR y otros términos del préstamo, tales como el cargo financiero, la cantidad financiada, y el total de pagos requeridos. También financiada, y el total de pagos requeridos. También encontrará "un presupuesto previo" de los costos de cierre.

Cuando el préstamo se apruebe recibirá una carta de compromiso o una oferta formal de préstamo. También le darán un periodo específico de tiempo, durante el cual tiene que aceptar la oferta. La carta establecerá el monto del préstamo, el plazo de pago, la cuota de originación del préstamo, los puntos, y el PITI (capital, interés, impuestos y seguro).

 Entienda cómo cerrar el trato.

La fecha de cierre —la reunión en la que el préstamo es aprobado en forma definitiva, se emite su hipoteca y recibe las llaves de su nueva casa— se programa cuando usted haya aceptado el pagaré. El agente generalmente coordina esta fecha con el comprador, el vendedor, el prestador de crédito y el agente de cierre.

Dependiendo del Estado en que vive, el agente de cierre puede ser el prestador de crédito, un agente inmobiliario, un abogado que representa al vendedor o al comprador, una compañía de plica, el afianzador, o una compañía aseguradora de títulos (*escrituras.*)

Un estudio de título (*escrituras*), pagado generalmente por el comprador, es obligatorio antes del cierre. Un estudio de título asegura que el vendedor es el verdadero dueño de la propiedad. También determina si algunos acreedores o el Internal Revenue Service (IRS) han impuesto cualquier gravamen o reclamo legal, contra la propiedad por cuentas o impuestos pendientes. El vendedor debe pagar cualquier reclamación pendiente, antes o en el momento del cierre.

A menudo, el prestador de crédito exigirá un seguro de título que brinda protección contra los defectos del título. Existen dos tipos de pólizas: la póliza del prestador de crédito que lo protege si se descubre un problema con el título después de que la propiedad ha sido comprada, y la póliza de propietario que lo protege a usted contra la misma situación.

Algunos prestadores de crédito también exigen una inspección, pagada por el comprador, para confirmar los límites de la propiedad. En muchos estados se exige un certificado de una compañía de inspección de termitas, que establezca que la propiedad está libre de una infestación visible de termitas o de daños producidos por estas. Por lo general el vendedor paga por esta última.

El cierre del trato se lleva a cabo, generalmente, en una reunión formal a la que asisten el comprador y el vendedor, el agente, los representantes del prestador de crédito, y la compañía de título. En algunos casos, sin embargo, no hay reunión alguna. En su lugar, un agente de plica tramita toda la papelería y reúne y desembolsa los fondos.

El prestador de crédito está obligado por ley a darle un folleto llamado *Buying Your Home: Settlement Costs and Helpful Information*. Si el prestador de crédito no lo hace así, puede conseguir una copia llamando a su agencia inmobiliaria o a una oficina regional HUD.

Aunque probablemente no se exija la presencia de un abogado, sería una buena idea que usted contratara uno para que revise el contrato. Pídale que le recomienden un abogado y póngase en contacto con su asociación local de abogados para conseguir referencias sobre abogados especializados en bienes raíces.

Durante el cierre, muchos documentos serán explicados y firmados. Ellos incluyen:

HUD-1 Acuerdo Contractual: Esta forma es obligatoria por ley y es llenada por el agente de contrato que efectúa el cierre. Esta forma especifica los servicios provistos y hace una lista los cargos del comprador y del vendedor; ambos deben firmarlo. La forma debe ser presentada al comprador por lo menos 24 horas antes del cierre.

La nota: La nota es un pagaré legal que representa la promesa de pago hecha al prestador de crédito de acuerdo con los términos establecidos. La nota incluye la fecha en que sus pagos deben ser efectuados, dónde deben enviarse o realizarse y las penalidades que conlleva el incumplimiento del pago.

La hipoteca: La hipoteca es un documento oficial que asegura la nota y le da al prestador de crédito el derecho legal de embargar la vivienda si el comprador incumple en el pago. En algunos estados se utiliza un título de propiedad (escritura) en fideicomiso en lugar de la hipoteca (vea abajo). En este caso, el comprador recibe el título de propiedad, pero firma un título en fideicomiso que cede el título a un tercero llamado fideicomisario. El fideicomisario guarda el título hasta que el préstamo se paga por completo.

Título de propiedad: El título de propiedad (escritura) transfiere la propiedad del vendedor al comprador. El vendedor debe llevar el título al cierre y éste debe estar debidamente firmado y certificado por un notario.

Gastos de cierre: Los gastos de cierre —tanto la cantidad como quién los paga— pueden ser negociados entre el comprador y el vendedor. Independientemente de esto, dichos gastos incluyen: La cuota de originación de préstamo que cubre los gastos de la tramitación del préstamo; los puntos; la tarifa de valor; la cuota por solicitud del historial crediticio; la cuota de apropiación, si usted se hace cargo de los pagos de un préstamo previo al vendedor; los pagos adelantados del interés; el seguro hipotecario privado, el seguro contra riesgo, las cuentas de plica, o reservas; los costos de título; las cuotas de consignación y transferencia; los cargos adicionales tales como cuotas de catastro o de inspección de termitas y los ajustes.

En términos generales, el agente de cierre no liberará los cheques al vendedor ni al agente inmobiliario hasta que la hipoteca o título de propiedad en fideicomiso sea firmado y el título se inscriba en el registro de títulos o en la oficina correspondiente del condado.

Sepa dónde acudir si considera que su solicitud de préstamo le ha sido negada injustamente.

El prestador de crédito está obligado a explicar su decisión por escrito en el caso de que rechace su solicitud de préstamo. Si la explicación es insatisfactoria o poco clara, acuda personalmente al oficial de préstamo y solicite una explicación, así como sugerencias acercade lo que puede hacer para que se lo conceda en el futuro. Si considera que ha sufrido un trato discriminatorio, presente una queja al prestador de crédito y en la agencia reguladora del prestador de crédito así como en la *Office of Fair Housing and Equal Opportunity del HUD* al 800-669-9777.

CONSEJO   ***Aprenda cuándo y cómo refinanciar su hipoteca.***

La mayoría de los expertos recomienda refinanciar su hipoteca cuando el índice del mercado esté por lo menos dos puntos porcentuales por debajo de la tasa de interés de su préstamo. *Pero tenga cuidado.* Las cuotas asociadas al refinanciamiento de hipotecas podrían superar los dos puntos ahorrados, a menos que planee quedarse en la casa por lo menos durante tres años más.

Cuando refinancie, tendrá que pagar entre el tres y el seis por ciento del capital pendiente de su préstamo en gastos de cierre, más cualquier penalidad de pre-pago.

En cualquier caso usted podría reducir gastos de otras maneras. Si usted refinancia con el mismo prestador de crédito con el que tramitó y obtuvo su préstamo original, el prestador de crédito, en algunas ocasiones, suspenderá las cuotas de tasación o las penalidades de pre-pago, y negociará las tasas de interés y los puntos.

ACCIÓN: Un folleto llamado *A Consumer's Guide to Mortgage Refinancings* describe los costos del refinanciamiento y le ayuda a determinar si refinanciar es conveniente para usted. Para conseguir una copia envíe 0.50 centavos al Consumer Information Center, Pueblo, CO 81009. Asegúrese de especificar el nombre del folleto y su identificacíon ID #331E. También está disponible sin costo en sitio de Internet, www.pueblo.gsa.gov/.

 CONSEJO *Investigue sobre programas accesibles de propiedad de vivienda y de comprador de vivienda por primera vez.*

La elegibilidad para los programas de comprador de vivienda por primera vez o de ingresos bajos a medianos, ofrecidos a nivel local, estatal y nacional, está basada, en términos generales, en sus ingresos y el tamaño de la casa. También se toman en cuneta los montos de los préstamos.

El término "comprador de vivienda por primera vez", sin embargo, no es tan estricto como parece. En la mayor parte de los casos, usted puede ser considerado elegible para un programa de compra de vivienda por primera vez, siempre y cuando no haya poseído una casa en los últimos tres años. Aquí hay una muestra de algunos de estos programas:

Privado: Pregúntele a los prestadores de crédito si tiene programas para compradores de vivienda por primera vez o de ingresos bajos a moderados. Algunos de estos programas requieren un pago inicial de tan sólo un 3 por

AYUDA ESTATAL PARA COMPRADORES DE VIVIENDA

Las llamadas realizadas en las agencias de vivienda estatales del Distrito de Columbia y Puerto Rico a los números 800 y 888 son sin costo si se realizan dentro de los estados respectivos.

ALABAMA	333-244-9200/800-325-2432
ALASKA	907-338-6100/800-478-AHFC
ARIZONA	602-280-1365
ARKANSAS	501-682-1365
CALIFORNIA	800-789-CHFA
COLORADO	303-297-2432/800-877-2432
CONNECTICUT	860-721-9501/800-533-9208
DELAWARE	302-577-3720
DISTRICT OF COLUMBIA	202-408-0415
FLORIDA	904-488-4197
GEORGIA	404-679-4840/800-359-4663
HAWAII	808-587-0604
IDAHO	208-331-4882/800-526-7145
IOWA	515-242-4990/800-432-7230
KANSAS	785-296-5865/800-752-4422
KENTUCKY	502-564-7630/800-633-8896
LOUISIANA	504-342-1320
MAINE	207-626-4600/800-452-4668
MARYLAND	410-514-7007/800-638-7781
MASSACHUSETTS	617-854-1000/800-882-1154
MICHIGAN	517-373-8370/800-327-9158
MINNESOTA	612-296-7608/800-710-8871
MISSISSIPPI	601-354-6062/800-544-6960
MISSOURI	816-759-6600
MONTANA	406-444-3040/800-761-6264
NEBRASKA	402-434-3900/800-204-6432
NEVADA	702-687-4258/800-227-4960
NEW HAMPSHIRE	603-472-8623/800-649-6879
NEW JERSEY	609-278-7400/800-654-6873
NEW MEXICO	505-843-6880/800-444-6880
NEW YORK	212-688-4000/800-382-4663
NORTH CAROLINA	919-781-6115

North Dakota	701-328-8080/800-292-8621
Ohio	614-466-7970/888-643-2636
Oklahoma	405-848-1144/800256-1489
Oregon	503-986-2000
Pennsylvania	717-780-3800/800-822-1174
Puerto Rico	787-765-7577
Rhode Island	401-751-5566/800-427-5560
Sout Carolina	803-540-4251
South Dakota	605-773-3181/800-540-4251
Tennessee	615-741-2400/800-228-8432
Texas	512-475-3800/800-792-2119
Utah	801-521-6950/800-284-6950
Vermont	802-864-5743
Virginia	804-782-1906/800-968-7837
Washington	206-464-7139/800-67-HOME
West Virginia	304-345-6475/800-933-9843
Wisconsin	608-266-7884/800-33-HOUSE
Wyoming	307-265-0603/800-273-4635

ciento, de los cuales un 1 o 2 por ciento puede provenir de un donativo (se les llama hipotecas 3/1 o 3/2). Otros programas ofrecen préstamos personales para ayudarle a cubrir el enganche y los gastos de cierre.

Locales: Cada año, muchas ciudades y condados ofrecen a los propietarios un número limitado de Certificados de Crédito Hipotecario, que brindan créditos sobre impuestos de hasta un 20 por ciento en la deducción anual de intereses sobre hipotecas. Las segundas hipotecas (*silent second mortgages*) de bajo interés, que no tienen que ser pagadas antes de que pasen variospor años, están también disponibles para ayudarle con los pagos iniciales.

Un número de unidades habitacionales completas o unidades habitacionales individuales están, además, reservadas para compradores de vivienda por primera vez y de ingresos bajos a moderados. Para conseguir más información llame a la agencia de bienes raíces de su ciudad o condado. (los números están listados en las páginas gubernamentales de su directorio telefónico).

Estatales: La mayoría de los estados tienen programas de vivienda bastante accesibles. En California, por ejemplo, el *California Housing Finance Administration* brinda un programa que exige un enganche de tan sólo un 3 por ciento. (para ver una lista de agencias estatales de vivienda y números telefónicos, vea el cuadro correspondiente)

Federales: El *U.S. Department of Veteran's Affairs* ofrece préstamos de vivienda que no requieren de enganche alguno a veteranos elegibles. (Algunos estados también ofrecen sus propios programas de préstamos de vivienda a los veteranos). Los préstamos, generalmente, no pueden exceder los $203,000 dólares, y los compradores pueden negociar la tasa de interés con los prestadores de crédito. En estos programas no se exige la compra de un seguro hipotecario privado.

ACCIÓN: Para contactar con el U.S. Department of Veteran's Affairs, o para conseguir el número de su oficina estatal de Veteran's Affairs, llame al 800-827-1000.

Los programas Freddie Mac, para compradores de vivienda de ingresos bajos a moderados, exigen un enganche de tan sólo un 3 por ciento, o brindan ayuda con los gastos de cierre. También pueden adquirirse viviendas a través del programa de Freddie Mac, con un enganche del 5 por ciento. El préstamo máximo en 1998 era de 227.150 dólares. No se exige tasación, cuota de solicitud, o seguro hipotecario privado.

ACCIÓN: Para conseguir información sobre el programa Freddie Mac's HomeSteps, llame al 800-972-7555.

El *Rural Housing Service of the Farmers Home Administration* tiene un programa, que proporciona préstamos, subvenciones, y garantías de préstamos a los residentes rurales de muy bajos a medianos ingresos. Las tasas de interés son bajas, no se exige enganche alguno y el monto máximo del préstamo varía según la ubicación.

ACCIÓN: Para conseguir información sobre los programas para residentes rurales, póngase en contacto con su oficina estatal de *Rural Housing Service* o llame al 202-720-4323.

Fannie Mae ofrece al menos diez programas accesibles de compra de vivienda a través de una red de prestadores de crédito. Los enganches pueden ser tan bajos como de un 3 por ciento. Los requisitos de ingresos sonmás bajos. Se pueden conseguir donaciones, becas, o préstamos para gastos de cierre. Los requisitos de reserva de efectivo son más bajos o inexistentes.

Además, tiene a su disposición segundas hipotecas; así como los arrendamientos con opción de compra, en los cuales una porción de su pago de alquiler se deposita en una cuenta de ahorro, para que al acumularse pueda ser utilizado posteriormente para pagar el enganche. En este caso se acepta un historial crediticio no tradicional. En 1998, el monto máximo de un préstamo era de 227.150 dólares y no se exiga un seguro hipotecario privado.

ACCIÓN: Para conseguir información sobre los programas Fannie Mae, llame al 800-688-HOME o al 800-732-6643.

El programa *Officer Next Door* hace las viviendas protegidas (HUD-owned) más accesibles para los agentes policíacos, otorgando un 50 por ciento de descuento. Estos programas también solicitan un enganche de tan sólo 100 dólares si utiliza una hipoteca asegurada por la *Federal Housing Administration* (FHA) de HUD. Estas casas están localizadas en zonas que han sido elegidas para una revitalización.

Los préstamos asegurados por la FHA disponibles para el público en general, están limitados generalmente a 67.500 dólares, pero esta cantidad se incrementa hasta 160.950 dólares en zonas de costo elevado como San Francisco o Nueva York. En términos generales exigen un enganche del 5 por ciento o menos.

ACCIÓN: Para conseguir información sobre el programa Officer Next Door llame al 800-217-6970. Para conseguir información sobre los préstamos hipotecarios asegurados por la FHA, llame al 800-CALL-FHA. La Mortgage Insurance Companies of America ofrece también un folleto gratuito en español e inglés: *How To Buy a Home With a Low Down Payment/ Cómo Comprar Una Vivienda con Un Pago Inicial Reducido.* Para conseguir una copia gratis, escriba a MICA, 727 15th St., NW, 12th Floor, Washington, DC 20542.

■ REPASO

♦ Determine si le conviene más comprar o alquilar.

♦ Para educarse acerca del proceso de compra de casa, lea la sección de bienes raíces en su periódico local y asista a talleres gratuitos sobre compra de viendas.

♦ Evalúe su salud financiera y calcule lo que puede permitirse comprar.

♦ Entienda todos los costos iniciales y programados asociados con la compra y el mantenimiento de una casa.

♦ Defina sus prioridades de vivienda, incluyendo el tipo de vivienda (nueva o no nueva), el tamaño y la ubicación.

♦ Obtenga una pre-aceptación para un préstamo hipotecario antes de comenzar a buscar, y consiga una pre-aceptación de préstamo hipotecario antes de hacer una oferta por la casa.

♦ Contrate los servicios de un agente inmobiliario titulado, para que le ayude a encontrar la casa adecuada.

♦ Cuando esté investigando sobre una hipoteca visite por lo menos a seis diferentes prestadores de crédito.

♦ Investigue programas accesibles de compra de vivienda y de comprador por primera vez.

FUENTES ADICIONALES

Libros recomendados

How to Buy the Home You Want For the Best Price in Any Market: From a Real Estate Insider Who Knows All the Tricks, por Terry Eilers (New York, Hyperion, 1997).

CAPÍTULO 6

Cómo pagar
los estudios universitarios

"LA EDUCACIÓN
EN LA NIÑEZ ES COMO GRABAR EN PIEDRA"

COLOMBIA

¿POR QUÉ LOS DEBEN IR A LA UNIVERSIDAD? Como la *abuelita* solía decir, *"la educación es la base del progreso"*. Y no sólo nos estamos refiriendo al dinero, aunque éste representa una parte muy importante de la educación. También estamos hablando de encontrar un trabajo estimulante, satisfactorio y significativo.

Ese es el mensaje que Manuel, de 18 años, y sus dos hermanas mayores recibieron de sus padres, mientras estos luchaban por sobrevivir en Los Angeles, trabajando respectivamente como criada y como plomero. Manuel asiste ahora a La Universidad de California del Sur y quiere ser periodista. Una de sus hermanas es maestra de primaria y la otra está trabajando como pasante de leyes, mientras asiste medio tiempo a la Universidad. "Donde crecí, mucha gente se conformaba con asistir un tiempo a la escuela secundaria y después conseguir un trabajo", dice. "Pero, la universidad es mi oportunidad de hacer lo que realmente quiero".

El efecto que la educación superior puede tener en un sueldo, es difícil de ignorar. De acuerdo con la *National Association of Colleges and Employers*, los salarios anuales iniciales promedio de los graduados con diplomas de

Licenciatura en 1997 eran de 24.448 dólares para los licenciados en educación especial, de 30.154 dólares para los licenciados en contabilidad y de 40.094 dólares para los ingenieros de sistemas.

Los latinos entienden el imapcto que puede tener la educación. Cuando en una encuesta, realizada por Strategy Research Corp. en Miami, les preguntaron sobre cuáles eran los ingredientes que consideraban necesarios para salir adelante en la vida, el 96 por ciento de los latinos respondió "educación", comparado con el 88 por ciento de los blancos no-latinos. Los latinos le dieron un puntaje más alto a la educación que los conceptos como "trabajar duro", "conocer a la gente adecuada", "ser talentoso", y "tener padres o familia exitosos".

Aún así, el número de latinos con título universitario, aunque se está incrementando, continúa siendo alarmantemente bajo. De acuerdo con las más recientes cifras estadísticas disponibles por parte del U.S. Department of Education, en 1994, el 4.3 por ciento del total de diplomas universitarios en E.U. se otorgaron a latinos, comparado con el 80.3 por ciento de blancos no-latinos,

Las causas de los índices deprimentes de graduados universitarios atinos, son demasiado diversas y complicadas como para abarcarlas todas aquí. Podemos referirnos, sin embargo, a uno de los mayores obstáculos que enfrentan todas las familias que quieren mandar a sus hijos a la universidad —el alto costo. Para muchos latinos, la lucha por pagar la educación de sus hijos comienza aun antes de llegar a la universidad si los envían a escuelas primarias, secundarias y preparatorias privadas o religiosas.

De acuerdo con el *College Board's Annual Survey of Colleges*, en 1992 los costos universitarios se incrementaron en un promedio anual del 6 por ciento. Durante el año académico 1998-99, cuatro años de universidad que incluían la matrícula anual, las cuotas asociadas, la comida y el alojamiento, promediaban 22.533 dólares en una institución privada. Cuatro años de universidad en una institución pública costaban 10.458 dólares. Dos años de educación en las mismas condiciones promediaban 7.333 dólares en una institución privada y dos años en una institución pública, 1.633 dólares.

Hay muchas opciones. Si puede, ahorre e invierta dinero para los gastos futuros de educación. El financiamiento gubernamental está disponible en forma de becas (dinero gratuito que se otorga basándose en las necesidades financieras), préstamos (dinero que se paga con intereses) y práctica estudiantil (trabajos que se dan a estudiantes en el campus). Existen también cientos de becas ofrecidas por escuelas privadas (dinero gratuito que se otorga en base a las necesidades financieras o al mérito).

 Consiga becas para pagar la escuela primaria, secundaria y preparatoria privadas.

Aún cuando no existe forma alguna de ayuda financiera no gubernamental para ayudar a costear los gastos escolares pre-universitarios, muchas escuelas otorgan becas, exención de pago de matrículas o descuentos, particularmente si más de un niño de la misma *familia* asiste a esa escuela.

Algunas becas se otorgan después de realizar un estudio socio-económico que determina el grado de necesidad basándose en los ingresos y el tamaño de la familia. Otras se otorgan basándose en el mérito y se les conceden a estudiantes sobresalientes y con talentos académicos, atléticos o artísticos, aunque este último tipo de beca es cada vez menos común.

Con más frecuencia, las familias están consiguiendo préstamos para pagar los gastos de la escuela primaria, secundaria y preparatoria, o están utilizando planes especiales que les permiten pagar a plazos la matrícula y otros gastos, generalmente, en forma mensual o trimestral.

Para averiguar si usted llena los requisitos para recibir ayuda financiera, tendrá que llenar la hoja de solicitud de ayuda financiera de la escuela. Se evaluarán diversos factores para determinar cuánto dinero recibirá si lo aprueban: sus ingresos, sus bienes, el costo de vida, el tamaño de la familia, la edad de los padres y cuántos niños asisten a escuelas primarias, secundarias y universidades privadas.

Muchas escuelas privadas utilizan la *School and Student Service for Financial Aid Form* (SSS), que cuesta 16 dólares por trámite. Las escuelas católicas, generalmente, usan la solicitud *Private School Aid Service* (PSAS), que cuesta 12 dólares por trámite. Se pueden conseguir estas hojas directamente de la escuela.

Estos formularios pueden resultar muy desalentadoras pues exigen una gran cantidad de información, la cual debe sustentarse en su totalidad con copias de su declaración de impuestos. De hecho, el proceso es aún más complicado que el de solicitar de ayuda financiera para la universidad, debido a que las escuelas primarias y secundarias tienen mucha menos ayuda que ofrecer que las universidades. Algunas escuelas ofrecen seminarios sin costo para explicar el proceso.

De acuerdo con el *Council for American Private Education* (CAPE), el promedio de la matrícula anual de una escuela privada, por los 12 años escolares es de 3.116 dólares. La matrícula, sin embargo, varía mucho según la organización que dirige la escuela; También depende de si la escuela es diurna o es un internado, así como dónde está ubicada.

Las escuelas más caras, por ejemplo, son aquellas que pertenecen a la *National Association of Independent Schools* (NAIS). En estas escuelas, la matrícula promedio anual en los estados del Este de los E.U., varía entre 3.800 dólares para el preescolar y 14.745 dólares para la secundaria (secundaria); en los estados del Oeste de E.U. es de 7.335 dólares para preescolar y de 11.550 dólares para la secundaria.

En 1997, sin embargo, casi el 17 por ciento de los estudiantes de NAIS recibieron ayuda financiera basándose en su necesidad, lo cual alcanzó un promedio anual de 6.540 dólares, en tanto que las becas basadas en mérito promediaron ese año 2.228 dólares. Investigue en cada escuela el tipo de ayuda financiera que ofrece.

El costo de las escuelas católicas tiende a ser similar al de las escuelas privadas menos costosas y depende de cuántos niños asisten a la misma escuela, si la familia es miembro de la parroquia, si el estudiante es católico, en qué grado está el estudiante, si la matrícula es pagada mensual o anualmente, y de las necesidades financieras de la familia.

De acuerdo con las estadísticas más recientes del *National Catholic Educational Association* (NCEA). La matrícula promedio en una escuela primaria Católica del primer al octavo grado para el primer hijo de una familia miembro de la parroquia era de 1.303 dólares en el periodo escolar 1994-95. En 1993, para los estudiantes de secundaria y preparatoria, la matrícula promedio anual para estudiantes nuevos era de 3.100 dólares.

Aproximadamente el 82 por ciento de las escuelas primarias católicas ofrecen algún tipo de ayuda para la matrícula, dice la NCEA. Y en las escuelas secundarias y preparatorias católicas la ayuda llega a ser del 97 por ciento y el monto de ayuda financiera es en promedio de 1.098 dólares por beca. Al igual que las escuelas independientes, pregunte en cada escuela católica para investigar sobre las posibilidades de ayuda financiera de cada escuela en particular. (vea la lista de otras organizaciones privadas).

Podría resultar tentador pedir un préstamo para pagar las matrículas de las escuelas primarias, secundarias y preparatorias. *Tenga cuidado*. Sólo debe hacerlo como último recurso. Recuerde, todavía tiene que pagar la universidad. En lugar de eso, quizás sea mejor presupuestar los gastos de las escuelas privadas, o conseguir un segundo trabajo (Para más información sobre presupuestos, consulte el Capítulo 1).

Es mejor ahorrar e invertir su dinero con mucha anticipación para poder pagar por lo menos una porción de los costos de las escuelas privadas. De lo contrario, no tendrá el suficiente tiempo de ahorro o inversión como para invertir de manera suficientemente agresiva y así obtener rendimientos significativos. (Vea en el recuadro una lista de compañías que ofrecen préstamos K-12 o planes de pago).

ACCIÓN: La NAIS ofrece tres folletos gratis: *Financing a Private School Education, Family Guide to Financial Aid and Choosing the Right School*, y *The Boarding School Directory*. Escriba a la oficina de ayuda financiera NAIS, a 1620 L Street NW, Washington, DC 20036-5605. La NAIS también ofrece un número telefónico para familias de color que estén buscando información sobre escuelas independientes al 800-343-9138.

COMPAÑÍAS QUE OFRECEN PRÉSTAMOS, PLANES DE PAGO

Aquí presentamos una lista de compañías que ofrecen préstamos y planes de pago para las escuelas K-12 privadas (algunas también ofrecen préstamos universitarios):

ACADEMIC MANAGEMENT RESOURCES	800-531-4300
EDUCATION RESOURCE INSTITUTE	800-255-TERI
FACTS TUITION MANAGEMENT	800-624-7092
FIRST MARBLEHEAD	800-895-4283
HIGHER EDUCATION SERVICES, INC.	800-422-0010
KEY EDUCATION RESOURCES	800-540-1855
P.L.A.T.O. JUNIOR EDUCATION LOAN	800-263-3527
TUITION MANAGEMENT SYSTEMS	800-722-4867
USA GROUP TUITION PAYMENT PLANS	800-348-4605
WYNWOOD, INC.	800-270-9098

ORGANIZACIONES DE ESCUELAS PRIVADAS EN LOS ESTADOS UNIDOS

Estas organizaciones proporcionan directorios de sus miembros (algunas gratuitamente y otras por una cuota). La información acerca de ayuda financiera se puede obtener en cada escuela:

AMERICAN MONTESSORI SOCIETY
281 Park Avenue South
New York, NY 10010
212-358-1250
Directorio gratuito.

ASSOCIATION OF MILITARY COLLEGES AND SCHOOLS OF THE U.S.
9115 McNair Drive
Alexandria, VA 22309
703-360-1678
Directorio gratuito.

CHRISTIAN SCHOOLS INTERNATIONAL
3350 East Paris Avenue SE
Grand Rapids, MI 49512
616-957-1570
Directorio gratuito.

EVANGELICAL LUTHERAN CHURCH IN AMERICA
8765 West Higgans Road
Chicago, IL 60361
773-380-2845, ext. 2857
Directorio gratuito.

FRIENDS COUNCIL OF EDUCATION
1507 Cherry Street
Philadelphia, PA 19102
215-241-7289
Directorio gratuito.

LUTHERAN CHURCH-MISSOURI SYNOD
1333 South Kirkwood Road
St. Louis, MO 63122
341-965-9917, ext. 1293
Su directorio "The Lutheran Annual" está disponible por 12.50 dólares, llamando al 800-325-3040.

NORTH AMERICAN DIVISION, SEVENTH-DAY ADVENTISTS
12501 Old Columbia Pike
Silver Spring, MD 20901
301-680-6441
Llame para encontrar una de estas escuelas en su área.

NATIONAL ASSOCIATION OF EPISCOPAL SCHOOLS
815 Second Avenue
New York, NY 10017
800-334-7626
Su directorio está disponible por 14.50 dólares llamando al número (800).

NATIONAL CATHOLIC EDUCATIONAL ASSOCIATION
1077 30th Street NW
Washington, DC 20007
202-337-6232
Directorio "Catholic Schools of America" está disponible por 47 dólares, llamando al 800-468-0813; están disponibles en la mayoría de las librerías de la Diócesis.

NATIONAL SOCIETY FOR HEBREW DAY SCHOOLS
160 Broadway
New York, NY 10038
212-227-1000, ext. 113
Su directorio está disponible por 18 dólares llamando al 718-259-1223.

SOLOMON SCHECHTER DAY SCHOOL ASSOCIATION
155 Fifth Avenue
New York, NY 10010
212-533-7800
Directorio gratuito.

GASTOS DE EDUCACIÓN

Aquí presentamos cuánto se incrementarán los gastos de educación universitaria tanto de universidades privadas como de las estatales, contemplando las cuotas y los gastos de alimentación y dormitorio cada año durante los próximos 21 años, presuponiendo una tasa de inflación anual de un 6%:

Año	Estatal	Privada
1998-1999	$10,458	$22,533
1999-2000	$11,085	$23,885
2000-2001	$11,751	$25,318
2001-2002	$12,456	$26,837
2002-2003	$13,203	$28,447
2003-2004	$13,995	$30,154
2004-2005	$14,835	$31,936
2005-2006	$15,725	$33,881
2006-2007	$16,668	$35,914
2007-2008	$17,669	$38,069
2008-2009	$18,729	$40,353
2009-2010	$19,852	$42,774
2010-2011	$21,044	$45,341
2011-2012	$22,306	$48,061
2012-2013	$23,645	$50,945
2013-2014	$25,063	$54,002
2014-2015	$26,567	$57,242
2015-2016	$28,161	$60,676
2016-2017	$29,851	$64,317
2017-2018	$31,642	$68,176
2018-2019	$33,540	$72,266
2019-2020	$35,553	$76,602

CONSEJO   *De ser posible ahorre o invierta para poder pagar por la educación universitaria de sus hijos.*

Al igual que con cualquier inversión, entre más tiempo pase antes de que necesite el dinero, más agresivo debe ser (fondos mutuos). Entre más cerca esté del momento en que su hijo empiece la universidad, más cauto debe ser (bonos, CD's, y cuentas de inversión).

Estas reglas son fundamentales. *¿Pero cuánto?* ¿Cuánto dinero debe ahorrar cada mes? La respuesta depende de lo que se pueda permitir, cuánto tiempo falta, si quiere mandar a su hijo a una escuela privada o pública, y qué porción del total de la cuenta tiene intención de pagar.

Digamos que tiene un hijo de cinco años. Necesita calcular un presupuesto aproximado de cuánto costarán cuatro años de universidad privada o pública, dentro de trece años. Para hacerlo tome primero el promedio anual actual de los costos de una universidad privada y una pública (19.213 dólares y 7.472 dólares respectivamente) y agréguele el 6 por ciento a cada una.

Segundo, tome las nuevas sumas (7.920 dólares y 20.366 dólares) y de nuevo agregue el 6 por ciento. Tiene que repetir esta operación dieciséis veces (los 13 años que faltan para que empiece la universidad, más los cuatro años adicionales que tardará en terminar). Puede ser más preciso si utiliza el precio actual de una escuela específica, en lugar de los precios promedio de las escuelas públicas o privadas. (El recuadro respectivo, muestra el incremento en los costos de las universidades públicas y privadas presuponiendo un 6 por ciento de inflación anual durante los próximos 21 años).

Cuando termine de sumar hasta llegar a los cuatro años que su hijo pasará en la universidad (de 2.011 a 2.014 dólares) usted obtiene un total de 190.028 dólares por una escuela privada, o 73.894 dólares por una escuela pública. Suponiendo un rendimiento promedio anual del 10 por ciento, lo que significa que tendrá que invertir 7.749 dólares cada año o 645,75 dólares cada mes durante los próximos 13 años para pagar una escuela privada y 3.013 dólares cada año o 251 dólares cada mes, para pagar una escuela pública. *¡Ay!* ¡Y eso por un hijo sólo!, necesitará más dinero aún si piensa mandar a más de un niño a la universidad.

Cálmese. Recuerde, éstos sólo son cálculos aproximados. En realidad, los gastos de universidad pueden ser mayores o menores, depende de la inflación y de si su hijo vive o no en el campus, entre otras cosas.

ACCIÓN: Muchos y diferentes tipos de asesores financieros en línea, pueden ayudarlo a calcular cuánto costará la universidad, y cuánto dinero necesita ahorrar para pagarla. Visite los sitios de Internet de The Financial Aid Information Page en www.finaid.org/finaid.html, Mutual Fund Education Alliance's College Worksheet en www.mfea.com, o The College Board worksheet en www.collegeboard.com. Si usted no tiene acceso a Internet, vaya a la biblioteca o a la oficina del asesor de una escuela y pida el libro del The College Board llamado *Meeting College Costs: What You Need to Know Before Your Child and Your Money Leave Home*. Este libro contiene varias hojas de trabajo.

 CONSEJO *Si su hijo se dispone a ir a la universidad, haga una solicitud de ayuda financiera, sin importar su nivel de ingresos.*

Aun cuando su hijo no sea candidato para una beca, ella o él puede ser elegido para un préstamo de bajos intereses o un programa de práctica estudiantil. Vale la pena intentarlo.

El primer paso es llenar una solicitud gratuita llamada *Free Application for Federal Student Aid* (FAFSA). La información que usted proporciona en esta hoja será insertada en una fórmula que determinará la contribución que se espera de su familia (EFC), o la cantidad de dinero con la que se espera que usted y su hijo contribuyan a los gastos de educación.

Posteriormente, el EFC es restado de los gastos de un año de universidad. La cantidad restante, si existe, es el monto de necesidad financiera. El EFC permanece igual sin importar cuánto cuesta una escuela. Por ejemplo, si su EFC es de 5.000 dólares, y la escuela cuesta 10.000 dólares, la necesidad financiera es de 5.000 dólares. Si la escuela cuesta 20.000 dólares, la necesidad financiera aumenta a 15.000 dólares.

El EFC está basado en los ingresos disponibles y en los bienes de los padres y el estudiante. Eso significa que existe cierta cantidad de ingresos y fondos que los padres y estudiantes tienen permitido guardar.

Por ejemplo, la cantidad acumulada en cuentas para la jubilación, como IRAs y 401(K)s, no serán considerados bienes para los propósitos de ayuda financiera. Sin embargo, las contribuciones anuales hechas a estas cuentas para la jubilación se considerarán ingresos si son desgravables.

También existe un subsidio de protección de ingresos, que se basa en el número de miembros de la familia que vive en la misma casa y en el número de miembros de la familia que asiste a una universidad además de un subsidio de protección de bienes basado en la edad del progenitor de mayor edad.

Después de restar los ingresos y los subsidios de protección de ingresos y bienes, se espera que los padres contribuyan hasta con un 47 por ciento de los ingresos restantes y con un 5.6 por ciento de los ahorros restantes a los gastos de educación, mientras que los estudiantes dependientes deben contribuir con un 50 por ciento de sus ingresos y con un 3.5 por ciento de sus ahorros si suman más de 2.200 dólares.

La fórmula EFC cambia dependiendo de si la persona que busca ayuda financiera es un estudiante dependiente o independiente (*The EFC Formula Book del U.S. Department of Education* le presenta diferentes escenarios).

El FAFSA debe ser completado y mandado lo más pronto posible después del primero de enero, y no después del primero de mayo del último año en que su hijo asiste a la escuela secundaria. Cuánto antes pueda mandar el FAFSA, mejor. Si se espera, de pronto recibirá más préstamos que becas. La hoja debe llenarse cada año que su hijo necesite ayuda financiera.

Necesitará un borrador de su declaración de impuestos para llenar los requisitos de solicitud y fecha límite con rapidez. Muchas escuelas exigen en algún momento posterior al 15 de abril, una copia actualizada de su declaración, para verificar la información sometida anteriormente.

Alrededor de cuatro semanas después de que haya enviado el FAFSA, usted recibirá un reporte de ayuda al estudiante (SAR), que le informará de la contribución familiar que han calculado. Asegúrese de que el SAR sea correcto. De lo contrario puede realizar las correcciones pertinentes en la Parte 2 del SAR y enviarlas a la dirección en el reporte.

Los administradores de ayuda financiera de la universidad donde su hijo ha sido aceptado, verificarán la información de su FAFSA. Determinarán la elegibilidad para ayuda financiera y le enviarán una carta de ayuda financiera donde se describen las becas, los préstamos y el programa de trabajo para los estudiantes.

Algunas escuelas podrían también exigirle que llene las hojas de ayuda financiera particulares de esa escuela así como un perfil financiero llamado *College Scholarship Services (CSS) Financial Aid Profile*, que es más específico y con frecuencia calcula una mayor contribución familiar. Investigue cuáles son los requisitos de la oficina escolar de ayuda financiera.

Algunas universidades privadas caras, como Princeton, Harvard, Yale, Stanford y Massachusetts Institute of Technology, están tan preocupados por la competencia de estudiantes de bajo a mediano ingreso, tienen tanto afán por atraer a estudiantes de bajos a medianos ingresos, que están liberalizando sus pólizas de ayuda financiera para atraer candidatos que de otra manera acudirían a escuelas estatales.

Entre los cambios realizados están: el que los préstamos para estudiantes cuyas familias ganan menos de 40.000 dólares anuales, se convierten en becas. La proporción de becas sobre préstamos a estudiantes cuyas familias ganan entre 40.000 y 75.000 dólares anuales se ha incrementado. El valor proporcional de su casa, ya no se incluye en el cálculo de los bienes familiares si los ingresos anuales de toda la familia son de 90.000 dólares o menos.

La necesidad financiera se soluciona en términos generales con un paquete de becas, de préstamos y de práctica estudiantil, así como becas estatales, escolares y privadas. Lo siguiente es un informe detallado de los programas gubernamentales, los requisitos de elegibilidad, y la cantidad de dinero que cada uno puede aportar:

Becas Pell: Las becas Pell, sólo se les otorgan a estudiantes que no se han graduado y están basadas en la necesidad financiera, aunque se permite que los estudiantes ganen hasta 2.200 dólares sin que pierdan su elegibilidad para la beca. El monto de beca máximo en 1999 de 4.500 dólares, pero se incrementará hasta un máximo de 5.800 dólares durante los próximos cinco años. La cantidad que recibe un estudiante depende de la contribución familiar estimada, y del costo por asistir a una escuela específica.

Préstamos de reposición (Perkins loans): Algunas escuelas reciben dinero del gobierno para ofrecer préstamos de reposición. La cantidad de cada préstamo depende de la disponibilidad de los fondos gubernamentales y de la necesidad financiera del estudiante.

Programa Federal de Becas de Oportunidad de Educación Suplementaria (Federal Supplemental Educational Opportunity Program): Algunas escuelas también reciben dinero del gobierno federal para ofrecer becas. La cantidad de cada beca depende de la disponibilidad de los fondos gubernamentales, la necesidad financiera, y el monto de cualquier ayuda que el estudiante haya recibido previamente.

Préstamos Federales para Padres de Estudiantes No Graduados (Federal Parent Loans for Undergraduate Students) (FPLUS): Los préstamos FPLUS, les permiten a los padres con un buen historial crediticio, solicitar un préstamo para cubrir los gastos de educación de un hijo que aún no se ha graduado. (Si los padres no cuentan con un buen historial crediticio, podrían conseguir este préstamo si consiguen un co-firmante).

La cantidad máxima que los padres pueden solicitar en préstamo es equivalente al costo de matrícula, menos cualquier otra ayuda financiera que tenga. Por ejemplo, si el costo de matrícula es de 8.000 dólares y la ayuda financiera es de 4.000 dólares, la cantidad máxima que puede pedir prestada es de 4.000 dólares.

La tasa de interés es variable, pero tiene un límite de un 9 por ciento que se ajusta una vez al año. También existe una cuota equivalente al 4 por ciento de la cantidad total del préstamo. Los padres deben comenzar a pagar tanto el interés como el capital mientras el estudiante esté todavía en la universidad.

Programas de Préstamo Federal Directo al Estudiante y de Préstamos Federales Stafford (Federal Direct Student Loan and Federal Stafford Loans Programs): Ambos préstamos pueden estar subsidiados o no. Los préstamos subsidiados están basados en la necesidad financiera. Al estudiante no se le cargará interés alguno hasta que empiece a pagar el préstamo.

Los préstamos no subsidiados no están basados en la necesidad. Se le cobrarán intereses al estudiante desde el momento en que se desembolse el préstamo hasta que sea pagado completamente. Si el estudiante no puede pagar el interés mientras todavía esté en la universidad, éste será sumado a la cantidad del capital del préstamo, aumentando la cantidad total del préstamo que debe pagarse.

Los estudiantes no graduados dependientes pueden solicitar un préstamo de hasta 2.635 dólares el primer año, 3.500 dólares el segundo año, y 5.500 en años posteriores. Los estudiantes dependientes cuyos padres no pueden conseguir un préstamo FPLUS, y los estudiantes no graduados independientes pueden solicitar un préstamo de hasta 6.625 el primer año, 7.500 dólares el segundo año, y 10.500 dólares en años posteriores.

Los estudiantes de posgrado, por lo general pueden solicitar un préstamo de hasta 18.500 dólares por cada año académico. La tasa de interés de estos préstamos es variable y se determina por la tasa de interés monetaria del Tesoro más un 1.7 por ciento, mientras que el estudiante todavía esté en la universidad y el 2.3 por ciento después de que el estudiante haya terminado; pero, nunca excederá el 8.25 por ciento. El interés es ajustado una vez al año. Podrían cobrarle cuotas de hasta un 4 por ciento de la cantidad total de cada préstamo.

Práctica estudiantil: Algunas escuelas también reciben dinero del gobierno para ofrecer trabajos que, generalmente, se realizan en el campus y que pagan por lo menos el salario mínimo.

Los pagos de interés de los préstamos de estudiante son desgravables durante los primeros 60 meses, si usted reúne ciertos requisitos de ingresos. La cantidad desgravable anual máxima era de 1.500 dólares en 1999, de 2.000 dólares en el 2000, de 2.500 dólares en el 2001 y así sucesivamente. Si usted es un contribuyente de impuestos soltero, puede reclamar la deducción total si su ingreso bruto anual ajustado, o AGI, es de 40.000 dólares o menos (de 60.000 dólares o menos si es usted casado y declara conjuntamente). La deducción se elimina en el caso de contribuyentes solteros con un AGI anual de 40.000 a 55.000 dólares (60.000 a 75.000 dólares si es usted casado y declara conjuntamente).(Se explican los impuestos y las deducciones en el Capítulo 9).

ACCIÓN: Para obtener una copia del FAFSA y de The EFC Formula Book, llame al 800-4FED-AID. También puede presentar su solicitud FAFSA en línea, en el sitio de Internet en www.ed.gov/. Para conseguir más información sobre los programas gubernamentales de ayuda para estudiantes consiga una copia gratis de *The Student Aid Guide* del Departamento de Educación de E.U. llamando al 800-433-3243.

 Considere cambiar o reducir algunos de sus bienes para mejorar la elegibilidad de ayuda financiera de su hijo.

Hay muchos pasos creativos y totalmente legales que puede seguir para incrementar la elegibilidad de ayuda financiera de su hijo. Esto incluye cambiar o reducir sus bienes para disminuir su contribución familiar estimada y aumentar su necesidad financiera.

Las becas de ayuda financiera para estudiantes en primer año de universidad están basadas parcialmente en los ingresos recibido de su hijo durante el último año en secundaria hasta diciembre 31. A esto se le llama el año base. Se pueden invertir en algunas acciones durante el año base, mientras que otras sólo se deben comprar durante el año previo al año base.

El año anterior al año base, es el momento para vender sus inversiones y engrosar su cuenta de ahorro, así como todo lo que se considera un bien en cuanto a los parámetros de ayuda financiera. Durante el año base, usted debe reducir su cuenta de ahorro comprando artículos de alto costo en efectivo y pagando deudas pendientes.

Así es como funciona: Digamos que tiene 60.000 dólares en ahorros, y 30.000 dólares en deudas. Si usted paga sus deudas le quedarán 30.000 dólares en ahorros. Contando con la protección de bienes subsidiados, sus bienes se reducen substancialmente, lo que podría hacerlo elegible para recibir más ayuda financiera.

Si usted vende una acción, un bono u otra inversión, por más de lo que pagó por ella, la diferencia es llamada plusvalía. Pero, si la vende por menos de lo que pagó originalmente, se llama pérdida de capital ya que se considera la plusvalía una forma de ingresos para los parámetros de la ayuda financiera, debe tratar de evitarla durante el año base, o por lo menos compensarla con pérdidas de capital.

 CONSEJO   *Solicite becas privadas.*

Billones de dólares en becas para universidades privadas se otorgan cada año, con base a los antecedentes étnicos de los estudiantes, su afiliación religiosa, destrezas en algún deporte, logros artísticos o comunitarios, o la afiliación de los padres a organizaciones sindicales.

Es cierto que las escuelas reducirán la ayuda financiera si al estudiante se le otorga una beca de una organización privada. Sin embargo, conseguir dinero gratuito, sigue valiendo la pena. *¿Por qué?* Usted podría tratar de convencer a la universidad a que redujiese su préstamo en lugar de su beca.

Ante todo busque cerca de casa. Muchas compañías ofrecen becas para los hijos de sus empleados. Las sociedades benéficas, con frecuencia, les dan becas a los voluntarios. Los grupos cívicos, tales como los Boy Scouts, el Rotary Club, la American Legion y el Elks Club, también conceden becas.

Pregúntele al consejero de la escuela secundaria de su hijo y a la oficina de ayuda financiera de la universidad en la que su hijo desea ingresar, acerca de las becas privadas o de una universidad específica. Varias listas de estas becas se pueden encontrar en docenas de libros, la mayoría disponibles en las bibliotecas públicas.

Asegúrese de solicitar ingreso a universidades que les proporcionan servicios educativos a los Hispanos, que son definidas por la *Hispanic Association of Colleges and Universities* (HACU) como instituciones que cuentan con una población latina de por lo menos el 25 por ciento. Muchas de estas escuelas

UNIVERSIDADES QUE CUENTAN CON INSCRIPCIONES ALTAS DE HISPANOS

Estas escuelas cuentan con una inscripción de por lo menos el 25% de estudiantes latinos:

California State University, Bakersfield
California State University, Los Angeles
The College of Santa Fe (New Mexico)
Del Mar College (Corpus Christi, Texas)
East Los Angeles College (California)
El Paso Community College (California)
Florida International University (Miami)
Hostos Community College (Bronx, New York)
Lehman College (Bronx, New York)
Mercy College (Dobbs Ferry, New York)
Miami-Dade Community College (Florida)
Mount Saint Mary´s College (Los Angeles, California)
New Mexico Highlands University (Las Vegas, New Mexico)
New Mexico State University (Albuquerque)
Northern New Mexico Community College (Española y El Rito)
Our Lady of the Lake University (San Antonio, Texas)
Palo Alto College (San Antonio, Texas)
Pueblo Community College (Colorado)
Rio Hondo College (Whittier, California)
San Antonio College (Texas)
San Bernardino Valley College (California)
Santa Fe Community College (Gainesville, Florida)
St. Mary´s University of San Antonio (Texas)
St. Thomas University (Miami, Florida)
Sul Ross State University (Alpine, Texas)
Texas A&M International University (Laredo)
Texas A&M University, Corpus Christi
Texas A&M University, Kingsville
The University of The Incarnate Word (San Antonio, Texas)

The University of New Mexico (Albuquerque)
University of Puerto Rico, Arecibo Technological University
University of Puerto Rico, Bayamon Technological University College
University of Puerto Rico, Humacao University College
University of Puerto Rico, Medical Science Campus
University of Puerto Rico, Ponce Technological University
University of Puerto Rico, Rio Piedras Campus
University of Puerto Rico, Mayaguez
University of Puerto Rico, Central Administration
University of Texas-Pan American (Edinburg)
University of Texas, San Antonio
University of Texas, El Paso
Western New Mexico University (Silver City)

les proporcionan ayuda financiera a los latinos y tienen un buen índice de graduación de estudiantes latinos. (Vea el recuadro de una lista HACU de estas instituciones.

Una de las maneras más fáciles y más rápidas de encontrar becas es a través del Internet. Muchas de estas universidades tienen sus propios sitios en la red que incluyen información de ayuda financiera. Pero también hay muchos servicios gratis de búsqueda de becas en Internet. (Vea la lista de los servicios gratuitos de búsqueda de becas en el recuadro)

Los estudiantes con historiales académicos muy destacados y con altas calificaciones en el *Scholastic Aptitud Test*, no tendrán ningún problema en encontrar el dinero para asistir a la escuela. Existen también muchas becas reservadas específicamente para latinos o para las minorías. Pero los estudiantes comunes y corrientes también pueden encontrar becas (Vea el recuadro para una lista de becas clave para latinos).

ACCIÓN: The Congressional Hispanic Caucus Institute al 800-EXCEL-DC, brinda acceso a más de 200,000 recursos de ayuda financiera específicamente para latinos. (Llame durante las horas hábiles de lunes a viernes). El instituto también reúne una amplia estrategia financiera para asistir a una universidad del área de acuerdo con el interés del estudiante. El servicio es gratuito y cuenta con asistentes que hablan español. Otro recurso importante es la guía bilingüe anual de las mejores 25 universidades para hispanos, publicada por la revista Hispanic y que se distribuye sin costo cada otoño.

SERVICIOS DE BÚSQUEDA DE BECAS GRATUITOS BASADOS EN LA WEB

El buscador de becas Ex-Pan del College Board en el www.college-board.org/fundfinder/bin/fundfind01.pl ofrece acceso a su base de datos con más de 3,300 becas.

El CollegeNet en el www.collegenet.com ofrece acceso a su base de datos MACH25, que enlista más de 500,000 becas privadas.

El FastWeb en el www.fastweb.com/ofrece acceso a su base de datos que contiene más de 275,000 becas. Además, puede presentar una solicitud de beca en línea y el FastWeb le enviará directamente a su e-mail becas potenciales ajustadas a su perfil.

El Minority On-Line information Service al http:/web.fie.com/molis/proporciona información de y vínculos con las instituciones que prestan servicios a las minorías, con becas y con similares.

Sallie Mae en el www.salliemae.com/ofrece acceso a sus fuentes de ayuda financiera universitaria para la educación superior o a su base de datos CASHE.

La página de información de Financial Aid en el www.finaid.org/ofrece la información más amplia acerca de ayuda financiera universitaria, incluyendo una sección de ayuda financiera y becas para estudiantes minoritarios que contiene vínculos.

El Scholarship Resource Network´s SRN Express en el www.rams.com/srn/index.htm ofrece acceso a una versión abreviada de su base de datos SRN con más de 8,000 becas.

ORGANIZACIONES QUE OFRECEN BECAS A LATINOS

American GI Forum´s Hispanic Educational
  Foundation of the United States
3301 Mountain Rd., NW
Albuquerque, NM 87104
Para encontrar su AGIF local: 505-243-7551

Hispanic Association of Colleges and Universities
  Student Support Systems
4204 Gardendale Street, #216
San Antonio, TX 78299   210-692-3805

League of United Latin American Citizens
  (LULAC)
National Educational Service Centers Inc.
777 N. Capitol Street NE #305
Washington, DC 20002   202-408-0060

Mexican American Legal Defense and
  Educational Fund (MALDEF)
634 S. Spring Street, 11th Floor
Los Angeles, CA 94104   213-629-2512

National Hispanic Scholarship Fund
One Sansome Street, Suite 1000
San Francisco, CA 94104   415-445-9930

U.S. Hispanic Chamber of Commerce
  Scholarship
1030 Fifteenth Street, NW #206
Washington, DC 20005   202-842-1212

Cuídese de los servicios de búsqueda de becas fraudulentos.

¡Cuidado! Existen muchos servicios legítimos de búsqueda de becas. Sin embargo, hay un número igualmente grande de servicios fraudulentos que ofrecen encontrar una beca mediante el pago de una cuota. Y no existe una

fuente centralizada que pueda proporcionar una lista de aquellos que son legítimos. Usted puede protegerse, sin embargo, si sigue las siguientes reglas básicas:

♦ No solicite los servicios de ninguna compañía que le "garantice" una beca. Buena parte de estos servicios simplemente le entregan una lista de becas posibles. No están, ni mucho menos, otorgándole una beca.

♦ Nunca le de su número de tarjeta de crédito o de cuenta bancaria a ninguna compañía sin haber recibido antes información de la misma por escrito.

♦ No contrate a las compañías que sostienen que "tiene en sus manos su beca" y que la única manera de obtenerla es pagándoles una cuota.

 Negocie con la universidad un mejor paquete de ayuda financiera para su hijo.

Algunas universidades le informan de inmediato, generalmente en la carta de aceptación o de concesión de ayuda financiera, si están dispuestas a negociar un paquete mejor de ayuda financiera. Si usted no está totalmente seguro, llame en forma anónima a la oficina de ayuda financiera y pregunte.

Usted estará en una posición sólida para negociar (o regatear) en el caso de que su situación financiera se modifique (esto es, si pierde su trabajo, si aumenta el tamaño de su familia o si surgen cuentas médicas inesperadas), o si su hijo recibe ofertas de otras universidades. Hay que reconocer que muchas escuelas desean desesperadamente incrementar su población de estudiantes minoritarios.

Usted puede contactar al asesor de ayuda financiera de la escuela personalmente, o a través de una carta. Después llámelo. Siempre sea amable. Establezca los hechos con claridad, trate, siempre que sea posible, de suministrar docuemntos que los confirmen (por ejemplo, las copias de las ofertas de apoyo financiero de otras universidades).

Considere los programas especiales que puedan ayudarle a sufragar los costos de la universidad.

En su gran mayoría, cuando los padres se plantean cómo pagar por la universidad, la primera cosa en que piensan es en sus ahorros personales y luego en las subvenciones, los préstamos, las becas y los planes de práctica estudiantil. Existen, sin embargo, muchas otras formas de reducir los costos educativos. Aquí presentamos una muestra de ellas:

Educación cooperativa: La educación cooperativa, que combina las clases académicas con la experiencia laboral, es uno de los secretos mejor guardados.. Cada año, más de 200,000 estudiantes de aproximadamente 900 universidades con periodos de estudios de 2 y 4 años participan en los programas cooperativos.

En algunas universidades, los estudiantes trabajan una jornada completa por un semestre y luego asisten a la universidad el semestre siguiente sin trabajar. Otras tienen programas paralelos en los que los estudiantes trabajan y estudian a la vez. Con frecuencia se exige que el estudiante tenga un promedio de calificaciones de por lo menos 2.0 (*8/B*) y que acredite un cierto número de cursos para que pueda participar.

Una desventaja es que el dinero ganado por el estudiante se incorpora a la ecuación de la ayuda financiera, lo que puede reducir el paquete de ayuda. Ahora bien, los costos de participación en un programa de educación cooperativa, tales como viáticos y gastos de mantenimiento, están considerados también lo que puede elevar la matrícula, incrementando por tanto la necesidad financiera del estudiante.

Aunque una porción de la ayuda financiera se pierda, los beneficios de estar trabajando podrían superar las desventajas. Los estudiantes pueden obtener una valiosa experiencia laboral y establecer contactos en el campo de su elección. Además, algunos estudiantes pueden ganar hasta 14.000 dólares anuales, lo que puede disminuir el monto de los préstamos que necesitan.

ACCIÓN: Para conseguir una copia gratuita del *A College Guide to Cooperative Education*, escriba al National Commission for Cooperative Education a 360 Huntington Ave., Boston, MA 02115, o visite el sitio de Internet al www.co-op.edu/. La NCCE ha publicado también un libro más amplio llamado *The Directory of College Cooperative Education Programs*, que puede conseguirse en casi todas las bibliotecas. La Cooperative Education Association ofrece una lista gratuita de universidades con programas de cooperación. Para obtener una copia escriba al CEA, 8640 Guilford Rd., Suite 215, Columbia, MD 21046, o visite su sitio de Internet al www.ceainc.org/.

Servicio militar: El gobierno ofrece un gran número de becas del Reserve Officer´s Training Corps [(ROTC) *Cuerpos de Entrenamiento para los Oficiales de Reserva*] a los estudiantes dispuestos a servir en las fuerzas aéreas, el ejército, la armada o la infantería de marina después de haberse graduado de la universidad. En muchos estados la Guardia Nacional también ofrece ayuda financiera.

Y también hay ayuda financiera disponible para los veteranos de la fuerzas armadas de E.U. Por ejemplo, el Montgomery GI-Bill, brinda hasta $427.87 dólares mensuales durante 36 meses, con ajustes inflacionarios, a los veteranos elegibles. En algunos estados les ofrecen a los veteranos, o a los hijos de los veteranos que quedaron inválidos o que murieron en servicio, una matrícula reducida o gratuita en las universidades estatales.

ACCIÓN: Para más información, llame al Air Force ROTC al 334-953-2019; al Army ROTC al 800-USA-ROTC; a los Marines ROTC al 708-784-9448, ext. 1356 y al Navy ROTC al 800-327-NAVY. Para obtener una copia de la guía financiera para los veteranos y sus familias de la Legión Americana llamada *Need a Lift?*, envíe 3 dólares al P.O. Box 1050, Indianapolis, IN 46206.

Planes de matrícula pre-pagada: Muchos estados (y un número creciente de universidades privadas) tienen programas que le permiten pagar hoy los precios de la matrícula vigentes, por la educación universitaria futura de sus hijos, pero estos programas tienen sus desventajas. Existe la posibilidad de que su hijo no quiera asistir a la universidad estatal o que de plano no quiera ir a la universidad. Y básicamente, el rendimiento de su inversión será el mismo que el de la tasa de inflación de la universidad. Resulta muy ventajoso en el caso de que los costos universitarios se incrementen con rapidez. Pero si no es así, es muy probable que usted pueda obtener un mejor rendimientocon una inversión diferente. (Vea el recuadro correspondiente para la lista de estados que ofrecen planes de matrícula pre-pagada.)

PLANES DE MATRÍCULA PRE-PAGADA

Para una lista actualizada llame al College Savings Plan Network al 877-277-6496 o visite la página internet www.collegesavings.org).

Alabama	800-252-7228
Alaska	800-478-0003
(*Solamente dentro del estado)	
Colorado	800-478-5651
Florida	800-552-4723
Illinois	877-877-3724
Maryland	888-463-4723
Massachusetts	800-449-6332
Michigan	800-638-4543
Mississippi	800-987-4450
Nevada	888-477-2667
Ohio	800-233-6734
Pennsylvania	800-440-4000
South Carolina	888-772-4723
Tennessee	888-486-2378
Texas	800-445-4723
Virginia	888-567-0540
Washington	877-438-8848
West Virginia	800-307-4701
Wyoming	307-766-5766

*Programa suspendido, pero se da cumplimiento a los contratos.

Planes de pago a plazos: Los planes de pago a plazos le permiten cubrir la contribución familiar esperada en pagos diferidos los que, generalmente, se realizan cada mes, en lugar de tener que pagar una gran cantidad de una sola vez. Las universidades, con frecuencia, contratan a una empresa externa para que reciba estos pagos. Podrían cobrarle una cuota administrativa anual para establecer el plan. Pero, en vista de que no existen tasas de interés asociadas con estas cuotas, pagar a plazos podría resultar más barato que tramitar un préstamo. Para obtener más información póngase en contacto con las oficinas de ayuda financiera de la universidad a la que su hijo quiere ingresar.

ACCIÓN: Para obtener una lista gratuita de escuelas que ofrecen programas de reducción de matrículas, pagos congelados o de precios especiales llame al American Council on Education (ACE) al 202-939-9365 o visite el sitio de Internet al www.acenet.edu/.

 Considere otras estrategias de inversión que contribuyen a pagar la universidad.

Planes de ahorro universitario: Muchos estados tienen planes de ahorro que le permiten diferir los impuestos estatales sobre las ganancias hasta el momento en que se retire el dinero para pagar los gastos de la universidad. Una vez que se retiran los fondos, se les fija un impuesto con tasa estudiantil, que en términos generales es más baja que la tasa que pagan los padres.

Estos planes de ahorro son básicamente fondos mutuos, en los cuales cada Estado decide en forma independiente como invertir estos fondos. Los montos mínimos y máximos que se pueden invertir cada año en estos planes de ahorro varían según el Estado. (Vea el cuadro correspondiente para una lista de estados que cuentan con planes de ahorro universitario.)

Bonos de educación: Catorce estados están autorizados para emitir bonos de ahorro para la educación, también conocidos como bonos de ahorro universitario. De cualquier forma, de acuerdo con el College Savings Plan Network, sólo los estados de Illinois, Massachusetts, Michigan y New Hampshire piensan emitir este tipo de bonos en los siguientes tres años. Estos son bonos municipales con cupones en cero, que al igual que los bonos de serie EE se venden con descuento a un precio mucho menor que el de su valor al vencer.

Aunque se comercializan como bonos de ahorro universitario, pueden utilizarse para cualquier propósito. Se venden en denominaciones de 1.000 dólares, están exentos de los impuestos estatales y locales y pueden comprarse mediante cualquier corredor de venta al menudeo. En algunos estados, los bonos para la educación no se incluyen en la ecuación de la ayuda financiera.

Bonos de ahorro de serie EE: Los bonos de serie EE pueden comprarse en los bancos, cajas de ahorro y a muchos patrones a través de un plan de ahor-

---

PLANES DE AHORRO PARA PAGAR LA MATRÍCULA UNIVERSITARIA

Para una lista actualizada llame a College Savings Plan Network al 877-277-6496 o visite la página de Internet www.collegesavings.org).

ARIZONA	602-229-2592
CONNECTICUT	888-799-2438
DELAWARE	800-292-7935
INDIANA	888-814-6800
IOWA	888-446-6696
KENTUCKY	800-338-0318
LOUISIANA	800-259-5626, ext. 0523
MONTANA	800.888-2723
NEW HAMPSHIRE	603-271-2621
NEW JERSEY	877-465-2378
NEW YORK	877-697-2837
NORTH CAROLINA	800-600-3453
RHODE ISLAND	877-474-4378
UTAH	800-418-2551
WISCONSIN	888-338-3789

PLANES DE AHORRO PARA EL AÑO 1999

CALIFORNIA	916-526-3027
DISTRICT OF COLUMBIA	202-727-6055
MAINE	207-623-3263
MINNESOTA	800-657-3866, ext. 3377
MISSOURI	573-751-2411
NEW MEXICO	505-827-7383
OKLAHOMA	405-521-3191
VERMONT	802-642-3177

---

ro de día de pago automático. El monto que aparece en los bonos de serie EE es su denominación o valor nominal. Los bonos de serie EE se venden a la mitad de su valor nominal. Por ejemplo, un bono de serie EE de 100 dólares le costará 50 dólares. Los bonos de serie EE se pueden comprar en denominaciones de 50, 75, 100, 200, 500, 1.000, 5.000 y 10.000 dólares. El monto máximo en bonos de serie EE que se permite adquirir es de 30.000 dólares por persona por año y los bonos de serie EE dejan de pagar interés después de 30 años.

El interés generado por un bono de serie EE tiene invariablemente como base su inversión inicial (la mitad del valor nominal) y genera el 90 por ciento del rendimiento promedio sostenido por los últimos 6 meses en los títulos del Tesoro a 5 años. El interés se ajusta cada dos años, se agrega a los bonos de serie EE mensualmente y se compone semestralmente. Por lo tanto al cobrar los bonos de serie EE, se recupera la inversión original (la mitad del valor nominal), más los intereses, siempre y cuando no los haya tocado por un mínimo de cinco años.

A partir de los seis meses, usted puede sacar el dinero de los bonos de serie EE en cualquier momento, pero tendrá que pagar una multa equivalente al valor de tres meses de intereses si los cobra antes de cinco años. Por ejemplo, Si usted pagó 2.500 dólares por un bono con un valor nominal de 5.000 dólares y lo cobra a los seis meses, será multado con una cantidad equivalente al valor de los intereses generados durante tres meses sobre su inversión original de 2.500 dólares.

Usted puede también optar por mantener sus bonos de serie EE hasta que su valor alcance todo su valor nominal. La cantidad de tiempo necesaria para que esto suceda depende de las tasas de interés.

De cualquier forma, el Departamento del Tesoro de los E.U. realizará un ajuste único después de 17 años, para darle así a sus bonos de serie EE el valor nominal completo.

Los intereses generados por los bonos de serie EE están exentos de los impuestos sobre la renta locales y estatales y es posible diferir el impuesto nacional sobre la renta hasta el momento en que cobre los bonos o hasta después de 30 años, que es cuando dejan de generar intereses.

Si los bonos de serie EE se utilizan para pagar los gastos de la educación universitaria, todos los intereses pueden excluirse si los ingresos son de 50.850 dólares o menos para los contribuyentes solteros y de 76.250 dólares o menos para los contribuyentes que declaran en forma conjunta. Los intereses pueden excluirse parcialmente si los ingresos están entre 50.850 y 65.850 dólares para los contribuyentes solteros y entre 76.250 y 106.250 para los contribuyentes que declaran en forma conjunta.

Los bonos de serie EE representan una sólida inversión conservadora. Constituyen una buena opción para colocar su dinero si su hijo está a sólo unos años de iniciar su educación universitaria. Pero recuerde, aún con la desgravación de impuestos, será mejor que invierta en forma más agresiva si usted tiene más de cinco años antes de comenzar a pagar por la universidad.

Con los bonos de ahorro de índice inflacionario, los pagos se ajustan semestralmente para reflejar la tasa de inflación en curso. El interés se compone dos veces al año. Se pueden comprar con montos mínimos de tan sólo 50 dólares, pero no se permite comprar bonos de ahorro por una cantidad superior a los 30.000 dólares en un año.

Los impuestos nacionales se pueden diferir hasta el cobro o el vencimiento de los bonos. Ahora bien, al igual que los bonos de serie EE, los impuestos pueden evitarse parcial o totalmente si utiliza los bonos de ahorro de índice inflacionario para cubrir los gastos de educación universitaria de su hijo. Para satisfacer los requisitos de acceso, los ingresos no deben exceder los 67.250 dólares para padres solteros y los 108.350 dólares para parejas casadas que declaren conjuntamente.

Al igual que ocurre con los bonos de serie EE, los bonos de ahorro de índice inflacionario pueden cobrarse en cualquier momento después de seis meses, pero tendrá que pagar una multa equivalente al valor de tres meses de intereses si los cobra antes de cinco años. El interés generado por los bonos de ahorro de índice inflacionario se divide en dos partes: la primera es una tasa fija permanente del 3.4 por ciento que será pagada a lo largo de la vigencia del bono, la segunda es un pago basado en la tasa inflacionaria. El ajuste de pago se revisará cada seis meses de acuerdo con las fluctuaciones del Consumer Price Index.

CDs para la matrícula universitaria (*CollegeSure*): Este es un certificado de depósito con una tasa de interés variable con la garantía de seguir el ritmo de los crecientes costos de la universidad. El depósito mínimo es de 1.000 dólares y el Fondo de Garantía de Depósitos (en inglés: FDIC) asegura cantidades hasta de 100.000 dólares.

El CD resulta ventajoso si los costos de matrícula se incrementan dramáticamente. Ahora bien, si la inflación de la matrícula es baja, usted podría obtener una tasa de interés mejor con otro tipo de CD. Por otro lado, el interés generado por el CD CollegeSure está sujeto a impuestos.

ACCIÓN: Para obtener más información sobre los CDs CollegeSure, llame al 800-888-2723. Se puede conseguir el folleto llamado *A Great Way to Save-U.S. Savings Bonds Investor Information*, en inglés y en español si escribe al Savings Bonds Operations Office, Bureau of Public Debt, U.S.

Department of the Treasury, Parkersburg, WV 26106-1328. Se puede conseguir información adicional en inglés y español en el sitio de Internet del Bureau of Public Debt Web site al www.savingsbonds.gov/.

Cuentas UTMA y UGMA: La Ley de Transferencia Uniforme para Menores y Ley de Dote de Prima *(en inglés: Uniform Transfer to Minors Act (UTMA)* y el Uniforme para menores (en inglés: *Uniform Gift to Minors Act or UGMA*), le permiten abrir cuentas fiduciarias para mantener fondos a nombre de sus hijos. (el tipo de cuenta que utilice depende del lugar donde viva.)

El dinero de la cuenta no estará sujeto a impuestos en tanto se generen menos de 650 dólares anuales en intereses o ingresos de dividendos. Si el hijo/a tiene 13 años o menos, el interés o ingreso de dividendos superior a los 650 dólares anuales, pero menor a 1.300 dólares, estará sujeto a impuestos con una tasa infantil (15 por ciento). Cualquier cantidad superior a los 1.300 dólares estará sujeta a impuestos con una tasa parenteral (hasta del 39.6 por ciento). A esto se le llama "impuesto de niñito" (*"kiddie tax"*). Todo el dinero de la cuenta será sometido al impuesto de tasa infantil cuando el hijo/a cumpla 14 años.

En vista de que la cuenta está bajo el nombre del muchacho/a, todo el dinero pasa a ser propiedad de él/ella cuando lleguen a su "mayoría de edad", que es de 18 o de 21 años s egún el lugar en el que viva. Y esa es una de las mayores desventajas potenciales. Su hijo podría no querer ir a la universidad en absoluto. O peor aún, él o ella podría malgastar el dinero comprándose un auto deportivo o un crucero por el Caribe.

Otro problema es que este tipo de cuenta podría disminuir la cantidad de ayuda financiera que se le otorgue. Bajo la fórmula vigente, después de restar ciertos subsidios, se espera que los padres contribuyan hasta con un 5.6 por ciento de sus ahorros y el muchacho/a deberá contribuir con el 35 por ciento de los ahorros que estén por encima de los 2.200 dólares, antes de que puedan ser elegibles para recibir ayuda financiera.

Así pues, si usted tiene 20.000 dólares en la cuenta de ahorros a su nombre, tendrá que pagar hasta un 5.6 por ciento de esa cantidad, o sea 1.120 dólares, en gastos de universidad. No obstante si su hijo tiene 20.000 dólares en una cuenta UTMA o UGMA, definitivamente él o ella pagará el 35 por ciento sobre 2.200 dólares, o sea 6.230 dólares, en gastos de universidad.

No abra cuentas UTMA o UGMA si desea ayuda financiera.

Si usted ya tiene una cuenta UTMA o UGMA, y quiere liquidarla porque le preocupa cómo puede perjudicar su elegibilidad para la ayuda financiera, tiene derecho a hacerlo, sin embargo, el IRS puede anular la dote de prima, cargarle los impuestos e intereses retroactivos y someter la tasa de impuestos a la tasa de impuestos parenteral.

Fideicomisos de dote de prima/Acciones de dote de prima (Giftrust/Giftshares): Los fideicomisos de dote de prima y las acciones de dote de prima son fideicomisos que invierten en fondos mutuos. Como el UTMA y el UGMA están diseñados para permitirle reservar dinero a su hijo/a al establecer un fideicomiso irrevocable, el cual puede ser cambiado o cancelado de todas las formas posibles, antes de la fecha de vencimiento establecida, por usted o por su hijo/a.

Pero, a diferencia del UTMA y el UGMA en los cuales su hijo/a obtendrá el dinero cuando llegue a su mayoría de edad (ya sea a los 18 o a los 21 años) pase lo que pase, los fideicomisos de dote de prima y las acciones de dote de prima le dan una mayor flexibilidad al momento de decidir cuando quiere que su hijo/a acceda a los fondos.

Existen en este momento dos fideicomisos de este tipo, el Royce Giftshares Fund y el American Century´s Twentieth Century Giftrust Fund. Royce ofrece una opción de retiro y de acumulación. Twentieth Century sólo tiene la opción de acumulación.

Con la opción de acumulación, el fideicomiso se establece por un mínimo de diez años, o hasta que su hijo/a alcance la mayoría de edad, lo que ocurra después. Con la opción de retiro, los fondos pueden retirarse antes de la fecha de vencimiento, pero sólo para pagar los gastos de la universidad.

Un beneficio de los fideicomisos de dote de prima y de las acciones de dote de prima es que lo obligan a dejar el dinero invertido en fondos mutuos durante mucho tiempo. Esto, sin embargo, puede ser una desventaja en el caso de que el fondo no se comporte adecuadamente, o si el gestor del fondo se marcha.

Al igual que las cuentas UTMA y UGMA, el dinero invertido en el fideicomiso será considerado como un bien en lo que se refiere a ayuda financiera. En lugar de esto invierta su dinero en fondos mutuos tradicionales y manténgalos a su nombre.

ACCIÓN: Para más información sobre el Royce Giftshares Fund, llame al 800-221-4268. Para más información sobre el Twentieth Century Giftrust Fund, llame al 800-345-2021.

Préstamos y líneas de crédito sobre el valor de su casa: Usted puede obtener un préstamo o una línea de crédito sobre su casa por la diferencia entre el valor de cotización de la vivienda y la cantidad que aún debe de la hipoteca.

Con este tipo de préstamo usted paga una tasa de interés fija o variable sobre la cantidad total recibida y lo paga dentro de un periodo específico de tiempo. Si usted, por ejemplo, recibe 80.000 dólares en préstamo pagará el interés sobre la cantidad total aun cuando sólo utilice 20.000 dólares para pagar el primer año de universidad.

Con una línea de crédito, usted retira solamente la cantidad que necesita y paga el interés sólo cuando retire el dinero. Por eso, una línea de crédito podría resultar menos costosa.

El interés que paga en un préstamo o una línea de crédito sobre el valor de su casa es desgravable de impuestos si usted lo detalla en su declaración. De cualquier forma su casa será utilizada como colateral por lo que usted podría perder o arruinar su historial crediticio si tiene problemas para pagar la cantidad que le prestaron.

Préstamos sobre el valor en efectivo de un seguro de vida: Con una póliza de valor en efectivo, una parte de su prima es adjudicada para pagar el seguro y el resto se invierte. El valor en efectivo del dinero invertido genera impuestos diferidos y puede utilizarse como colateral para un préstamo.

Como se mencionó en el Capítulo 3, las pólizas de vida con valor en efectivo deberían comprarse unicamente por las personas que se pueden permitir las primas más altas, las que han alcanzado el límite máximo permitido en otros planes de ahorro para la jubilación, tales como el de IRAs y el de 401(k)s, o las que calculan tener que pagar un monto importante de impuestos estatales.

Ahora bien, si usted tiene una póliza de valor en efectivo, puede solicitar en préstamo hasta el 90 por ciento de su valor a la compañía de seguros. Desafortunadamente, no podrá investigar diversas compañías para encontrar las mejores tasas de interés o los mejores préstamos de valor en efectivo; Tendrá que pagar la tasa establecida en su póliza. En términos generales, el interés que paga este tipo de préstamos no es desgravable.

Cuentas para la jubilación (IRAs): Con las cuentas individuales tradicionales IRAs, cada año usted puede depositar hasta 2.000 dólares de sus ingresos anuales (4.000 dólares en el caso de parejas casadas con un cónyuge que no trabaje). La desgravación de los depósitos depende de sus ingresos y cualquier otra cobertura de jubilación que se tenga, tales como las cajas de pensiones o 401(k)s.

Se puede retirar dinero de las cuentas tradicionales IRA para cubrir los gastos de la universidad sin tener que pagar la multa acostumbrada del 10 por ciento por retiros efectuados antes de los 59 años y medio de edad. Estos retiros, sin embargo, son considerados ingresos, lo que significa que estarán sujetos a impuestos y reducirán la eligibilidad para ayuda financiera.

IRAs para la educación: Las IRAs para la educación se ofrecen a través de bancos y compañías de fondos mutuos. Además de los depósitos hechos a las cuentas tradicionales IRA, las IRAs para la educación le permiten invertir hasta 500 dólares anuales a nombre de un hijo/a suyo menor de 18 años para pagar las cuotas de la matrícula, los libros y los materiales (pero no el alojamiento y los alimentos).

El dinero retirado para pagar la universidad está exento de los impuestos si un contribuyente soltero gana 95.000 dólares anuales o menos y si los contribuyentes casados que declaran conjuntamente ganan 150.000 o menos. El dinero está exento parcialmente en el caso de que el contribuyente soltero gane entre 95.000 y 110.000 dólares y entre 150.000 y 160.000 dólares en el caso de contribuyentes casados que declaran conjuntamente.

Los depósitos no son desgravables. En el caso de que su hijo/a no utilice el dinero de la cuenta, puede depositarse en una cuenta para otro hijo/a. Si queda algún dinero en la cuenta después de que su hijo/a haya cumplido 30 años, éste estará sujeto a impuestos y llevará una multa de retiro del 10 por ciento.

Las IRAs para la educación tienen tres grandes desventajas. Primera, le prohiben establecer un plan de matrícula pre-pagada (explicado anteriormente en este mismo capítulo). Segunda, cualquier retiro de una cuenta IRA para la educación le impide solicitar un "crédito de posibilidad" o crédito de ganancias durante toda la vida [*Hope Credit or Lifetime Earning Credit*] (lo cual se explica posteriormente en este capítulo)en el mismo año en que se efectuó el retiro.

Una opción mejor sería una IRA Roth. Con una IRA Roth, cada cónyuge puede depositar 2.000 dólares cada año. Las ganancias pueden dejarse en la cuenta para la jubilación, y en ese momento se puede retirar el dinero libre de impuestos. El dinero, así mismo, puede retirarse en cualquier momento sin restricciones, multas o impuestos algunos, siempre y cuando se cumplan determinadas reglas. (Para más información sobre las IRAs Roth consulte el Capítulo 7.)

Préstamos 401(k): Con un plan 401(k), usted puede canalizar la porción de impuestos de ingresos brutos, (sus ingresos antes de que se le descuenten impuestos), desde su cheque de nómina a vehículos de inversión tales como acciones, fondos mutuos y cuentas de inversión). Esto reduce su cuenta anual de impuestos y además usted no paga impuesto alguno sobre sus depósitos o ganancias hasta que retire el dinero.

En términos generales usted puede solicitar un préstamo de hasta el 50 por ciento del saldo de su cuenta 401(k) o de 50.000, el que sea menor, para cubrir gastos médicos, el enganche de una casa o la matrícula universitaria. Al igual que sucede con el préstamo de valor en efectivo, usted no puede investigar varias compañías para conseguir una buena tasa de interés; usted está obligado a utilizar la tasa especificada en la póliza que el patrón haya adquirido para usted.

Si invierte en su 410(k) usted tiene cinco años para ampliar el préstamo; de lo contrario el IRS lo considerará un retiro, sujetará esa cantidad a impuestos sobre la renta y le impondrá una multa del 10 por ciento. Además si usted abandona o es despedido de su trabajo antes de haber pagado el préstamo, se volverá pagadero de inmediato.

Sacar un préstamo de su 401(k) sólo debe hacerse como último recurso. ¿Para qué pagar por sacar dinero que técnicamente le pertenece? Aun cuando se esté pagando a sí mismo con intereses, usted en realidad estará, en el mejor de los casos, quedándose igual (no gana ni pierde) ya que el dinero habría ganado una mayor tasa de rendimiento si lo hubiera dejado en el 401(k).

Otro factor a considerar es el hecho de que estaría pagando dobles impuestos sobre el dinero solicitado en préstamo. Esto se debe a que el dinero que usted utiliza para amortizar el préstamo ya pagó impuestos. Cuando se jubile y saque el dinero estará de nuevo sujeto a impuestos.

Considere otras maneras de reducir el costo de la educación superior.

Los costos de la educación se pueden reducir si su hijo toma clases de Colocación Avanzada [*Advanced Placement* (AP)] cuando todavía está en la secundaria. Si saca una calificación de 3.0 (7/C) o más en el examen AP, muchas universidades le concederán las unidades d ecrédito correspondientes.

Las clases cursadas en una universidad de dos años durante la secundaria se pueden transferir también a la universidad. Otra opción es cursar los 2 años en una universidad de este tipo y luego cambiarse a una universidad de 4 años.

Algunas universidades ofrecen una combinación de título universitario y título postgraduado que pueden reducir el tiempo total requerido para terminar los estudios universitarios. Su hijo puede también asistir a una universidad ubicada cerca de su casa y evitarse así los gastos de comida y alojamiento.

Anime a su hijo a solicitar ingreso en universidades dónde él o ella pueda sobresalir, a la suniversidades que han recibido donativos generosos, lo que indica que tienen mucha ayuda que ofrecer y a las que prometan equiparar cualquier cantidad proveniente de fuentes privadas. Cualquier guía universitaria como la de *Barron* o *Peterson* debe incluir esta información.

El jefe de uno podría estar dispuesto a pagar por las clases universitarias. La ayuda para pagar la matrícula no está sujeta a impuestos si se utiliza para cursar carreras universitarias de licenciatura, pero si está sujeto a impuestos si se utiliza para pagar cursos de posgrado.

La beca de posibilidad es un crédito sobre impuestos que suma 1.500 dólares para pagar los dos primeros años de universidad. La beca "aprender para toda la vida" (*Lifetime Learning*) se puede utilizar para ayudar a pagar los años de universidad posteriores. Puede alcanzar hasta los 1.000 dólares para el año 2002 y hasta los 2.000 dólares para el año 2003. Usted no puede solicitar ninguno de los dos créditos en el año en que haya retirado dinero de una IRA para la educación. El impacto que estos créditos puedan tener en la elegibilidad de ayuda financiera no está del todo claro.

Con ambos programas usted puede resultar elegible para una beca para pagar toda la matrícula si usted gana 40.000 dólares anuales o menos si usted es un contribuyente soltero, o bien de 80.000 dólares si está casado y declara conjuntamente con el cónyuge. Usted puede obtener una beca parcial si usted gana entre 40.000 y 50.000 dólares si usted es un contribuyente soltero y entre 80.000 y 100.000 dólares si está casado y declara conjuntamente. Para más información al respecto, póngase en contacto con el contador del IRS (Vea el Capítulo 9.)

Por ley, un individuo puede darle hasta 10.000 dólares anuales exento de contribuciones a cualquier otro individuo (una pareja casada puede dar 20.000 dólares). Pero no existe un límite establecido para la cantidad exenta de impuestos si el dinero se le paga directamente a la universidad para cubrir la matrícula. Esta es una estupenda manera para que los abuelos acomodados reduzcan sus bienes gravables al tiempo que disminuyen los impuestos sobre la propiedad.

 Investigue las Escuelas de artes y oficios (Technical Schools).

No todos tiene porqué asistir a una universidad de 4 años. Su hijo puede recibir unapreparación adecuada asistiendo a una universidad de 2 años o a una escuela de artes y oficios las cuales preparan a los estudiantes para empleos en industrias tales como la informática, asistencia médica, cosmética, mecánica automotriz y masajes terapéuticos. *Lo más importante es tener la preparación necesaria para conseguir un trabajo.*

Aunque existen muchas escuelas excelentes de artes y oficios que brindan una preparación muy valiosa, muchos estados están plagados también de escuelas poco fiables. Estas escuelas le entregan diplomas practicamente inservibles a cualquiera que se pueda permitir pagar la matrícula.

Cuando trate de decidirse por algún programa, asegúrese primero de entender la diferencia entre universidades de dos años (junior colleges), universidades de 4 años, programas de posgrado y escuelas de artes y oficios que otorgan certificados de formación ocupacional.

También tiene que decidir entre un programa de enseñanza ofrecido por un "junior college" y uno ofrecido por una escuela de artes y oficios. La ventaja de una universidad de dos años es que no es costosa. La matrícula es de unos cientos de dólares anuales, mientras que las escuelas de artes y oficios cobran miles de dólares.

Otro factor a considerar es la reputación de los programas. La mejor manera de evaluar un programa es visitar la escuela y platicar con los estudiantes y con los maestros. Esto le dará también la oportunidad de echarle un vistazo a las instalaciones. Consiga también una lista de los egresados y de los patrones que emplean a los estudiantes graduados de esta escuela.

De igual manera, usted podría investigar cuál es el porcentaje de egresados de la escuela que no ha pagado sus préstamos de estudiante. Estas cifras están disponibles en la escuela tanto como en el U.S. Department of Education. Una cifra baja de incumplimiento podría indicar que los graduados suelen conseguir trabajos más o menos bien pagados.

La mayor parte de las escuelas declararán estar respaldadas por una u otra organización. Determinar el valor de estos respaldos puede resultar bastante difícil ya que existen docenas de organizaciones privadas que evalúan programas. Y algunas escuelas muy buenas no están respaldadas en absoluto.

Lo mejor es comprobar el respaldo de la escuela con el *U.S. Departament of Education* (universidades de 2 y 4 años); con el *Distance Education and Training Council* (educación ofrecida a través de Internet o por correspondencia); la *Accrediting Commission of Career Schools/Colleges of Technology* (educación ocupacional, de artes y oficios) y la agencia regional de acreditación. (Vea la lista de agencias de acreditación en el recuadro correspondiente).

Cualquiera que esté considerando una escuela de artes y oficios u otro tipo de educación no tradicional debe leer los tres libros siguientes por el Dr. John Bear y Mariah Bear y publicado por Ten Speed Press en Berkeley, California: *Bear´s Guide to Finding Money for College; Bear´s Guide to Earning College Degrees Non traditionally* y *College Degrees by Mail and Modem*.

Existe también un servicio de asesoría por correo (counseling-by-mail) llamado Degree Consulting Services que se especializa en educación no tradicional. El Degree Consulting investigará programas, perfilará sus opciones, le hará recomendaciones específicas y responderá a sus preguntas en un plazo de 14 días. También brinda asesoría de seguimiento y actualizaciones durante un año. El costo total del servicio es de 75 dólares.

ACCIÓN: Para contactar al Degree Consulting Services llame al 707-539-6466 envíe un e-mail al degrees@sonic.net, o escriba al P.O. Box 3533, Santa Rosa, CA 95402.

AGENCIAS CLAVES DE ACREDITACIÓN

NACIONALES

Comisión de Acreditación de Escuelas de artes y oficios (educación laboral de artes y oficios y técnica): 202-336-6850

Educación a Distancia y Consejo de Formación Profesional (formación profesional por Internet o a distancia): 202-234-5100

Departamento de Educación de E.U. (Universidades de dos y cuatro años): 202-708-7417

REGIONALES

Asociación de Universidades y Escuelas de los Estados Centrales (Delaware, Distrito de Columbia, Maryland, Nueva Jersey, Nueva York, Pennsylvania, Puerto Rico): 215-662-5606

Asociación de Universidades y Escuelas de Nueva Inglaterra (Connecticut, Maine, Massachusetts, New Hampshire, Rhode Island, Vermont): 617-271-0022

Asociación de Universidades y Escuelas del Norte Central (Arizona, Arkansas, Colorado, Illinois, Indiana, Iowa, Kansas, Michigan, Minnesota, Missouri, Nebraska, Nuevo Mexico, North Dakota, Ohio, Oklahoma, South Dakota, West Virginia, Wisconsin, Wyoming): 800-621-7440

Asociación de Universidades y Escuelas del Noroeste (Alaska, Idaho, Montana, Nevada, Oregon, Utah, Washington): 425-827-2005

Asociación de Universidades y Escuelas del Sur (Alabama, Florida, Georgia, Kentucky, Louisiana, Mississippi, North Carolina, South Carolina, Tennessee, Texas, Virginia): 800-248-7701

Asociación de Universidades y Escuelas del Oeste (California, Hawaii) 510-632-5000.

 Amortice sus préstamos de estudiante.

La deuda media que uno incurre por la educación universitaria de 4 años suele ser de 12.343 dólares, de acuerdo con las cifras del año 1997 del U.S. Departament of Education. Los estudiantes de posgrado a menudo tiene deudas que alcanzan hasta tres veces esa cifra al término sus estudios.

Si usted comienza a enfrentarse a los problemas para pagar sus préstamos de estudiante, no se asuste. Existen muchos programas disponibles que pueden ayudarlo a diferir sus pagos por un tiempo o a reducir el monto de los pagos mediante la consolidación de sus préstamos o la prórroga de los plazos de pago de los mismos. Usted podría incluso conseguir la cancelación de algunos préstamos.

Incumplir el pago de un préstamo puede traerle consecuencias muy serias. Su salario podría ser embargado o sus reembolsos de impuestos confiscados. Por otro lado su historial crediticio podría arruinarse (lo que le dificultaría mucho conseguir tarjetas de crédito, préstamos para la compra de un auto o una casa) y no se le volverán a conceder préstamos de estudiante.

Aplazamiento (prórroga): Una prórroga representa, probablemente, su mejor opción ya que retrasa el pago del préstamo de estudiante por un periodo específico de tiempo, normalmente de entre seis meses a tres años. Sin embargo tiene que llenar ciertos requisitos tales como dificultades económicas, incapacidad temporal, desempleo o el regreso a la escuela como adulto.

También puede resultar elegible para una prórroga si usted es un padre o una madre de familia soltero/a que trabaja y tiene un hijo pequeño, y si pertenece a las fuerzas armadas, si da clases a poblaciones marginales, si realiza servicio comunitario o si trabaja en una profesión relacionada con la asistencia médica.

En el caso de cierta clase de préstamos, el gobierno le pagará sus intereses durante la prórroga, lo que implica que su saldo permanecerá sin cambios. En el caso de otros préstamos, sin embargo, el interés se añadirá al capital si usted no puede pagar durante la prórroga para la cual es elegible, depende del tipo de préstamo que tenga y de cuándo lo obtuvo.

Tolerancia: La tolerancia es otra buena opción porque el prestatario tiene derecho a reducir o detener los pagos del préstamo de estudiante por un pe-riodo específico de tiempo. Resulta menos atractivo que una prórroga aplazamiento porque el interés sobre los préstamos siempre se acumulará y añadirá al capital.

La tolerancia se otorga a discreción del prestador de crédito y no depende del tipo de préstamos que tenga o de cuándo los obtuvo. Puede durar de seis meses a tres años.

Consolidación: Si su prórroga o tolerancia se vencen o usted no ha logrado obtener ninguna de los dos, puede disminuir el importe total de los pagos mensuales del préstamo de estudiante con un préstamo de consolidación, que combina la totalidad de sus préstamos en uno sólo con una tasa de interés baja. Muchos préstamos gubernamentales pueden consolidarse, aunque algunos préstamos privados sólo se pueden consolidar a través de otros prestadores de crédito.

**CONSOLIDACIÓN DE DEUDA ESTUDIANTIL U OPCIONES
DE REESTRUCTURACIÓN DE PAGO**

CHELA FINANCIAL: 800-AT-CHELA
CITIBANK: 800-967-2400
FEDERAL DIRECT LOAN PROGRAM SERVICING CENTER: 800-848-0997
SALLIE MAE: Para aplazamiento o pago a plazos de préstamos llame al
888-272-5543. Para opciones de reestructuración de préstamo estudiantil llame
al 800-643-0040.
U.S. DEPARTAMENT OF EDUCATION: Si usted ha incumplido en el pago
de un préstamo estudiantil o necesita información acerca de las opciones
de reestructuración de préstamo estudiantil llame al 800-4FED-AID.
USA GROUP: 800-382-4506.

Las opciones de reembolso le permiten reducir sus pagos mensuales al
alargar el plazo de vencimiento de su préstamo —generalmente entre 12 y 30
años. Los planes de reembolso de préstamos para estudiantes de posgrado
ofrecen pagos que son inicialmente bajos y que aumentan cada ciertos años.
Los planes de "contingencia de ingresos" o de "ingresos inestables"basan sus
pagos de préstamo mensuales en sus ingresos anuales, el tamaño de su familia y el monto del préstamo.

Incumplimiento de pago: Usted incumple el pago de su préstamo cuando lleva 180 días o más de atraso. Es posible, sin embargo, "rehabilitar" préstamos en incumplimiento de pago al realizar 12 pagos mensuales seguidos;de
este modo, el retraso se borrará de su historial crediticio y se le otorgará un
plan de pago de nueve meses. (Vea el recuadro correspondiente para obtener
una lista de los lugares a los que puede acudir por ayuda relacionada con préstamos de estudiante.)

Perdón de préstamo: Alrededor de 300 organizaciones sin fines de lucro
y agencias gubernamentales premiarán a los graduados por realizar servicios
benéficos con un perdón de préstamo, mediante el cual se perdona parte o la
totalidad de los préstamos de estudiante.

Existen muchos programas reconocidos de este tipo. Los voluntarios que trabajan con Americorp se encargan de servicios tales como la renovación de vivienda hasta la inmunización infantil. Los miembros de los *Voluntarios en Servicio para
América (VISTA)*, un programa integrado en Americorp, junto con los integrantes

de varias organizaciones sin ánimo de lucro y ayudan a los habitantes de barrios marginales. Los voluntarios de los Cuerpos de Paz se especializan ne los campos de agricultura, educación, silvicultura, salud, ingeniería, negocios, planificación urbana y medio ambiente y trabajan en más de 90 países.

> **ACCIÓN:** Para contactar a Americorp, llame al 800-942-2677. Para contactar al Peace Corp, llame al 800-424-8580. Para más información con respecto a los programas de perdón de préstamos, llame al National College Scholarship Foundation al 301-548-9423 o escriba a 16728 Frontenak Terrace, Rockville, MD 20855.

■ REPASO

♦ Busque ayuda financiera si usted desea enviar a sus hijos a escuelas privadas o parroquiales desde el Kinder hasta el final de la escuela secundaria.

♦ Ahorre e invierta si puede para la educación universitaria de sus hijos. Invierta agresivamente cuando sus hijos sean pequeños y más cautelosamente a medida que se acrquen al final de la secundaria.

♦ Solicite ayuda financiera gubernamental aunque tenga ingresos altos —llenando las hojas FAFSA y cualquier otra que la escuela exija.

♦ Considere cambiar o reducir algunos de sus valores para mejorar la elegibilidad financiera de su hijo.

♦ Busque y solicite becas privadas en una biblioteca o en Internet.

♦ Manténgase al tanto de las fechas límite de solicitud de ayuda financiera y de becas privadas y actúe dentro del plazo.

♦ Negocie (regatee) con las escuelas para conseguir un mejor paquete de ayuda financiera para su hijo.

♦ Considere los programas especiales que puedan ayudarle a reducir los costos de la universidad, tales como la educación cooperativa y los programas de perdón de préstamo.

♦ Si usted piensa asistir a una escuela de artes y oficios, compruebe primero la acreditación de la escuela y platique con los estudiantes, instructores y empleados.

♦ Pague sus préstamos de estudiante y aprenda cuáles son sus opciones si empieza a tener problemas para hacerlo.

RECURSOS ADICIONALES

Libros recomendados

College Financial Aid for Dummies, por el Dr. Herm Davis y Joyce Lain Kennedy (Foster City, California: IDG Books Worldwide, 1997)

Take Control of Your Student Loans, por Robin Leonard y Shae Irving (Berkeley: Nolo Press, 1997)

The Hispanic Scholarship Directory: Over 500 Ways to Finance Your Education, ed. Andres Tobar (Carlsbad, California: WPR Publishing, 1997)

The Minority and Women`s Complete Scholarship Book, por Student Services L.L.C. (Naperville, Illinois: SourceBooks, 1998)

The Scholarship Book 1998/1999: The Complete Guide to Private-Sector Scholarships, Grants, and Loans for Undergraduates, por Daniel Cassidy (Englewood Hills, New Jersey: Prentice-Hall, 1998).

CAPÍTULO 7

Jubilación

"EL QUE NO MIRA PARA ADELANTE,
SE QUEDA ATRÁS"

MÉXICO

L OS LATINOS SON MARAVILLOSOS CUANDO SE TRATA DE CUIDAR A LA FAMILIA —hijos, padres, hermanos, hermanas, sobrinos, sobrinas, familia extendida y amigos cercanos. Podemos estirar un peso en forma impresionante. A menudo, sin embargo, lo hacemos a expensas de nuestras propias necesidades futuras, especialmente de nuestra jubilación. Los latinos tienen una ética del trabajo tan fuerte que la jubilación podría parecer egoísta, algo para holgazanes o algo que se hace solamente cuando uno está enfermo o próximo a morir.

Cuando pensamos en la jubilación, muchos latinos damos por sentado que el seguro social cubrirá la mayor parte, si no todos los gastos. Y en el caso de que haya algún déficit, creemos que nuestros hijos se harán cargo de nosotros. Al fin y al cabo, eso es lo que las familias datinas han hecho de generación en generación.

Las estadísticas así lo prueban. De acuerdo con las cifras más recientes del U.S. Department of Labor, el 32 por ciento de todos los latinos que trabajan participan en el los planes de pensiones, comparado con el 51 por ciento de los blancos no latinos. Y de acuerdo con la oficina del censo, sólo el 32 por ciento de los latinos que han alcanzado la edad de 55 años o más reciben una pensión, comparados con el 52 por ciento de blancos no latinos. Además, de acuerdo con el profesor de gerontología Yung-Ping Chen de la Universidad de Massachusetts en Boston, aproximadamente el 12 por ciento de latinos ahorran dinero en un 401(k), comparado con el 28 por ciento del total de trabajadores blancos.

Una encuesta realizada por la *American Savings and Education Council y por el Employee Benefit Research Institute*, llamada *The 1998 Retirement Confidence Survey*, mostró que el 48 por ciento de los latinos no están seguros de estar suficientemente preparados para la jubilación, en comparación con el 26 por ciento de blancos, el 33 por ciento de afro-americanos y el 24 por ciento de ruso-americanos. Un aplastante porcentaje 62 por ciento de latinos dijo que de hecho no están ahorrando dinero alguno para su jubilación.

Un artículo de James Smith elaborado para la Rand Corporation, un grupo de investigación sobre suposiciones gubernamentales, que apareció en 1995 en el periódico *The Journal of Human Resources* concluyó que también existen enormes disparidades entre los blancos y los latinos en cuanto a los valores financieros, el valor de vivienda y las inversiones en la bolsa. El padre de familia blanco no latino típico, de entre 51 y 61 años ha ahorrado, por decir, 300.000 dólares, mientras que el padre de familia latino típico ha ahorrado menos de 500 dólares. 4 de cada 10 padres de familia Latinos no han ahorrado nada.

Necesitamos cambiar nuestra manera de pensar acerca de la jubilación. La jubilación puede representar la oportunidad de comenzar una nueva carrera, de viajar, de concentrarnos en nuestras aficiones o de *pasar más tiempo con nuestras familias y amigos*. Deberíamos trabajar porque así lo deseamos, no porque tenemos que hacerlo.

Desde el punto de vista práctico, planear el retiro es importante porque no hay garantía alguna de que el seguro social, por lo menos en su forma actual, existirá para siempre. Las pensiones al viejo estilo están desapareciendo también. Y cada vez más trabajadores se han visto forzados a manejar sus propios ahorros de jubilación a través de cuentas individuales para la jubilación o planes 401(k).

El Seguro Social está enfrentando grandes cambios potenciales. La elegibilidad puede ser extendida hasta los 67 años de edad y algunas privatizaciones podrían permitirle a la gente invertir una fracción de sus dólares del

Seguro Social. Si eso sucede, saber cómo prepararnos para nuestra jubilación se volverá más importante que nunca.

Si no hay cambios legislativos al respecto, se espera que para el 2029 un fideicomiso administre el seguro social. ¿Qué quiere decir esto? En este momento, una cantidad enorme de Latinos jóvenes le están pagando a un sistema de seguro social que le proporciona beneficios a una población compuesta mayormente de ancianos blancos no latinos, con grandes ingresos. Cuando llegue el momento de que los latinos cobren su seguro social, no quedará mucho en él.

Planear con anticipación le permitió a Delia, que había sido administradora de un centro de salud en San Francisco, los recursos para comenzar su propio negocio de asesoría, para viajar y hacer obras de caridad después de jubilarse a la edad de 55 años. Y cuando su madre sufrió un infarto, tuvo el tiempo para cuidarla. "Puedo hacerlo porque no estoy atada a un trabajo," dice Delia.

Damian, un mexicano americano de Chicago de 30 años de edad, que trabaja como profesor de leyes, comenzó a depositar dinero en una IRA a la edad de 23 años, posteriormente se unió al plan de 401(k) de su compañía. Quiere jubilarse a los 55 años y escribir novelas. "Veo a mi padre y lo único que tiene es su seguro social, lo cual no resulta suficiente. Todos sus hijos tenemos que darle dinero para que pueda sobrevivir" dice Damian.

 CONSEJO *Haga un cálculo aproximado de cuánto dinero necesitará cuando se jubile.*

La sabiduría convencional ha sostenido durante mucho tiempo que usted necesitará hasta el 80 por ciento de sus ingresos anuales para mantener, después de jubilarse, el estilo de vida que tiene ahora. Pero podría necesitar mucho menos que el 80 por ciento si se las arregla para ahorrar dinero, tener una casa propia, heredar algún dinero, recibir ayuda de sus hijos o simplemente llevar un estilo de vida más moderado. Tome en cuneta que es muy posible que su categoría tributaria se desplome y usted reciba algunos beneficios del seguro social.

Por otro lado, después de jubilarse, usted no gastará la misma cantidad de dinero que gasta ahora. Es posible que, durante los primeros años de jubilación gaste mucho dinero viajando o visitando a los *nietos,* y luego un poco menos durante los años intermedios, cuando comience a tranquilizarse y aún mucho menos en los últimos años, cuando comience a enfrentar problemas de salud. El consejo de las Lauras es: Espere lo mejor, pero prepárese para lo peor.

Calcule cuánto dinero necesitará para jubilarse, incluyendo lo que podría recibir del seguro social, su plan de pensión o de reparto de utilidades, de sus trabajos a tiempo parcial y del dinero que haya logrado escurrir en cuentas 401(k), IRA (*cuentas de jubilación individual*) y otros ahorros.

La cantidad de dinero que usted puede esperar del seguro social está basada en su historial de ingresos. Para obtener un cálculo aproximado, Póngase en contacto con la Administración del seguro social y solicite un estado de cuenta gratis de ingresos y beneficios (prestaciones) personales, llamando al 800-537-7005 o visitando el sitio de Internet al www.ssa.gov/. Puede también solicitar un estado de cuenta parecido al patrón que le va a proporcionar un plan de pensión.

Una vez que haya reunido estos estados de cuenta, tendrá que "hacer numerosos cálculos" algunas cifras para determinar cuánto dinero necesitará durante su retiro. Pero, no deje que esto lo asuste. Existen muchas hojas de trabajo que pueden ayudarle. (Vea el recuadro correspondiente para obtener una hoja de trabajo para el retiro.)

Si ahorrar lo suficiente como para tener el 80 por ciento de sus ingresos anuales actuales en su retiro parece imposible, no se de por vencido. Baje la proporción al 60 o hasta el 40 por ciento de sus ingresos anuales actuales. Se trata de establecer una meta y de hacer todo lo posible para alcanzarla.

ACCIÓN: El American Savings and Education Council ofrece una hoja de trabajo para el retiro llamada "The Ballpark Estimate". Para conseguirla de Internet vaya a la página www.asec.org/. Si no tiene acceso a la Red, usted puede obtener folletos educativos y hojas de trabajo, incluyendo la de Ballpark Estimate, en inglés y español, si manda un sobre de tamaño número 10 con su dirección, sellos postales y 1.21 dólares al: ASEC Spanish & English Brochures, Suite 600, 2121 "K" Street NW, Washington, DC 20037-1896.

Consejo

Comience a ahorrar aunque sea una pequeña cantidad cada mes. Y entre más pronto mejor.

Después de haber calculado una meta de ahorro y de haber determinado cuánto dinero necesita apartar cada mes para lograrla, haga un presupuesto. Comience por calcular cuánto dinero gana, cuánto gasta y cuáles gastos puede recortar o eliminar para canalizarlo en ahorros e inversiones. (*No se olvide* — más información sobre presupuestos está disponible en el Capítulo 1.)

Una forma fácil de ahorrar es establecer un plan de depósitos de nómina lo cual saca el dinero designado directamente de su sueldo y lo deposita en una cuenta de ahorro o de inversión. Y si recibe un reembolso o bono de impuestos, utilícelo para pagar los intereses más altos de su deuda de tarjeta de crédito, para amortizar su hipoteca o para invertir en una cuenta de ahorro o de inversión.

Más importante aún es que debe comenzar a participar en un plan de jubilación de contribuciones definidas como un plan 401(k). Como su nombre indica, estos planes especifican la cantidad que usted puede depositar en ellos. Según sus ingresos, muchos de estos depósitos son desgravables y la mayor parte de las ganancias están exentas de impuestos hasta el momento de retirar el dinero.

Mediante la magia del impuesto diferido compuesto, ahorrar aunque sea unos pocos dólares cada semana, puede incrementar su ahorro sustancialmente. Recuerde, el interés compuesto quiere decir ganar interés sobre el interés que ya ganó, así como sobre el monto original del capital. Entre más pronto comience a aprovecharse del interés compuesto, mejor.

Si usted comienza a depositar, por ejemplo, 5 dólares semanales en un plan 401(k) a los 25 años, ya tendrá 75.639 dólares cuando cumpla 65, tomándo como parámetro un promedio de rendimiento anual del 8 por ciento. Si por el contrario, espera hasta los 35 años para hacerlo, usted sólo obtendrá 32.291 dólares. Y si se espera hasta los 55 años, la cantidad se reducirá a sólo 3.964 dólares.

Los principales planes de jubilación de impuesto diferido a elegir son las IRAs, los 401(k), los de Pensiones de Empleado Simplificadas (*Simplified Employee Pensions*) (SEPs), el Plan de Equiparación de Ahorros e Incentivos para Empleados (*Savings Incentive Match Plan for Employees*) (SIMPLE) y los planes de jubilación calificados o Keoghs. Los grupos religiosos, caritativos,

UNA CALCULADORA PARA PLANIFICAR LA JUBILACIÓN

A continuación ofrecemos un ejemplo de un buen cálculo básico de jubilación, que es la adaptación de un cálculo elaborado por el Consejo Americano de Educación para el ahorro (ASEC). No le va a decir precisamente cuánto debe ahorrar, pero le dará una estimación. Si usted tiene acceso al Internet, puede encontrar on-line calculator del ASEC en el www.asec.org/ bajo el título de "Ballpark Estimate."

1. ¿QUÉ CANTIDAD DE INGRESOS ANUALES DESEA TENER CUANDO SE JUBILA? $_____

Calcule el 70 por ciento de sus ingresos anuales actuales necesarios sólo para mantener su estilo de vida actual. (Algunos planificadores financieros, al examinar su situación en detalle, podrían proponer un porcentaje mayor o menor, pero por lo pronto utilice el 70 por ciento.)

2. RESTE LOS INGRESOS QUE ESPERA RECIBIR ANUALMENTE DE BENEFICIOS DEL SEGURO SOCIAL $_____

Si usted gana menos de 25.000 dólares, apunte 8.000 dólares; si gana entre 25.000 y 40.000 dólares, apunte 12.000 dólares; si gana más de 40.000 dólares apunte 14.500 dólares.

PENSIÓN PATRONAL TRADICIONAL $_____

Un plan que paga una cantidad fija de por vida, donde la cantidad de dólares depende del salario y de los años de servicio (en dólares de hoy)

INGRESOS DE TRABAJO POR HORAS/MEDIO TIEMPO $_____
OTROS $_____
SUBTOTAL $_____

3. ESTA ES LA CANTIDAD QUE NECESITA COMPONER PARA CADA AÑO DE JUBILACIÓN: $_____

Ahora usted quiere una estimación aproximada de la cantidad de dinero que tiene que haber ahorrado para el día de su retiro. Presuposiciones: sus inversiones ganan una tasa real de rendimiento constante del 3 por ciento después de la inflación; usted vive hasta los 87 años de edad y usted comenzará a recibir algunos ingresos del seguro social a los 65 años de edad.

4. Para determinar la cantidad que usted precisa ahorrar, multiplique la cantidad que necesita componer (punto 3) por el factor presentado a continuación $_____

EDAD A LA QUE ESPERA JUBILARSE	SU FACTOR ES
55	21.0
60	18.9
65	16.4
70	13.6

5. Si usted piensa jubilarse antes de cumplir los 65 años de edad, multiplique sus beneficios del seguro social (punto 2) por el factor presentado a continuación. $_____

EDAD A LA QUE PIENSA JUBILARSE	SU FACTOR ES
55	8.8
60	4.7

6. Multiplique sus ahorros hasta la fecha por el factor a continuación (incluye el dinero ganado de todos sus planes 401(k), IRAs y otros planes de jubilación): $_____

SI SE QUIERE JUBILAR EN	SU FACTOR ES
10 años	1.3
15 años	1.6
20 años	1.8
25 años	2.1
30 años	2.4
35 años	2.8
40 años	3.3

7. TOTAL DE AHORROS ADICIONALES NECESARIOS EN LA JUBILACIÓN (SUME LAS LÍNEAS NÚMS. 4 Y 5 Y LUEGO RESTE LA LÍNEA 6 DE ESA SUMA): $_____

No se asuste. Para saber cuánto necesita ahorrar cada año para alcanzar su meta, tiene que calcular el interés compuesto que tendrá a lo largo de los años hasta que se jubile. Ese es cuando su dinero no sólo gana interés, sino que sus intereses también comienzan a ganar intereses, creando un efecto de bola de nieve.

8. PARA DETERMINAR LA CANTIDAD ANUAL QUE TENDRÁ QUE AHORRAR, MULTIPLIQUE LA CANTIDAD TOTAL DE LA LÍNEA NÚM. 7 POR EL FACTOR DE ABAJO: $_____

SI SE QUIERE JUBILAR EN	SU FACTOR ES
10 años	.085
15 años	.052
20 años	.036
25 años	.027
30 años	.020
35 años	.016
40 años	.013

¿YA SABE? No es imposible ni demasiado doloroso. Pero hay que planificar. Y cuánto antes empiece, mejor.

Esta hoja de trabajo simplifica varios temas de planificación de jubilación así como los beneficios proyectados del seguro social y ganancias en ahorros. También refleja los dólares de hoy: por esta razón tendrá que recalcular sus necesidades de jubilación anualmente y cada vez que su salario y circunstancias cambien. Quizás quiera hacer un análisis más profundo, ya sea utilizando una hoja de trabajo más detallada o un programa de software o con la ayuda de un planificador financiero.

educativos y otros sin fines de lucro, utilizan los 401(k) , mientras que las instituciones gubernamentales, las escuelas locales y la universidad estatal les utilizan los planes 457. Ambos son similares a los 401(k)'s.

ACCIÓN: Un folleto llamado *Top 10 ways to Beat the Clock and Prepare for Retirement* se puede conseguir en inglés y español en el Department of Labor´s Pension and Welfare Benefits Administration si llama al 800-998-7542.

 CONSEJO   *Si cuenta con un plan de pensión de beneficios definidos, no le pierda la pista.*

Un plan de pensión de beneficios definidos, garantiza una cantidad específica de dinero por un plazo de tiempo determinado cuando usted se jubile. Este plan está plenamente respaldado por su patrón. La cantidad de dinero que obtendrá depende de su edad, del número de años trabajados y de su salario. Usted es elegible para obtener estos beneficios después de la adquisición o después de haber trabajado por un periodo específico de tiempo para esa compañía.

Bajo la ley vigente, los empleados, en términos generales, adquieren estos beneficios parcialmente después de tres años y completamente después de entre cinco y siete años. Ahora bien, los funcionarios y la gente que trabaja para grupos religiosos deben trabajar para una compañía durante 10 años antes de ser elegibles. Muchos de estos planes están asegurados parcialmente por una agencia gubernamental llamada: *Pension Benefit Guarantee Corporation.*

Los planes de pensión de beneficios definidos no son tan comunes como lo fueron hasta hace algunos años. Pero si usted tiene uno, es importante que se asegure de que su patrón (o su patrón anterior si usted cambió de trabajo) cuenta con su dirección y número telefónico actuales en caso de que necesiten notificarle acerca de algún cambio en el plan, o de que usted necesite entregar un estado de cuenta de ingresos y beneficios. *No se pierdan o perderán pesos.*

Cuando llegue la hora de recibir su pensión, usted puede recibirla en una suma global o en una de tres clases de anualidades; estas últimas le harán pagos mensuales durante un periodo específico de tiempo.

Una anualidad de vida de soltero (*single-life*) es la más generosa, pero deja de realizar los pagos cuando usted muere. Una anualidad de opción conjunta (*joint-option*) paga menos, pero después de la muerte de un cónyugue, le sigue pagando al cónyuge sobreviviente o a sus beneficiarios hasta que ellos mueran. Una anualidad de vencimiento determinado (*term-certain*) le garantiza el pago por un periodo limitado de tiempo, después del cual ya no se recibe. Si usted muere dentro de ese periodo sus sobrevivientes recibirán el pago hasta su vencimiento.

Con una distribución de suma global, usted recibe la totalidad de su pensión por adelantado. La ventaja de una suma global sobre una anualidad es que puede invertir el dinero por su cuenta y tener la oportunidad de dejar la inflación atrás. Si usted elige las anualidades, el dinero que obtiene durante ese tiempo no está ajustado a la inflación, lo que significa que pierde su valor adquisitivo.

Si usted elige la suma global, piense en transferirlo a una IRA. El dinero permanecerá exento de impuestos. Usted puede controlar cómo invertirlo y cuándo realizar sus retiros. Y el dinero invertido en una IRA obtiene un cierto grado de protección contra los acreedores en el caso de que usted tenga que declararse en bancarrota.

Si usted decide embolsarse la suma global, esto podría colocarlo en una categoría tributaria superior, en cuyo caso puede utilizar el promedio de sus ingresos para calcular sus impuestos. Para resultar elegible para calcular un promedio a cinco años, usted debe haber nacido antes del primero de Julio de 1940 (el promedio a cinco años será eliminado después de 1999). Para resultar elegible para un promedio a diez años, usted debe haber nacido antes del primero de enero de 1936.

ACCIÓN: Dos folletos gratuitos, *What You Should Know About Your Pension Rights* y *Women and Pensions: What Women Need to Know and Do*. Se pueden conseguir en inglés y español si llama al Pension and Welfare Benefits Administration al 800-998-7542.

 Comprenda cuáles son sus beneficios gubernamentales y cómo obtenerlos.

El sistema de seguro social le proporciona un plan de jubilación, pero también paga por Medicare, Medicaid, seguro de incapacidad e Ingreso de Seguridad Complementaria.

Medicare, el programa de seguro médico más amplio del país, le proporciona beneficios a la gente de 65 años de edad o mayor, a los discapacitados y a las personas con una enfermedad grave de riñón. Medicaid les proporciona asistencia médica a quienes se encuentren en necesidad financiera; se fundó conjuntamente por el gobierno nacional y estatal. Los trabajadores pagan el seguro de incapacidad como parte de sus impuestos de seguro social. La elegibilidad se basa en el historial laboral y los beneficios se determinan de acuerdo con los ingresos. Los ingresos de seguridad complementaria se financian a través de las contribuciones de impuestos. Los beneficios se le pagan a gente con ingresos bajos y con recursos limitados. (Para más información consulte el Capítulo 3.)

El propósito fundamental del Seguro Social es proporcionarle beneficios de tercera edad a los jubilados. Ahora bien, El Seguro Social no pretende cubrir el 100 por ciento de sus necesidades. En el mejor de los casos, usted puede considerarlo como un modesto cimiento, a partir del cual podrá construir un plan de jubilación con ahorros y pensiones adicionales.

De acuerdo con la reglamentación del seguro social, la jubilación se otorga, generalmente, a los 65 años de edad. A esto se le llama "edad de jubilación completa". El plan de jubilación que se paga en este caso se llama "beneficios de jubilación completa". Ya que el índice vital está aumentando, sin embargo, la edad de jubilación completa se pospondrá de forma paulatina hasta que llegue a la edad de 67 años. (Vea el cuadro para verificar las diversas edades y sus beneficios correspondientes.)

Usted puede comenzar a obtener los beneficios del Seguro Social desde los 62 años de edad, sin embargo, la cantidad de dinero que recibirá en ese caso será menor a la obtenida con los beneficios de jubilación completa. Sus beneficios se irán reduciendo en forma permanente dependiendo del número de meses que usted haya recibido pagos antes de haber alcanzado la edad de jubilación completa. Verifique con el SSA la proporción en que estos beneficios se verán reducidos.

¿Le gusta trabajar? Usted puede seguir trabajando y recibir los beneficios del seguro social, ahora bien, la cantidad de beneficios que reciba dependerá de su edad y de sus ingresos. Si usted tiene menos de 65 años de edad, puede ganar hasta 8.640 dólares anuales sin que ello afecte sus beneficios. Sin embargo, se verán reducidos en una proporción de 1 por cada 2 dólares ganados más allá de ese límite.

Si usted tiene entre 65 y 69 años de edad, usted puede ganar hasta

LA EDAD EN LA CUAL PUEDE RECIBIR LOS BENEFICIOS DEL SEGURO SOCIAL	
SI ESTE ES SU AÑO DE NACIMIENTO....	**ESTA ES LA EDAD EN LA QUE USTED DEBE RECIBIR LOS BENEFICIOS DEL SEGURO SOCIAL**
Hasta 1937	65 años
1938	65 años, dos meses
1939	65 años, cuatro meses
1940	65 años, seis meses
1941	65 años, ocho meses
1942	65 años, diez meses
1943-54	66 años
1955	66 años, dos meses
1956	66 años, cuatro meses
1957	66 años, seis meses
1958	66 años, ocho meses
1959	66 años, diez meses
1960	en adelante 67 años

13.500 dólares anuales sin que ello afecte sus beneficios y sin embargo, se verán reducidos en una proporción de 1 por cada 3 dólares ganados más allá de ese límite. Una vez que cumpla los 70 años de edad, puede ganar cualquier cantidad sin que ello afecte sus beneficios del seguro social.

Cuando solicite sus beneficios del seguro social, usted y su cónyuge necesitarán entregar sus números del seguro social, copias originales o certificadas de sus actas de nacimiento o alguna otra prueba o identificación de edad, su acta de matrimonio o divorcio, las actas de nacimiento o los certificados de adopción de sus hijos en el caso de que estén reclamando beneficios por cualquier hijo y las copias de su última declaración de impuestos.

ACCIÓN: Puede obtener los siguientes folletos gratuitos en inglés y español: *Social Security Retirement Benefits, Social Security: The Basic Facts* y *Understanding the Benefits*, si llama al SSA al 800-772-1213 o visita el sitio de Internet al www.ssa.gov/.

Participe en el plan de 401(k) de su compañía y deposite en él la mayor cantidad de dinero posible.

Si su patrón ofrece un plan de 401(k), debe participar *con todo el dinero que pueda y lo más pronto posible*. Los depósitos en los 401(k)s reducen el monto de su ingreso sujeto a impuestos en una proporción de 1 por 1 dólar. El dinero depositado en su 401(k) aumenta exento de impuestos, aun cuando deberá pagar impuestos sobre el retiro (cuando saque el dinero depositado ahí). Los depósitos de equiparación efectuados por algunos patrones varían desde 10 centavos a un dólar por cada dólar que usted haya depositado, hasta un tope del 3 al 6 por ciento del total de su ingresos anuales.

Es posible que tenga que esperar hasta un año antes de que pueda participar en el plan de 401(k) de su compañía. En algunos casos es necesario haber cumplido los 21 años de edad. Algunas compañías podrían permitirle participar de inmediato, pero tendrá que pasar un periodo específico de tiempo antes de que la compañía comience a equiparar los depósitos. Otras compañías le permitirán incorporarse al plan sólo en alguna fecha prefijada. Para obtener más detalles visite al administrador del plan en el departamento que s eencargue de sus beneficios.

La cantidad máxima que se puede depositar en un 401(k) es de 10.000 dólares al año. La mayor parte de los patrones, sin embargo, limitan los depósitos que usted puede hacer a un porcentaje determinado de su pago bruto. Los depósitos se deducirán de su sueldo cada periodo de pago y la cantidad será registrada en su cheque de nómina.

La mayoría de los planes 401(k) ofrecen una variedad de opciones de inversión incluyendo efectivo (fondos del mercado monetario y bonos del tesoro), acciones (domésticas y extranjeras, de selección pequeña y amplia), bonos (con diversos plazos de vencimiento) y fondos mutuos. Las opciones que usted elija para diversificar su cartera de valores dependerá de cuánto riesgo desee asumir y de qué tan pronto necesite el dinero. (Para obtener mayor información vea el Capítulo 4.)

Si usted trabaja para un grupo religioso, caritativo, educativo o cualquier otra organización sin ánimo de lucro, probablemente le ofrecerán un plan 403(b), que es parecido al 401(k). Los planes 403(b) son también llamados planes de anualidades con impuestos diferidos (*Tax-Deferred Annuities*) o TDAs. Si usted trabaja para alguna institución gubernamental, una escuela local o para una universidad estatal, podrían ofrecerle un plan 457.

Los planes 403(b)'s son más engañosos que los 401(k)s. Un tipo de plan 403(b)'s le permite apartar los ingresos con impuestos diferidos en un contrato de anualidades ofrecido por una compañía de seguros (se hablará más sobre las anualidades más adelante en este mismo capítulo). El otro plan, llamado 403(b)7, puede convenirse con una compañía de fondos mutuos y le permite elegir entre anualidades y fondos mutuos.

En un 403(b) usted puede depositar hasta 10.000 dólares anuales, pero en algunos casos puede hacerlo hasta con 12.500 dólares al año a través de una cláusula de "actualización". Una advertencia: No todos los planes 403(b) cumplen con el *Employee Retirement Income Security Act* de 1974, conocido como ERISA, que obliga a los patrones a ser prudentes y supervisar la selección, administración y revisión de las inversiones de los planes de jubilación.

Un plan 457 puede resultar igualmente confuso. Este es un programa de jubilación complementario con impuestos diferidos que les permite a los funcionarios públicos depositar hasta 8.000 dólares o un 25 por ciento de su ingresos brutos, el que sea menor, a una cuenta de retiro. Los ahorros aumentan con impuestos diferidos y no existe multa alguna por retiros hechos antes de haber alcanzado la edad de 59 años y medio.

En los planes 457 no se exigen depósitos de equiparación patronal; son simplemente planes de salario diferido. Su peor desventaja es que son planes no calificados, lo que significa que no existe garantía alguna de que los fondos permanezcan en su cuenta, ya que el dinero puede ser sacado por el patrón o por los acreedores de éste.

Casi todos los planes 401(k) son sensacionales —con la excepción de los costos. Se cobran cuotas por transacciones, manejo y gestión del plan y por cualquier servicio prestado a los miembros. No es sólo que estos costos se estén elevando, sino que muchos patrones no los desglosan adecuadamente.

Si usted piensa participar en un plan 401(k), 403(b) o 457, o si de hecho ya está en alguno de ellos, le recomendamos que lea uno de los pocos libros que hemos visto que describe ampliamente los tres tipos de planes: *A Common sense Guide to Your 401(k)* de Mary Rowland (Bloomberg Press, 1998).

Su patrón debe proporcionarle información sobre los planes que ofrece, ya sea a través de materiales escritos o de seminarios. Muchos sitios en Internet tienen información básica sobre los 401(k)s. Es más difícil obtener asesoría personalizada sobre los 401(k)s, pero usted siempre puede conseguirla a través de un planificador financiero.

El *Teachers Insurance and Annuity Association College Retirement Equities Fund* (TIAA-CREF) tiene asesores que hablan español y folletos sobre los planes de 403(b) también en español. El ICMA Retirement Corp. ofrece un folleto sobre los planes 457 llamado *Tax Shelter for Your Future* tanto en inglés como en español.

ACCIÓN: Para obtener un folleto gratuito llamado *Life Advice About 401(k) Plans for Retirement,* escriba al Consumer Information Center, Pueblo, CO 81009. Asegúrese de preguntar por el folleto #655D. También puede conseguirlo en Internet en www.pueblo.gsa.gov/. Para contactar al TIAA-CREF y obtener información sobre los planes 403(b) llame al 800-842-2733. Para contactar al ICMA Retirement Corp. y obtener información de los planes 457 llame al 800-669-7400. Para obtener un folleto gratuito titulado *A Look at 401(k) Plan Fees,* llame al Pension and Welfare Benefits Administration al 800-998-7542, o visite el sitio de Internet al www.dol.gov/dol/pwba.

Consejo   ***Esté consciente de las multas si realiza un retiro prematuro de un 401(k)***

Usted puede tener acceso a sus fondos de 401(k) antes de cumplir los 59 y medio años de edad, siempre y cuando sea elegible para un retiro de apuro (emergencia). Un apuro es definido por el IRS como "una necesidad financiera inmediata e importante." Estas necesidades incluyen gastos médicos, matrícula universitaria, el enganche de una primera casa (en la que vive) y dinero para evitar el desahucio por incumplimiento de pago de la hipoteca de la vivienda en que reside.

No es fácil cumplir con todos los requisitos. Antes de darle el dinero, su patrón debe estar convencido de que usted ya agotó cualquier otra posibilidad o recurso de pagar por este apuro, incluyendo un préstamo de su 401(k). Una vez que obtenga el dinero, se le prohibirá realizar cualquier depósito a su 401(k) durante un año.

Pero eso no es todo. Usted deberá pagar, además, una cuota elevada por acceder a ese dinero. Existe una multa gubernamental del 10 por ciento por retiro prematuro y probablemente también una multa estatal. Y el monto retirado será gravable. Podría, de hecho, acabar por perder aproximadamente la mitad del monto en multas e impuestos. *¡Ay!*

 CONSEJO   ***Sólo utilice parte de su 401(k) como préstamo como último recurso.***

Algunas personas dicen que los préstamos de 401(k) son un gran negocio porque el interés que paga es menor a los cargos de interés de su tarjeta de crédito, y además se estará pagando el interés a sí mismo. Otras se oponen rotúndamente a muerte a este tipo de préstamo. Es su dinero, dicen, entonces ¿por qué pagar una prima por pedirlo prestado?

La decisión de utilizar un préstamo de un 401(k) es muy personal, pero nosotras creemos que debe hacerlo sólo como último recurso. *¿Por qué?* porque usted podría conseguir un arreglo igual de bueno, o aún mejor, con una tarjeta de crédito sin intereses o de bajo interés o incluso un préstamo sobre el valor de cotización de su casa.

Solicitar un préstamo de su 401(k) también puede resultar caro. Usted puede tomar en préstamo hasta la mitad del saldo existente en su cuenta 401(k), pero no más de 50.000 dólares. La tasa de interés es, en términos generales, la tasa interbancaria vigente (*prime rate*) más un uno por ciento. Muchos de los 401(k) cobran cuotas únicas de hasta 75 dólares para establecer el préstamo y cuotas de hasta 50 dólares anuales por gestionarlo.

El préstamo debe pagarse en un plazo no mayor a cinco años (a menos que se utilice para comprar una casa) y de inmediato si usted se retira de su trabajo. Si no lo paga dentro de los términos establecidos, usted asumirá una deuda de impuestos estatales de renta sobre el saldo pendiente y se le cargará una multa del 10 por ciento y posiblemente una multa estatal adicional.

Algunos 401(k) limitan el monto que usted puede solicitar en préstamo. Otros le permiten solicitarlo sólo para "apuros" específicos. Las dos razones fundamentales para evitar utilizar un préstamo de su 401(k) son el costo y la doble carga de impuestos. Solicitar un préstamo de sus 401(k), y reducir o suspender los depósitos durante el tiempo que esté pagando el préstamo, impide que su dinero siga acumulándose con la rapidez con la cual lo habría hecho si lo hubiera dejado ahí.

Además, los pagos de su préstamo básicamente pagarán un doble impuesto. Primero, usted toma en préstamo dinero bruto, pero lo amortiza con dinero neto. Segundo, cuando se jubile y comience a sacar el dinero de su 401(k) volverá a pagar impuestos sobre esos mismos dólares.

 Consejo   *Sea cuidadoso con su 401(k) cuando se retire de un trabajo.*

Si usted se retira de un trabajo, el dinero acumulado en su plan 401(k) se puede dejar tal cual (si es permitido), canalizar a una IRA o al plan 401(k) de su nuevo empleo dentro de un plazo de 60 días, o se puede sacar periódicamente durante por lo menos cinco años o hasta que cumpla los 59 años y medio de edad, lo que ocurra después.

La fecha de vencimiento a 60 días funciona así: si el dinero se le envía directamente a usted, el 20 por ciento de la cantidad total, será retenida automáticamente para pagar los impuestos nacionales. Usted tendrá que cubrir por su cuenta ese 20 por ciento que falta y depositar la cantidad completa en un nuevo 401(k) o en una IRA dentro de los siguientes 60 día para evitar las multas.

Si usted no lo hace dentro del plazo de 60 días, se le cargarán los impuestos sobre la renta nacionales, estatales y locales sobre la cantidad que usted retuvo más la multa por retiro prematuro si usted no ha cumplido los 59 años y medio. Estos impuestos y multas podrían llegar a ser de casi la mitad de la suma total.

Déjelo ahí. Si usted tiene 5.000 dólares o más en su 401(k), puede dejarlo tal cual (una cantidad inferior a esta sólo puede dejarse en la cuenta si su antiguo patrón lo autoriza). No podrá realizar más depósitos a ese plan ni tomar prestado ese dinero. Cualquier préstamo pendiente deberá pagarse completamente o estará sujeto a impuestos de distribución.

Si su cuenta contiene menos de 5.000 dólares y su antiguo patrón no le permite dejarlos ahí, usted deberá dar instrucciones para que se deposite el dinero en cualquier otra cuenta de jubilación de forma inmediata o le enviarán el dinero y la fecha límite de 60 días comenzará a correr.

Rotación de IRA/401(k): Con una rotación regular, el dinero le es enviado directamente a usted y tiene 60 días para transferir el dinero a otra cuenta de impuestos diferidos. Con una rotación directa el depositario del plan de su antiguo patrón envía la cantidad completa directamente al depositario del plan 401(k) de su nuevo patrón o al garante del IRA. Si el cheque le es enviado a usted, asegúrese de que éste sea extendido a nombre del nuevo depositario o garante para evitar la retención de impuestos automática.

Si a usted no le gusta el plan 401(k)'s de su nueva compañía, o si esta no permite rotaciones, usted puede invertir ese dinero en una IRA independiente. Si llama "IRA conducto"y es independiente de sus otras IRAs y si usted no desea hacer más depósitos en ella, puede rotarla en el futuro a un nuevo plan de 401(k).

Renta vitalicia: Usted puede realizar retiros periódicos de su plan con base en su índice vital. Usted evitará la multa del 10 por ciento por retiro prematuro, pero el dinero que saque será gravable. Los retiros deben hacerse durante por lo menos cinco años o hasta la edad de 59 años y medio, lo que ocurra después.

 Considere una IRA

Cualquiera que haya percibido algunos ingresos puede establecer una cuenta IRA en un banco, unión de crédito, casa de bolsa, compañía de seguros o compañía de fondos mutuos. El dinero de su IRA puede colocarse en muchas y muy diferentes clases de inversión, incluyendo cuentas CD, cuentas de inversión, bonos del tesoro, acciones, bonos y fondos mutuos. En la mayoría de los casos, usted pagará impuestos hasta que retire el dinero.

Sus depósitos serán total o parcialmente desgravables según sus ingresos, el tipo de IRA que elija y si su cónyuge participa en algún plan de jubilación de patrocinio patronal, tal como un 401(k). Existen tres clases de IRAs: la Tradicional (desgravable o no), las IRAs Roth y las IRAs Educativas.

IRAS Tradicionales desgravables: Usted puede depositar anualmente, hasta 2.000 dólares en una IRA (4.000 dólares anuales si está casado). Su depósito es desgravable en el caso de que ni usted ni su cónyuge participen en un plan de jubilación de patrocinio patronal, sin importar cuál sea su nivel de ingresos.

Si usted es soltero y participa en un plan de jubilación de patrocinio patronal, la posibiliadda de que su IRA siga siendo desgravable comienza a desaparecer progresivamente cuando el ajuste de sus ingresos brutos (AGI) llegue a los 30.000 dólares, y se elimina completamente cuando este ajuste exceda los 40.000 dólares. Para el año 2005 la desaparición progresiva se elevará a entre 50.000 y 60.000 dólares.

Si usted es casado y participa en un plan de jubilación de patrocinio patronal, la posibilidad de que su IRA siga siendo desgravable comienza a desaparecer progresivamente cuando su AGI combinado llegue a los 50.000 dólares y se elimina por completo cuando este ajuste excede los 60.000 dólares. Para el año 2007 la desaparición progresiva se elevará a entre 80.000 y 100.000 dólares.

Si usted está casado y no está cubierto(a) por un plan de jubilación de patrocinio patronal, pero su cónyuge sí lo está, la posibilidad de que su IRA siga siendo desgravable comienza a desaparecer progresivamente cuando su AGI combinado llegue a los 150.000 dólares, y se elimina por completo cuando este ajuste excede los 160.000 dólares. Todas las distribuciones serán consideradas como ingresos ordinarios y están sujetas a impuestos en el momento de retirar el dinero de la cuenta.

IRAs Tradicionales no gravables: Usted puede realizar un depósito en una IRA de hasta 2.000 dólares (4.000 dólares *si está casado*) si sus ingresos exceden la escala de desaparición progresiva. Simplemente dejarán de ser no gravables. Las ganancias sobre los depósitos se consideran como ingresos ordinarios y son imponibles en el momento de retirar el dinero de la cuenta.

Con las IRAs tanto como con las que no lo son, los retiros son obligatorios a la edad de 70 años y medio, o al momento de la muerte. Si usted realiza un retiro antes de la edad de 59 años y medio usted tendrá que pagar una multa del 10 por ciento a menos que utilice el dinero para cubrir los gastos de educación superior, para comprar una primera casa (los retiros están limitados a 10.000 dólares), o para pagar gastos médicos no reembolsables que excedan el 7.5 por ciento de su AGI.

Las IRAs Roth: Usted puede depositar hasta 2.000 dólares a una IRA Roth (4.000 si está casado), dependiendo de su AGI. El depósito no es desgravable, pero los retiros están completamente exentos de impuestos en tanto se adhiera a algunas reglas específicas.

Si usted es soltero(a), puede depositar los 2.000 dólares completos en una IRA Roth si su AGI es de 95.000 dólares o menos. El depósito comienza a descender progresivamente cuando su AGI sea de entre 95.000 y 110.000 dólares, y se elimina por competo cuando este excede los 110.000 dólares.

Si usted es casado puede depositar los 4.000 dólares completos en una

IRA Roth si su AGI es de 150.000 dólares o menos. El depósito comienza a descender progresivamente cuando su AGI sea de entre 150.000 y 160.000 dólares, y se elimina por completo cuando este excede los $160.000 dólares.

A diferencia de las IRAs tradicionales, no existe una obligatoriedad de retiro y se pueden seguir haciendo depósitos a una IRA Roth después de la edad de 70 años y medio, si continua trabajando. Y si usted muere antes de haber agotado la cuenta, el dinero que quede en la IRA Roth pasará a sus herederos exentos de impuestos.

Los retiros están completamente exentos de impuestos en tanto haya tenido la cuenta durante por lo menos cinco años, las distribuciones se hacen después de los 59 y medio años de edad después de la muerte, a cuenta de discapacidad, o si el dinero se utiliza para pagar gastos de educación superior o la compra de una casa por primera vez (los retiros están limitados a 10.000 dólares). De otra forma los retiros prematuros estarán sujetos a la multa del 10 por ciento.

Usted puede convertir o rotar su IRA tradicional en/a una IRA Roth siempre y cuando su AGI individual o conjunta no exceda los 100.000 dólares. (Las parejas casadas que declaran independientemente no pueden hacer la conversión) La conversión será considerada una distribución de su IRA vigente y estará sujeta a impuestos, pero las distribuciones hechas antes de los 59 años y medio de edad no estarán sujetas a la multa tributaria del 10 por ciento. Este impuesto se puede pagar en cuatro plazos iguales si la conversión se hizo antes de 1998. Pero las conversiones realizadas a partir de 1999 se deben cubrir en un pago único.

Debido a que los valores convertidos a una IRA Roth son gravables con una tasa de ingresos normales, convertirlos cuando el mercado de valores está a la baja, implica pagar una cuenta de impuestos menor ya que el valor de su IRA también bajará. Pero si usted convierte cuando el mercado de valores está en alza, puede aprovechar de una regla del IRS que le permite deshacer la conversión y posteriormente reconvertirla a una IRA Roth, para reducir su cuenta tributaria. En 1999, sin embargo, sólo se permitía reconvertir una sola vez. Y las nuevas reglas que regirán las conversiones después de este año no se habían anunciado cuando terminamos de escribir este libro.

Si usted está comenzando desde cero, las Lauras recomiendan adquirir una IRA Roth, en lugar de una tradicional debido a que es muy probable que brinde mayores rendimientos en los ingresos netos. Calcular la conversión de una IRA tradicional a una IRA Roth, sin embargo, resulta mucho más complicado.

No haga la conversión si usted está sólo a unos cuantos años de jubilarse y piensa que sus ingresos disminuirán lo suficiente como para colocarlo en una categoría tributaria menor, o si piensa sacar dinero de su IRA tradicional para pagar los impuestos del dinero que utilizó para hacer el cambio a una IRA Roth.

¿Porqué? Si usted convierte a una IRA Roth y está próximo a retirarse, terminará con una mayor cuenta tributaria a pagar por adelantado mientras que se ahorra una cantidad relativamente baja en el retiro de los fondos. Y nunca es una buena idea sacar el dinero de una IRA que con el tiempo hubiera obtenido interés compuesto.

Considere convertir a una IRA Roth si no puede deducir una IRA tradicional o si espera permanecer en la misma categoría o subir de categoría tributaria cuando se jubile. Recuerde, las IRAs tradicionales son imponibles como ingresos ordinarios sobre el retiro de los fondos, mientras que las IRAs Roth están exentas de impuestos.

El argumento de fondo es que usted tiene que hacer los cálculos. La mayor parte de los garantes de IRAs proporcionan hojas de trabajo, software de computación o calculadoras en línea (Internet) para ayudarle a calcular cuando convertir. Usted tiene, sin embargo, que hablar también con su planificador financiero o con su contador si tiene uno.

Mientras que las IRAs Roth están exentas de impuestos nacionales, las ganancias generadas por ellas podrían ser tratadas como ingresos no ganados para propósitos tributarios en seis estados —Arkansas, Georgia, Hawaii, Massachusetts, New Jersey, y North Carolina, más el Distrito de Columbia— a menos que las leyes tributarias hayan cambiado. Póngase en contacto con su garante de IRAs para obtener los detalles al respecto.

Cuentas educativas IRAs: Con la cuenta educativa IRA, usted puede depositar hasta 500 dólares por un hijo en una cuenta de inversión exenta de impuestos. Estos depósitos no son desgravable, pero las ganancias están exentas de impuestos siempre y cuando el dinero se utilice para pagar gastos de educación. (Para obtener mayor información vea el Capítulo 6.)

Al igual que los 401(k), las IRAs ofrecen una variedad de opciones de inversión y la ubicación de sus valores depende de cuánto riesgo usted desee asumir y en que medida necesite el dinero. (Para obtener mayor información vea el Capítulo 4.) Cuando esté buscando un sitio donde abrir una IRA, compare cuotas y asegúrese de que el plan le ofrece los tipos de inversión que usted desea.

Casi todas las compañías de fondos mutuos y los bancos pueden proporcionarle folletos gratuitos y equipos sobre las IRAs. Merrill Lynch, Schwab, Fidelity y T. Rowe Price ofrecen materiales en inglés tanto como en español, o pueden ponerlo en contacto con un representante de servicios al cliente que hable español.

ACCIÓN: Para contactar a Merrill Lynch llame al 800-MERRILL. Para contactar a Schwab en inglés llame al 800-435-4000. Para contactar al Centro Latinoamericano de Schwab, llame al 800-362-1774. Para contactar a Fidelity en inglés llame al 800-544-8888; en español llame al 800-544-5670. Para contactar a T. Rowe Price, llame al 800-638-5660.

 CONSEJO   *Trate de depositar dinero en los dos tipos de cuenta, 401(k)s e IRAs.*

Debe tratar de depositar la mayor cantidad posible de dinero a su plan 401(k) y al IRA. Pero si tiene que elegir, a la mayoría de las personas les conviene más abrir primero una 401(k) ya que el límite de depósito es más alto (hasta 10.000 dólares anuales) que el límite de una IRA (2.000 para solteros y 4.000 para parejas).

Existen también otros beneficios. El dinero sale directamente de su sueldo, lo que hace el ahorro más fácil y menos doloroso. En vista de que este dinero se deposita en sus inversiones de forma regular, usted obtiene la ventaja del costo del dólar promedio. Y puede retirar una suma global del plan 401(k) y utilizar el promedio de ingresos para calcular sus impuestos. Su patrón podría incluso equiparar sus depósitos 401(k), ingresando cualquier cantidad de entre 10 centavos a un dólar por cada dólar que usted deposite.

Usted siempre puede hacer un depósito en una IRA, aun si está participando en un 401(k). Pero el depósito sólo será desgravable si usted reúne ciertos requisitos de ingreso. Los individuos obtienen una retención completa de impuestos de una cuenta IRA si sus ingresos son de 30.000 dólares o menos, retenciones parciales si sus ingresos se encuentran entre 30.000 y 40.000 dólares y no obtendrán retención alguna si sus ingresos son superiores a los 40.000 dólares. Para el año 2005, los límites de descenso progresivo se elevarán a 50.000 y 60.000 dólares.

Las parejas casadas que declaran conjuntamente obtienen una retención completa de una IRA si sus ingresos son de $50.000 dólares o menos, retenciones parciales si sus ingresos se encuentran entre 50.000 y 60.000 dólares y no obtendrán retención alguna si sus ingresos son superiores a los 60.000 dólares. Para el año 2007, los límites de descenso progresivo se elevarán a 80.000 y 100.000 dólares.

 Si usted resulta elegible contribuya a una SEP-IRA.

Las SEP-IRA son una combinación de un plan de pensión y una IRA y pueden ser adquiridas por cualquier propietario de un negocio o por alguien que trabaja por cuenta propia a través de una compañía de fondos mutuos, banco o casa de valores. Los depósitos a una cuenta de SEP-IRA, hechos a través de un patrón, son totalmente desgravables. Pero están limitadas a un 15 por ciento de la compensación anual o a 30.000 dólares, la que resulte menor.

 Si usted resulta elegible contribuya a una IRA SIMPLE o a un 401(k) SIMPLE.

Las IRAs y 401(k) SIMPLES están limitadas a empresas con 100 empleados o menos, que hayan ganado por lo menos 5.000 dólares durante el año civil anterior y que no tengan otro plan de jubilación. Estos planes se pueden establecer y mantener de forma fácil y poco costosa. En ambos planes, el depósito máximo anual por empleado es de 6.000 dólares.

Con una IRA SIMPLE, los patrones están obligados a realizar un depósito de equiparación de dólar por dólar por cada empleado que participe, hasta un máximo del 3 por ciento de la nómina de pago. El patrón puede elegir, en lugar de lo anterior, realizar un depósito uniforme del 2 por ciento por cada empleado, ya sea que participe o no en el plan.

Con las IRAs SIMPLES no se permiten retiros o préstamos de apuro y cualquier retiro de efectivo efectuado antes de cumplir los 59 años y medio de edad está sujeto a la multa federal del 10 por ciento, y posiblemente a una multa estatal. Además, si usted realiza un retiro de efectivo dentro de los dos primeros años de haber abierto la IRA SIMPLE, tendrá que pagar una multa del 25 por ciento. En algunos casos los retiros o préstamos de apuro podrían permitirse, pero debe verificar los detalles con el gestor del plan.

ACCIÓN: Un folleto gratuito llamado *Savings Incentive Match Plans for Employees of Small Employers: A Small Business Retirement Savings Advantage*, se puede conseguir si llama a la Pension and Welfare Benefits Administration al 800-998-7542.

 CONSEJO   *Si usted resulta elegible contribuya a un plan Keogh.*

Los planes de jubilación conocidos como Keogh están diseñados para empresas y para gente que trabaja por cuenta propia. Los depósitos son desgravables, sin importar el nivel de ingresos o la participación en un plan de jubilación de patrocinio patronal. Los planes calificados, sin embargo, resultan mucho más caros de establecer y más difíciles de mantener que los SEPs o SIMPLEs.

Existen tres clases de depósitos definidos Keogh: el plan de reparto de utilidades, el plan de compra monetaria o una combinación de los dos. Existe también un Keogh de beneficios definidos, pero este tipo de plan es muy poco frecuente.

Con un Keogh de reparto de utilidades, usted puede contribuir hasta con un 15 por ciento de su ingresos netos anuales o con 24.000 dólares, lo que resulte menos. Con un Keogh de compra monetaria, usted puede contribuir hasta con un 25 por ciento de su ingresos netos anuales o con 30.000 dólares, lo que resulte menos.

Con un Keogh combinado, usted elige el nivel porcentual base que puede depositar anualmente en su plan de compra monetaria y que puede depositar en su plan de reparto de utilidades sobre una base fluctuante anual. El depósito combinado anual, sin embargo, es de un máximo del 25 por ciento de sus ingresos netos anuales, o de 30.000 dólares, el que resulte menor.

Con un Keogh de beneficio definido, usted puede depositar hasta el 100 por ciento de sus ingresos netos para alcanzar un beneficio pre-determinado de hasta 130.000 dólares anuales cuando se jubile. Un actuario deberá revisar su cuenta cada año para determinar cuál debe ser su contribución. Si usted deposita demasiado dinero a lo largo del año, deberá retirar el excedente o tendrá que pagar una multa del 10 por ciento sobre esa cantidad.

Con la mayor parte de los Keogh, el retiro de fondos realizado antes de cumplir los 59 años y medio de edad ocasionará una multa del 10 por ciento sobre la cantidad retirada y probablemente una multa estatal. También tendrá que pagar un impuesto sobre la renta sobre la cantidad y deberá comenzar a sacar las distribuciones después de haber cumplido los 70 años y medio de edad. Es posible que estos préstamos estén disponibles, pero deberá referirse a su resumen de la descripción del plan, o SPD, para obtener más detalles.

 ¿Cómo elegir entre una SEP, un SIMPLE, una Keogh o un 401(k) tradicional?

Si usted trabaja por cuenta propia o dirige un negocio pequeño y le gustaría establecer un plan de jubilación para usted o para sus empleados, decidir cómo hacerlo se vuelve más complicado. Necesita hacerse muchas *preguntas*:

♦ ¿Cuánto dinero debe apartar para un plan?
♦ ¿Desea realizar depósitos para sus empleados o prefiere que ellos difieran sus ingresos?
♦ ¿Cuánto tiempo y dinero desea gastar en el plan?
♦ ¿El objetivo fundamental del plan es beneficiar a los empleados o proporcionarle, a usted, el patrón, una forma de reducir sus impuestos?

Un buen planificador financiero podría ayudarlo a establecer un SEP, SIMPLE, o una Keogh que satisfaga sus necesidades. Pero si usted está estableciendo un plan para sus empleados, considere la asesoría de un administrador de un plan de jubilación y beneficios para empleados que pueda ayudarlo a determinar lo que resulta mejor para su compañía.

ACCIÓN: Dos folletos gratuitos llamados, *Simplified Employee Pensions: What Small Businesses Need to Know* y *Simple Retirement Solutions for Small Businesses*, se pueden conseguir de la Pension and Welfare Benefits Administration si llama al 800-998-7542.

No se olvide del seguro de cuidados a largo plazo.

Nada se llevará su gallina de los huevos de oro de su retiro más rápidamente que una incapacidad de largo plazo. El seguro de cuidados a largo plazo pagará por todo o por parte del costo del centro médico o de cuidados o del cuidado en casa. Las primas de los planes de seguro de cuidados a largo plazo son desgravables si estos costos, más otros gastos médicos, exceden el 7.5 por ciento de sus ingresos brutos ajustados. Los beneficios de los pagos de un seguro de cuidados a largo plazo están también excluidos de los ingresos gravables. (Para obtener más información al respecto vea el Capítulo 3.)

 Considere una hipoteca inversa si posee una casa y necesita efectivo.

Si usted tiene por lo menos 62 años de edad y es dueño de su propia casa o le queda una cantidad muy pequeña por amortizar su hipoteca, podría conseguir un préstamo muy generoso sobre el valor de cotización de su casa a través de una hipoteca inversa. El préstamo no necesita pagarse hasta que venda la propiedad, se mude o se muera. Recordarán que en el Capítulo 5 hablamos sobre las hipotecas tradicionales, en las que usted amortiza el préstamo sobre su casa en forma mensual. Con una hipoteca inversa, los acreedores recuperan su capital y los intereses cuando la casa se vende. Los beneficios restantes, si quedan, se entregan a sus beneficiarios.

Si el producto de la venta no cubre el capital y los intereses adeudados, el acreedor no le puede molestar a usted ni poner en peligro sus propiedades para cobrar la diferencia. Es decir, usted nunca deberá una cantidad mayor al valor de su casa.

Usted puede obtener el dinero de una hipoteca inversa en una suma global, recibir pagos mensuales regulares por un periodo específico de tiempo o mientras viva en la casa, utilizarla como una línea de crédito o combinar todas las opciones.

Con las hipotecas inversas no se requieren, como con otras clases de préstamos, condiciones de crédito o ingresos. La mayoría de las personas mayores tienen ingresos fijos limitados, lo que dificulta que sean elegibles para cualquier crédito que no sea el de la hipoteca inversa.

Las hipotecas inversas suenan muy bien, pero tienen desventajas. Su deuda crece con el tiempo, lo que significa que el valor de cotización de su casa se reduce. Esto puede provocar que sus herederos se queden sin nada.

Aun cuando el dinero que recibe de una hipoteca inversa está exento de impuestos, podría afectar su SSI o sus beneficios médicos, ya que estos últimos están diseñados para consumidores de bajos ingresos.

Dependiendo del programa que elija, la cantidad de dinero que obtiene a través de una hipoteca inversa está, a menudo, limitada. Tanto HUD *Home Equity Conversion Mortgage* (HECM) como el *Fannie Mae´s Home Keeper Reverse Mortgage*, por ejemplo, tienen un límite de préstamo de 214.000 dólares. En el caso de que usted necesite un préstamo mayor a esta cantidad, tiene que tramitarlo con un prestador de crédito privado.

Por otro lado, los costos asociados a las hipotecas inversas varían enormemente y puede resultar difícil calcularlos. Usted puede comparar las hipotecas inversas con el Costo Anual de un Préstamo [*Total Annual Loan Cost (TALC)*] que los prestadores de crédito desglosan bajo las leyes de Veracidad en los Préstamos (*Truth in Lending*). El TALC incluye una tasación, un reporte de crédito, la tasa de interés y la cuota de originación del préstamo.

El TALC le debe ser entregado por lo menos tres días antes de que usted cierre el trato de una hipoteca inversa. También tendrá un periodo de gracia de tres días después de haber firmado el contrato, durante el cual usted puede retractarse.

¿Cómo determinará si una hipoteca inversa es la opción que debe tomar? Si necesita una cantidad de dinero menor, resultaría mejor que usted la pida prestada a su familia o a sus amigos o, si le es posible, que obtenga un préstamo personal.

Muchas agencias municipales o del condado ayudan a las personas mayores que no disponen de efectivo para pagar sus cuentas de calefacción durante el invierno. Para localizar dichas agencias llame al National Association for Agencies on Aging´s Eldercare Locator al 800-677-1116.

Si usted sabe que necesitará una gran cantidad de dinero y no está obligado a conservar en su casa, una opción sería venderla, comprar una más pequeña y embolsarse el efectivo restante.

Fannie Mae, de hecho, maneja un producto de la hipoteca inversa llamado el Guardián de la Casa para la Compra de una Casa (*Home Keeper for Home*

Purchase), diseñado para ayudarlo a conservar una mayor cantidad de dinero en su bolsillo cuando compra una casa nueva.

Al igual que la hipoteca inversa tradicional, para ser elegible, usted debe tener por lo menos 62 años de edad. El valor de cotización se basa en su edad y en el valor de la propiedad.

Digamos que usted tiene 66 años de edad y quiere comprar un condominio de 100.000 dólares. Ya que probablemente no recibe los ingresos necesarios como para ser elegible calificar para un crédito de vivienda, usted, normalmente, tendrá que pagar la totalidad de su participación en el condominio.

Pero con una hipoteca inversa de Home Keeper for Home Purchase, usted es elegible para obtener un préstamo de 52.000 dólares, lo cual significa que podrá obtener esa cantidad y tomar los 48.000 dólares restantes de sus ahorros y comprar el condominio. Esto podría eliminar sus pagos hipotecarios mensuales y dejarlo con una mayor cantidad de efectivo en su poder. Además, usted no tendrá que amortizar ese préstamo hasta que se mude, venda el condominio o se muera.

Si usted es como muchas de las personas mayores, es posible que no quiera abandonar la casa en la que ha vivido por mucho tiempo y podría necesitar una gran cantidad de dinero por un periodo de tiempo más prolongado. Si este es el caso una hipoteca inversa podría ser lo que le conviene.

Lo primero que hay que hacer si usted piensa que quiere una hipoteca inversa es ponerse en contacto con un centro de asesoría gratuita en hipotecas inversas aprobado por el HUD. De hecho está obligado a obtener asesoría si adquiere una hipoteca inversa HUD. La asesoría en hipotecas inversas es muy recomendable en todos los casos. No importa que tan sofisticado sea o si no está adquiriendo un producto HUD.

ACCIÓN:

- Para obtener más información sobre las hipotecas inversas HUD, y para obtener una lista de los asesores en hipotecas inversas aprobados por el HUD, llame al 800-466-3487.
- Para obtener más información sobre Fannie Mae´s Home Keeper, una lista de prestadores de crédito participantes y una copia gratuita de *Money from Home: A Consumer´s Guide to Reverse Mortgage Options*, llame al 800-732-6643.

- Para obtener más información sobre todos los tipos de hipotecas inversas y una guía gratuita sobre cómo convertir el valor de cotización de su casa en efectivo, solicítelo a *Home Made Money*, AARP Home Equity Information Center, 601 E St., NW, Washington, D.C. 20049.
- Para obtener una lista de prestadores de crédito hipotecario preferentes que le proporcionarán una comparación de productos de distintas hipotecas inversas y sus costos, envíe un dólar y un sobre tamaño negocio con su dirección y sellos postales a NCHEC Preferred, 7373 147th St. West, Room 115, Apple Valley, MN 55124.

 Considere la venta o el préstamo sobre su póliza de seguro de vida.

Si usted tiene una enfermedad terminal o es de edad muy avanzada, una compañía de liquidación de viáticos le pagará, normalmente, una suma global del 60 al 90 por ciento del valor nominal de una póliza de seguro de vida, según su índice vital. Después de su muerte, la compañía de viáticos recibirá todos los beneficios de su póliza de seguro de vida.

Los beneficios por muerte acelerada, conocidos también como beneficios en vida, se pueden conseguir a través de algunas compañías de seguros como parte de algunas pólizas. Para ser elegible usted debe tener, en términos generales, un índice vital de entre 6 a 12 meses. El pago que usted recibe varía del 25 al 95 por ciento del valor nominal de la póliza (la mayoría ofrece un 50 por ciento). El remanente de la póliza será pagado a sus beneficiarios después de su muerte.

Usted también puede obtener dinero en efectivo de sus pólizas de seguro de vida entera y universal si solicita un préstamo contra su valor en efectivo (generalmente esta opción no está disponible en las pólizas de seguro de grupo o a plazo fijo). La tasa de interés que usted adeudará en este tipo de préstamo puede ser fija o variable. Los beneficios de muerte le serán restablecidos si paga el préstamo y los intereses. Si no los paga, el préstamo y sus intereses serán restados del beneficio de muerte y sus herederos obtendrán el remanente. (Para más información al respecto vea el Capítulo 3.)

Evite las anualidades variables, a menos que lo haya consultado con un planificador financiero objetivo y confiable.

Las anualidades variables — fondos mutuos con un componente de seguro que permite que las ganancias de inversión aumenten con impuestos diferidos— están entre los productos financieros más complejos, caros y polémicos de todo el mercado.

Sus críticos argumentan que los vendedores promueven las anualidades variables para embolsarse grandes comisiones por adelantado, hasta el 7 por ciento. Sus partidarios refutan que las anualidades variables les permiten ahorrar una cantidad ilimitada de dinero en efectivo exenta de impuestos hasta el momento de su jubilación.

¿Y qué decimos nosotras? Debido a esta controversia, nosotras recomendamos consultar a un planificador financiero objetivo. (Para obtener más información con respecto a los planificadores financieros consulte el Capítulo 10.) Si usted sigue interesado en adquirir una anualidad variable después de haber realizado un análisis financiero a profundidad, busque con calma una anualidad variable sin carga, una opción que le puede ahorrar una gran cantidad de dinero. (Vea el recuadro correspondiente para obtener una lista de anualidades variables sin carga.)

Hasta los inversionistas más independientes, a veces necesitan la ayuda rápida y gratuita de Fidelity Investments y de T. Rowe Price, dos compañías de fondos mutuos que también venden anualidades variables. Estas compañías ofrecen hojas de trabajo, calculadores y software para ayudar a los inversionistas a elegir entre una anualidad variable y un fondo mutuo.

Recuerde que la primera regla al invertir es nunca comprar algo que no entienda. A propósito de esto, lo siguiente es una explicación de cómo funcionan las anualidades variables, para quién son y cuáles son sus alternativas.

Una anualidad variable es un producto de seguros con impuestos diferidos que invierte en cuentas similares a los fondos mutuos conocidas como subcuentas. No existen límites para la cantidad de dinero que usted puede depositar en una anualidad variable. Sus depósitos no son desgravables, pero sus ganancias aumentan con impuesto diferido.

Estas inversiones se deben mantener por mucho tiempo para que los beneficios del impuesto diferido compensen el alto costo de las cuotas. Por

ANUALIDADES VARIABLES SIN CARGA	
Ameritas No-Load Variable Annuity	800-255-9678
Anchor Advisor (SunAmerica)	800-445-7862
Galaxy Variable Annuity (American Skandia)	800-541-3087
Jack White Value Advantage Plus	800-622-3699
Janus Retirement Advantage	800-504-4440
John Hancock Marketplace Variable Annuity	888-742-6262
Providian Life Advisor's Edge	800-866-6007
Schwab Investment Advantage	800-838-0650
Schwab Variable Annuity	800-838-0650
Scudder Horizon Plan	800-225-2470
T. Rowe Price No-Load Variable Annuity	800-469-6587
Touchstone Advisor Variable Annuity	800-669-2796
USAA Life Variable Annuity	800-531-4440
Vanguard Variable Annuity Plan	800-523-9954

cuánto tiempo depende de con quién se habla, pero Morningstar Inc. sugiere que, en la mayoría de los casos, debe ser por aproximadamente veinte años.

Las anualidades variables acarrean dos tipos de cuotas altas —uno por la gestión del dinero y el otro por un contrato de seguro con beneficio de muerte que básicamente garantiza que su capital esté a salvo. Esto significa que si usted muere antes de comenzar a retirar el dinero, sus herederos recibirán una cantidad por lo menos igual a la de su inversión inicial.

El valor de su inversión en una anualidad puede fluctuar, por eso se denominan "variables." (Las anualidades fijas invierten en bonos y proporcionan una cantidad de ingresos constante.) Cuando retira el dinero de una anualidad variable, paga las tasas de interés ordinarias de impuesto hasta por un 39.6 por ciento. Con un fondo mutuo, paga un máximo del 20 por ciento sobre la ganancia de capital siempre y cuando haya invertido en el fondo por lo menos durante 18 meses.

Usted no puede retirar el dinero de una anualidad variable antes de haber cumplido los 59 años y medio de edad o se le cargará una multa del 10 por ciento. Y si la cancela en el primer año podría tener que pagar un cargo de abandono del 7 por ciento o más. Los cargos por abandono normalmente se reducen hasta cero después de siete años.

Usted puede retirar los fondos de una anualidad variable de tres maneras:

en una suma global; en cantidades mensuales fijas que se pagan hasta que el dinero se acabe; o en cantidades mensuales fijas que s epagan por el resto de su vida, aún si su cuenta se agota antes de su muerte. Ahora bien, si usted muere antes de que se acabe el dinero, sus herederos no obtendrán el remanente a menos que usted compre una anualidad variable conjunta, que es más costosa.

Además de la tasa de interés del 20 por ciento sobre las ganancias del capital, los fondos mutuos tienen otras ventajas sobre las anualidades variables. Si usted pierde dinero en un fondo mutuo, las pérdidas son desgravables mientras que no lo son en las anualidades variables. Para evitar el impuesto sobre ganancias de capital, puede donar participaciones de fondos mutuos a una sociedad benéfica o depositarlas en su plan de valores. Si usted lega su anualidad variable a cualquier otra persona que no sea su cónyuge, estará sujeta a las tasas de impuestos sobre la renta. Actualmente se puede redistribuir el dinero dentro de una anualidad variable o cambiarla por otra, exenta de impuestos.

En términos generales, usted sólo debe considerar una anualidad variable si ya ha contribuido con las cantidades máximas permitidas a su 401(k) o a su IRA, si no va a necesitar el dinero hasta los 59 años y medio de edad, si puede esperar durante por lo menos 20 años para comenzar a retirar los fondos y si piensa que su categoría tributaria será menor al 20 por ciento cuando se jubile.

Si ya cuenta con una anualidad variable, no le siga metiendo dinero sin un análisis financiero detallado. Una opción es cambiar su anualidad variable que pagar. Es muy posible que, a la larga, valga la pena.

ACCIÓN: Para utilizar el calculador de anualidades de Fidelity, llame al 800-544-2442 (puede utilizarlo vía telefónica, o hacer una cita con un especialista). Para obtener una copia gratuita del software de *T. Rowe Price´s No-Load Fixed and Variable Annuity Analyzer*, llame al 800-469-5304.

■ REPASO

♦ Trate de calcular cuánto dinero va a necesitar después de su jubilación.

♦ Comience ya a ahorrar e invertir aunque sea con una pequeña cantidad cada mes. Entre más pronto mejor.

- ◆ No sea demasiado conservador a la hora de invertir a medida que envejece —es posible que siga viviendo mucho tiempo después de haberse jubilado.
- ◆ No le pierda la pista a su plan de pensión de beneficios definidos, si cuenta con uno.
- ◆ Averigüe a qué beneficios gubernamentales tiene derecho y cómo obtenerlos.
- ◆ Participe en el plan 401(k) de su compañía o en una IRA, y deposite la mayor cantidad de dinero que se pueda permitir.
- ◆ Sea cuidadoso con su 401(k) cuando se retira de una empresa.
- ◆ Si resulta elegible, considere adquirir una SEP, SIMPLE o un Keogh.
- ◆ Si es dueño de su vivienda y necesita efectivo, sólo considere una hipoteca inversa después de haber obtenido asesoría de una agencia aprobada por el HUD.
- ◆ No invierta en las anualidades variables a menos que entienda exactamente cómo funcionan y lo haya consultado con un planificador financiero de confianza.

RECURSOS ADICIONALES

Libros recomendados

A Commonsense Guide to Your 401(k), de Mary Rowland (Princenton, New Jersey: Bloomberg Press, 1997).

Get a Life: You Don´t Need a Million to Retire Well, de Ralph Warner. (Berkeley: Nolo Press, 1998).

IRAs, 410(k)s and Other Retirement Plans: Taking Your Money Out, de Twila Slesnick y John Suttle (Berkeley: Nolo Press, 1998).

Social Security, Medicare and Pensions: Get the Most Out of Your Retirement and Medical Benefits, de Joseph Matthews y Dorothy Matthews Berman (Berkeley: Nolo Press, 6th edition, 1996; 7th edition 1999).

❖

CAPÍTULO 8

Planificación patrimonial

"TODO TIENE REMEDIO, MENOS LA MUERTE"

PUERTO RICO

L A ACTITUD DE LOS LATINOS HACIA LA MUERTE ESTÁ LLENA de contradicciones. Considere El *Día de los Muertos*. Esta fiesta mexicana, festiva e irónica, celebrada a lo largo y ancho de los Estados Unidos, le da la bienvenida a las almas de los seres queridos que vuelven a tiempo que reconoce que la muerte es una parte inevitable de la vida.

En el Día de los Muertos, construimos altares, quemamos incienso, y le ofrecemos comida y bebida a los seres queridos difuntos. Desplegamos esqueletos de papel maché, vestidos como mariachis o recién casados, calaveras de azúcar y pan con forma de difuntos. También decoramos las tumbas y celebramos largas meriendas en los cementerios.

A pesar de la actitud aparentemente ligera que muchos latinos tienen hacia la muerte, de todas maneras, muchos de nosotros no hacemos testamento. No hacemos arreglos previos para nuestros funerales. No especificamos qué hacer en caso de que nos encontremos en un sistema de respiración artificial. Y no designamos a alguien para que tome por nosotros cualquier decisión médica o financiera en el caso de que quedemos incapacitados. *Reconocemos que éste es un tema desagradable.* Muchos de nosotros tomamos el camino más cómodo e imaginamos que, cuando llegue el momento, nuestras familias arreglarán todo. La Laura que ha trabajado como planificadora financiera al igual que como abogada, ha presenciado demasiadas veces el triste resultado de la negativa de los latinos a hacer una planificación patrimonial.

Para complicar más el asunto, en la mayoría de los países latinoamericanos, no existen los llamados impuestos mortuorios. En Latinoamérica, legar nuestro patrimonio a nuestros herederos se considera un derecho, no un privilegio. En Estados Unidos es a la inversa.

La planificación patrimonial adecuada puede garantizar que nuestros bienes serán distribuidos de la manera que queremos. Podemos nombrar un tutor para nuestros hijos menores. También podemos reducir nuestros impuestos sucesorios, dejándoles una mayor cantidad de bienes a nuestros sobrevivientes.

Delia, una administradora de asistencia médica jubilada de cuidados médicos de San Francisco, sostuvo con su madre una incómoda conversación íntima con respecto a la planificación de bienes. Seis meses después, su madre sufrió un infarto muy grave. Afortunadamente y gracias a esa conversación, Delia pudo tomar con tranquilidad las decisiones respecto a la asistencia médica de su madre. "Fue una conversación informal, pero muy eficaz", dice. "Es importante hablar sobre estas cosas, por la consideración que les debemos a los que tienen que hacer los arreglos".

Nuestro patrimonio es lo que poseemos, menos nuestras deudas, en el momento de nuestra muerte. Si el valor de nuestro patrimonio excede una cierta cantidad, 625.000 dólares para las personas solteras y 1,25 millones de dólares para las parejas casadas, le deberemos los impuestos mortuorios al gobierno.

Algunos asumimos que nuestro patrimonio se encontrará fácilmente por debajo de esos límites. Pero no es necesariamente así, en especial si poseemos una vivienda o cualquier otra propiedad de una zona de precios altos como California o Nueva York, si tenemos una póliza de seguro de vida, o si somos los propietarios de un pequeño negocio.

La piedra angular de la planificación patrimonial, es el testamento, un documento legal que establece cómo distribuir nuestros bienes y que nombra un albacea para que administre nuestro patrimonio, que ponga nuestros bienes en orden, y los distribuya de acuerdo con las disposiciones testamentarias. Más importante aún, en un testamento podemos nombrar un tutor para nuestro hijos.

Con o sin un testamento, una parte o la totalidad de nuestros bienes, deben someterse a una verificación oficial de testamentos, un trámite realizado en un tribunal en el cual se identifican nuestros bienes, se pagan los impuestos estatales y las deudas, se pagan también todos los salarios y cuotas del abogado, de la tasación, del contador y del tribunal, y los bienes se distribuyen entre nuestros beneficiarios designados. La verificación puede tomar meses o incluso años, dependiendo del Estado en el que vivamos. El costo promedio es de alrededor del 5 por ciento del patrimonio total.

Muchos de nosotros creemos que si morimos intestados, nuestro cónyuge o pareja heredará nuestro patrimonio automáticamente. O pensamos que podemos utilizar el testamento para legarle nuestro patrimonio a quien queramos. Pero, la manera en que nuestros bienes serán distribuidos depende de si usted vive en un Estado de propiedad comunal o en un Estado de ley común.

En los estados de propiedad comunal —Arizona, California, Idaho, Lousiana, Nevada, New México, Texas, Washington, Wisconsin, y Puerto Rico— se presupone que todos los bienes adquiridos durante el matrimonio, sean propiedad comunal y pertenecen por partes iguales a ambos cónyuges. Las excepciones son los bienes adquiridos a través de regalos o herencia. En los estados de ley común —todos los demás estados más Washington, D.C.— estamos obligados a legar una cantidad mínima conocida como "participación estatutaria" (*statutory share*) a nuestro cónyuge, generalmente la mitad o un tercio de nuestro patrimonio.

Si morimos sin haber hecho un testamento, nuestro dinero y posesiones serán distribuidos de acuerdo con las leyes de nuestro Estado. El tribunal nombrará un tutor para nuestros hijos menores y un administrador que actuará de albacea. Si queríamos dejarle algo a nuestro sobrino favorito, hermano, o a una sociedad benéfica, mala suerte, porque el administrador de bienes no tendrá cómo saberlo.

Con frecuencia, la verificación puede acelerarse o evitarse del todo, los impuestos se pueden reducir, eliminar o suspender, a través de una planificación coordinada financiera, tributaria y legal. Las Lauras recomiendan vigorosamente leer acerca del tema y buscar la asesoría de planificadores financieros capacitatdos, abogados y profesionales tributarios.

Puede evitar la verificación por medio de la po-sesión conjunta de bienes con derechos o sobre-vivencia.

Con este arreglo, también conocido como "el testamento del pobre" (*poor man's will*), un bien se define como la propiedad conjunta de dos o más personas. Cuando una de las personas muere, la posesión del bien pasa automáticamente al poder del sobreviviente o sobrevivientes sin tener que pasar por la verificación.

Además de evitar la verificación, otra ventaja de la posesión conjunta es que todo el procedimiento es privado. Un testamento, por otra parte, es un asunto del dominio público, lo que significa que cualquiera, incluso desconocidos, pueden enterarse del valor de su patrimonio y de cuánto le dejó a cada quién.

La posesión conjunta se utiliza, con mayor frecuencia, entre cónyuges o entre padres e hijos, abuelos y nietos, parejas homosexuales, o amigos. Puede, generalmente, disponerse en cuentas bancarias (conocidas como cuentas pagaderas a la muerte o Totten Trusts), cuentas de jubilación, acciones y bonos, automóviles, y bienes raíces.

Si usted vive en un Estado de propiedad comunal, lo más probable es que su cónyuge, con o sin posesión conjunta, ya sea dueño de la mitad de todo lo que usted posee. Así que, aún cuando usted haya puesto ese bien a su nombre, si se lo quiere legar a alguien más tiene que conseguir el consentimiento escrito de su cónyuge,.

Si usted vive en un Estado de ley común, su cónyuge puede reclamar la participación estatutaria de su patrimonio, con o sin posesión conjunta. Así que, de nuevo, si usted posee un bien solamente a su nombre, se lo puede dejar a otra persona, siempre y cuando su cónyuge esté de acuerdo.

La posesión conjunta es útil, pero tiene sus límites. Ambos dueños tienen el derecho de disponer del bien común, lo cual puede crear un problema si uno de los dos decide retirar o vender el bien sin consultarlo con el otro. La posesión conjunta es también muy difícil de disolver una vez que está establecida.

Cuando uno de los esposos muere, no se adeudan impuestos estatales cuando los bienes pasan al esposo sobreviviente. Pero los impuestos estatales pueden adeudarse si el esposo sobreviviente muere y si su patrimonio es lo suficientemente grande; no así, en el caso de que se hagan donativos a sociedades benéficas para reducir el valor del patrimonio.

Otra cosa que hay que recordar, es que las cuentas pagaderas a la muerte se anteponen a los testamentos. Eso significa que incluso si usted nombra en el testamento a un beneficiario determinado para recibir su cuenta bancaria, la persona designada como beneficiaria en la cuenta pagadera a la muerte, es la que obtendrá el dinero.

 Para evitar el proceso de verificación, considere utilizar las declaraciones juradas o los procedimientos simplificados de tribunal.

Usted puede evitar el proceso de verificación si su patrimonio reúne ciertos requisitos de monto, (la cantidad exacta depende del Estado en que viva), mediante declaraciones juradas o procedimientos simplificados de tribunal. Algunos estados permiten ambos procedimientos, mientras que otros sólo utilizan uno.

Con una declaración jurada (*affidavit*), su beneficiario prepara un documento firmado breve bajo juramento, declarando que él o ella tiene derecho a una propiedad determinada. El patrimonio elegible, abarca de uno a dos automóviles en Washington, D.C, hasta más de 100.000 dólares en California y Nuevo México. Un procedimiento de tribunal simplificado, también conocido como sumario o verificación informal, es una versión más rápida del proceso de verificación. El patrimonio elegible varía de 500 dólares o menos en Mississippi, hasta 200,000 dólares en Nevada.

Los inconvenientes de una declaración jurada o de una verificación sumaria son que, según el Estado, es posible que las transacciones de bienes, raíces estén prohibidas, que exista un periodo de espera de uno a dos meses para obtener la propiedad, que la verificación sumaria esté restringida al cónyuge sobreviviente y a los hijos.

Para obtener un amplio análisis de estas dos estrategias de evitar el proceso de verificación le recomendamos dos libros: *8 Ways to Avoid Probate: Quick & Easy Ways to Save Your Family Thousands of Dollars*, por Mary Randolph (Nolo Press), y *Plan Your Estate*, por Denis Clifford y Cora Jordan (Nolo Press).

| CONSEJO | **Considere usar un fideicomiso en vida para evitar el proceso de verificación.** |

Un fideicomiso es un convenio legal que pasa la posesión de sus bienes a otra persona (un fideicomisario) para el beneficio de un tercero (un beneficiario). Los fideicomisos revocables pueden ser cancelados o modificados. Los fideicomisos irrevocables son permanentes.

Básicamente existen dos tipos de fideicomisos. Un fideicomiso testamentario es irrevocable, se creadentro de su testamento y entra en vigor sólo después de su muerte. Un *fideicomiso en vida*, es revocable y se establece mientras usted está vivo. Este tipo de fideicomiso también es conocido como fideicomiso "ínter vivos", que es la expresión en latín de "entre los vivos".

Con un fideicomiso en vida, sus bienes pueden pasar a sus beneficiarios inmediatamente después de que usted muera sin tener que pasar por el proceso de verificación. Usted puede manejar el fideicomiso por su cuenta, o nombrar a un fideicomisario sucesorio para que lo haga. A diferencia de los testamentos, los fideicomisos en vida son absolutamente privados.

Los fideicomisos en vida son más flexibles que los testamentos. Si, por ejemplo, usted quedara incapacitado el fideicomisario sucesorio automáticamente manejaría sus bienes, evitando los procesos legales que pueden devorarse su patrimonio. (Una carta de poder duradera (o poderes duraderos), abordada más adelante en este capítulo, tiene una función parecida.)

Si usted decide establecer un fideicomiso en vida quizás también desee hacer un tipo especial de estamento convencional llamado testamento pour-over (excedentes)para garantizar que cualquier propiedad que quede en su patrimonio después de su muerte se le distribuya al fideicomisario de su fideicomiso en vida. La propiedad transferida de su testamento de pour-over, sin embargo, tiene que pasar por el proceso de verificación. Y el fideicomiso debe haberse establecido en una fecha anterior al testamento para que éste sea válido.

Los fideicomisos en vida tienen desventajas. *Claro, nada es perfecto*. Aunque le ayudan a evitar el proceso de verificación, no tienen ventaja alguna en cuanto a los impuestos. Son, también, más complicados y caros de establecer que los testamentos. E incluso podría existir un impuesto de transferencia, cobrado en algunos estados, en el caso de que transfiera bienes raíces a un fideicomiso en vida.

¿Necesita un fideicomiso en vida? Probablemente no, si puede utilizar una posesión conjunta, declaración jurada o procedimientos simplificados de tribunal, para establecer su patrimonio. Y si usted es joven y tiene buena salud, un testamento es la manera más fácil y barata de alcanzar sus metas. Pero a veces un fideicomiso es necesario en vida si usted es soltero, si por ejemplo posee muchos bienes raíces, si vive en un Estado con un proceso de verificación complicado o si quiere asegurarse de que un beneficiario no derroche su parte.

Busque la asesoría de un planificador financiero y de un abogado con licencias vigentes en su Estado, antes de establecer un fideicomiso en vida.

Tenga cuidado con los llamados fideicomisos "falsos" ("trust mills"), donde los vendedores sin experiencia legal ni de planificación patrimonial, se dirigen a los jubilados para que asistan a seminarios gratuitos de planificación de bienes. Un fideicomiso en vida redactado de una forma inadecuada será considerado inválido, y podría dejar a su *familia* con una gran cuenta de impuestos patrimoniales. Es muy posible que usted no necesite un fideicomiso en vida y las leyes tributarias que afectan la planificación patrimonial son siempre muy inconstantes.

Redacte un testamento.

¿Porqué? Un testamento le permite hacer muchas cosas que no puede hacer con un fideicomiso en vida, una posesión conjunta, una declaración jurada o con los procedimientos simplificados de tribunal. El testamento le permite nombrar un tutor para sus hijos menores y un albacea para manejar su patrimonio. Le permite desheredar a su esposa o a un hijo, perdonar deudas, y disponer de los bienes que no se incluyan en un fideicomiso en vida o de los bienes adquiridos después de que el fideicomiso en vida fue establecido.

De hecho, una de las razones más imperiosas para hacer un testamento, si usted es casado, es para sacar provecho de la desgravación fiscal matrimonial, lo que le permite pasar un número ilimitado de bienes a su cónyuge sin impuestos patrimoniales ni de dote de prima. Estos impuestos, sin embargo, se deberán pagar cuando muera el cónyuge sobreviviente. Los que no son ciudadanos de Estados Unidos, no pueden utilizar la desgravación de impuestos maritales a menos que establezcan un fideicomiso especial. (Hablaremos con mayor detalle sobre fideicomisos más adelante en este capítulo).

Antes de redactar un testamento, necesita calcular el monto de su patrimonio para darse una idea de cuánto vale y cuáles podrían ser sus estrategias respecto a los impuestos patrimoniales. Comience por restar el total de sus pasivos del total de sus activos. (Vea el recuadro de *Cálculo de su Valor Neto* en el capítulo 5.)

Normalmente, su patrimonio incluye efectivo, inversiones, fondos de jubilación y bienes personales, tales como su casa, sus colecciones de arte y antigüedades, automóviles, muebles, pieles, y acciones en el extranjero. Cuando calcule el monto de su patrimonio, utilice el valor de cotización vigente —no el precio original de compra. (Vea el recuadro de *Calculando el Valor de su Patrimonio,* en este mismo capítulo.)

Para escribir su testamento de una manera legal, en la mayoría de los estados se específica que debe tener por lo menos 18 años, tiene que estar en posesión de todas sus facultades mentales, el testamento debe cumplir con las reglas estatales, tiene que estar escrito a mano o a máquina, debe nombrar por lo menos un albacea, y debe firmar el testamento ante testigos.

Los testamentos pueden estar escritos a mano (ológrafo), grabados en vídeo (*nuncupative*), o elaborados formalmente por un abogado. Los testamentos escritos a mano, sin embargo, pueden ser impugnados y declarados nulos si no se manejan apropiadamente, y no todos los estados aceptan testamentos grabados en vídeo. Nuestro consejo: consiga un abogado que le redacte un testamento formal.

Algunos estados —California, Maine, Michigan, New México y Wisconsin— ofrecen testamentos estatutarios, autorizados por la ley estatal. Esta clase de testamentos son documentos pre-impresos con cuadros para marcar y líneas para rellenar. El problema es que no pueden ajustarse a la medida de su situación, así que lo mejor es evitarlos.

Los testamentos pueden ser extremadamente sumamente sencillos o muy complicados, dependiendo del monto de su patrimonio y de sus últimos deseos. Todos, sin embargo, tienen tres componentes básicos: indicaciones de cómo disponer de sus bienes, el nombre de un albacea, y el nombre de un tutor si usted tiene hijos pequeños.

La persona que hace un testamento se llama testador o testadora si es mujer. La dádiva realizada dentro de los términos del testamento se conoce como legado (*bequest* o *legacy*), se indica si es una dádiva de una propiedad personal o una dádiva pagada con los bienes generales del patrimonio, o un legado (*devise*) si lo conferido es un bien raíz.

(En español no hay diferencia entre bequest, legacy y devise, todos se traducen como legado N.T.)

Cuando disponga sus dádivas, puede dividir su patrimonio entre los herederos por porcentaje, dejándole por ejemplo a su cónyuge el 50 por ciento, y dividiendo la otra mitad entre el número de hijos que tenga. Puede también hacer legados especiales, como dejarle a su hija su anillo de compromiso. O puede utilizar una combinación de ambos procedimientos.

Cuando nombre a sus beneficiarios, de pronto querrá nombrar beneficiarios contingentes, en el caso de que el beneficiario elegido originalmente muera antes que usted. Y quizá sea una buena idea especificar los nombres de las personas a las que no les quiere dejar nada, junto con una explicación de su decisión.

Cuando nombre a un/a albacea, trate de nombrar a alguien que sea lo suficientemente joven y sano para que lo sobreviva. Los familiares que sean beneficiarios también pueden ser albaceas y así, en muchos casos, se logra que renuncien a la cuota de albacea (el monto de la cuota es establecido por cada Estado.)

Si usted tiene uno o más hijos menores de edad, necesita nombrar un tutor para él o ellos en el testamento. Puede ser su padrino, un amigo cercano o un pariente. Debería también nombrar un tutor alternativo en caso de que su primera opción no pueda asumir la tutoría. Usted puede, inclusive, especificar los nombres de las personas que no quiere como tutores.

Ambos cónyuges o compañeros deben tener un testamento que nombre al otro como beneficiario. Si uno de los dos muere, normalmente, el cónyuge sobreviviente hereda el patrimonio. También debe haber una estipulación acerca de muerte simultánea, en el improbable caso de que ambos murieran al mismo tiempo en un accidente.

La firma del testamento debe ser atestiguada por dos o más personas, dependiendo del Estado en que viva (y de pronto tener tres testigos sería más seguro). Los testigos no tienen que leer el testamento, sólo tienen que atestiguar que ha sido firmado. En la mayoría de los estados, los parientes o cualquiera que esté nombrado en su testamento, no puede ser testigo, para

CÓMO CALCULAR EL VALOR DE SU PATRIMONIO

Le sugerimos que indique con iniciales cómo están asignados los bienes (C para conjuntamente e I para individual). También, indique si ha nombrado un beneficiario (B) para los bienes. Recuerde utilizar el valor que cotiza actualmente en el mercado, no los valores originales de compra.

BIENES PERSONALES:

Residencia primaria	$_____
Joyería y arte	$_____
Casa de vacaciones	$_____
Automóviles y/o motocicletas	$_____
Mobiliario (muebles y electrónicos)	$_____
TOTAL DE BIENES PERSONALES	$_____

BIENES DE JUBILACIÓN:

IRAs	$_____
Anualidades	$_____
Keogh o IRA SEP	$_____
Después de 401(k)	$_____
Planes de jubilación elegibles impuestos [por ej. 401(k), 403(b)]	$_____
TOTAL DE BIENES DE JUBILACIÓN	$_____

BIENES LÍQUIDOS E INVERSIONES:

Beneficios de muerte de seguro de vida (incluyendo valores en efectivo)	$_____
Acciones y acciones de fondos mutuos	$_____
Obligaciones con el gobierno de E.U.	$_____
Efectivo/cuentas de inversión	$_____
Bonos municipales libres de impuestos/fondos	$_____
CD's, otros ahorros	$_____
Metales preciosos o colecciones	$_____
Bonos y bonos de fondos mutuos	$_____
Sociedades limitadas	$_____
TOTAL DE BIENES LÍQUIDOS Y DE INVERSIÓN	$_____

NEGOCIOS E INVERSIONES INMOBILIARIOS

Cuentas por cobrar/Bienes del negocio $_____

Inversiones inmobiliarias $_____

TOTAL DE NEGOCIOS E INVERSIONES INMOBILIARIAS $_____

TOTAL DE BIENES PERSONALES

Total de bienes de jubilación $_____

Total de bienes líquidos e inversiones $_____

Cuando se suman estos totales nos dan el

TOTAL DEL PATRIMONIO BRUTO $_____

evitar incompatibilidad en el futuro. No hay necesidad de notarizar las firmas, a menos que esté utilizando un "testamento de identificación probada", lo que en algunos estados puede eliminar la necesidad que se atestigüen los procedimientos de verificación.

Asegúrese de guardar el testamento original en un lugar seguro. Una caja de seguridad en algún banco es una posibilidad, pero sólo si está seguro que el albacea tendrá acceso a ella después de su muerte (mayor información sobre cajas de seguridad, más adelante en este capítulo). También puede guardar el original en una caja de seguridad o caja a prueba de fuego en su casa. De cualquier forma, asegúrese de que el albacea sepa dónde está. Así mismo, algunos estados, por una cuota, guardarán su testamento en la oficina del representante de su condado. Puede sacar fotocopias de su testamento y dárselas a sus amigos y familiares. Sin embargo, estas copias no están legalmente certificadas, así que tendrá que utilizar el original para realizar cualquier cambio.

Su testamento debe ser revisado cada tres, cuatro o cinco años, o después de algún cambio de importancia en su vida, como el nacimiento de un hijo, un divorcio, una muerte, un nuevo matrimonio, o un cambio de residencia a otro Estado. En algunos casos tendrá que redactar un nuevo testamento. Los cambios menores, sin embargo, pueden realizarse a través de un codicilo, una cláusula de enmienda escrita que es atestiguada y anexada al testamento original.

Debe tener también una carta de instrucciones, que es un inventario de los bienes que no están contemplados en su testamento. En ella puede especificar cómo se distribuirán estos bienes, describir qué tipo de arreglos funerarios quiere, o si desea donar sus órganos. Anexe el original de su carta de instrucciones a su testamento original.

Existen muchos formatos de testamento que se encuentran en libros, programas de software, y sitios de Internet; con la ayuda de estos formatos mucha gente es perfectamente capaz de escribir su propio testamento. Pero, dadas las diferencias en las leyes estatales, le recomendamos acudir a un abogado, o por lo menos hacer que un abogado revise su versión final, para evitar cualquier error.

ACCIÓN: Para conseguir tres folletos gratis, sobre testamento y fideicomisos en vida, llame a la American Association of Retired Persons (AARP), al 800-424-3410.

Asegúrese de dejar suficiente dinero en efectivo para pagar los impuestos patrimoniales, sus deudas y los gastos básicos de sus sobrevivientes.

Si usted es el proveedor primario, considere una cuenta pagadera a la muerte, o una póliza de seguro de vida, para cubrir los gastos inmediatos de sus dependientes.

Consiga un testamento en vida y una carta poder duradera para las decisiones médicas y financieras.

La tecnología médica está permitiendo que los enfermos terminales, vivan mucho más tiempo que antes; sin embargo, pasar semanas o meses en un sistema de respiración artificial, puede acabar rápidamente con toda una vida de bienes o entrar en conflicto con las creencias morales o espirituales de la persona. Los testamentos de vida y las cartas poder duraderas, son instrucciones escritas relativas al tratamiento médico, que le dan instrucciones a su médico y a su familia al respecto.

Testamento en vida: Un testamento en vida, declara que usted no quiere seguir utilizando un sistema de respiración artificial, si su enfermedad es terminal o si se encuentra en estado de coma sin posibilidad de recuperarse. También puede especificar si quiere donar sus órganos. Un testamento en vida no necesita de un abogado, y es revocable, pero debe haberse terminado o revisado por lo menos treinta días antes de su muerte para evitar cualquier impugnación.

Por lo menos dos adultos deben atestiguar la firma de su testamento en vida, éstos, sin embargo, no pueden ser parientes, cónyuges, médicos, ni alguien que pueda beneficiarse de su muerte. El testamento en vida debe estar certificado por un notario y deben tener copias su médico, su abogado y los parientes y amigos cercanos. Guarde el original en un lugar seguro y accesible.

Cartas poder duraderas: Existen dos tipos de cartas poder duraderas. Una es para finanzas y la otra para asistencia médica; esta última también se llama poder de asistencia médica. Con una carta poder duradera, usted puede nombrar a alguien que actúe de "apoderado", para que tome las decisiones financieras y médicas por usted.

A diferencia del testamento en vida, que sólo autoriza la asistencia médica respecto a un sistema de respiración artificial, una carta poder duradera le permite especificar qué tipo de tratamiento médico quiere o no quiere. Y le permite a su apoderado, tomar estas decisiones si usted está incapacitado.

Por lo menos dos adultos deben atestiguar la firma de la carta poder duradera. Usted puede elegir cualquier persona para que sea su apoderado. Pero asegúrese de que esta persona entienda sus deseos y esté dispuesta a hacerlos cumplir. La carta poder duradera debe estar certificada por un notario, y las copias se les deben entregar a su médico, y a su abogado, y a su apoderado y a los parientes y amigos cercanos. Guarde el original en un lugar seguro y accesible.

Hay otras clases de cartas poder duraderas. Con una carta poder duradera de bienes raíces, usted puede nombrar a un apoderado para tomar decisiones acerca de sus bienes raíces, si usted queda incapacitado. Existe también una carta poder convencional de bienes raíces, que es temporal.

Una carta poder duradera o convencional de bienes raíces sería útil si no puede estar presente cuando se requiera su firma en documentos importantes relativos a su propiedad, si no puede encargarse de su propiedad durante algún tiempo o si no vive cerca de la propiedad y quiere autorizar a otra persona para que la administre.

Una carta poder duradera para el cuidado de un niño, autoriza a alguien para que cuide de su hijo cuando usted no puede. Un poder duradero para el cuidado de su hijo si va a estar separado de él o ella durante mucho tiempo, si se encuentra enfermo y no puede cuidarlo o si su hijo se está quedando con otros familiares o con amigos durante mucho tiempo.

Las cartas poder duraderas de bienes raíces y de cuidado de un niño, deben ser firmadas ante un notario público de su Estado. Los testigos no siempre son obligatorios, pero es una buena idea tenerlos. Entregue las cartas originales a su apoderado y deles copias a las instituciones financieras, las escuelas y los médicos.

La consignación o registro de una carta poder duradera es obligatoria en algunos estados. Pero aunque así no sea, es posible que quiera hacerlo sólo para estar seguro. Los lugares para registrar las cartas poder duraderas generalmente son su Oficina de Consignación del Condado (*en inglés: County Recorder's Office*), Oficina de Registro de Terreno (*en inglés: The Land Registry Office*) o a lo mejor la Oficina de Registro de Escrituras (en inglés: The Registry Deeds office.)

¿Debe adquirir un testamento en vida tanto como una carta poder duradera para finanzas? Si usted cuenta con un fideicomiso en vida, ya ha nombrado a un fideicomisario sucesorio para que maneje sus asuntos financieros, si queda incapacitado. Pero, si sódo tiene un testamento, debería conseguir una carta poder duradera de finanzas.

Usted debe de tener tanto el testamento en vida, como la carta poder duradera, para asistencia médica, porque cada uno cumple con objetivos diferentes. Un testamento en vida, se limita al asunto del sistema de respiración artificial, mientras que la carta poder duradera para la asistencia médica le permite nombrar un apoderado para que tome las decisiones médicas por usted.

ACCIÓN: Los formatos y los folletos de instrucciones de las cartas poder y de los testamentos en vida especificados por cada Estado, pueden conseguirse con un médico o en un hospital. También los puede conseguir por 5 dólares de un grupo sin fines de lucro llamado Choice in Dying si llama al 800-989-WILL. Además, un grupo llamado Aging With Dignity ha creado un documento bastante sencillo acerca de testamentos en vida, llamado *Five Wishes*. De cualquier forma, este documento es válido sólo en 33 estados y en el Distrito de Columbia. Para averiguar dónde es válido llame al 850-681-2010, o visite el sitio en Internet: www.agingwithdignity.org/, donde puede bajar el documento sin costo. Si pide el documento por correo le costará $4 dólares.

Las parejas en unión libres, necesitan tomar precauciones especiales respecto a su planificación financiera.

Las parejas en unión libre no tienen las mismas protecciones financieras que las parejas casadas. Si usted vive en unión libre, pero quiere nombrar a su pareja como beneficiaria o apoderada, necesitará hacer un testamento, un testamento en vida, cartas poder duraderas y una carta posesión conjunta.

Además, debería ponerle mucha atención a los bienes raíces y al seguro de vida, ya que en ese caso no tiene derecho a, por ejemplo, establecer una póliza de seguro de vida recíproca. Lo que sí pueden hacer los dos es comprar pólizas de seguro de vida individuales y nombrar al otro como beneficiario.

Si usted y su pareja han comprado bienes raíces juntos, pueden ser copropietarios o tenedores en conjunto. Si un copropietario muere, el otro obtiene la mitad restante sin tener que pasar por el proceso de la verificación. En el caso de los tenedores en conjunto, la parte de la persona que falleció se le entrega al beneficiario nombrado en el testamento o fideicomiso en vida; pero si no tiene testamento ni fideicomiso en vida, esa porción de la propiedad pasa al pariente más cercano de la persona que murió.

ACCIÓN: Para ver más información lea la publicación 559 del IRS *Survivors, Executors and Administrators*, que puede ser obtenido al llamar al 800-TAX-FORM.

Utilice las desgravaciones y los donativos a sociedades benéficas para reducir los impuestos patrimoniales.

Si el valor de su patrimonio es menor a 650.000 dólares (menos de 1,3 millones para parejas casadas), no tendrá que pagar impuestos patrimoniales en absoluto. Pero si el valor es superior a esa cantidad, usted podría adeudar impuestos del 37 al 55 por ciento por cada dólar que exceda de los 650.000 dólares.

En 1999 la exención de impuestos de hasta los 650.000 dólares para individuos se incrementó a 675.000 dólares para el año 2000, y seguirá incrementándose hasta alcanzar un millón de dólares para el año 2006. En 1999 la exención de impuestos fue de hasta 1,3 millones para parejas casadas, la cual se incrementó a 1,35 millones en el año 2000, y seguirá incrementándose hasta que alcance los 2 millones para el año 2006. (Vea el cuadro co-rrespondiente).

Algunos estados también tienen impuestos de sucesión que varían según el Estado, el monto del patrimonio, qué se les legó a los beneficiarios y los vínculos existentes entre usted y sus beneficiarios. En algunas ocasiones, ciertos tipos de propiedad están exentas de los impuestos de herencia.

Con la planificación adecuada, sin embargo, puede sacar provecho de muchas desgravaciones que pueden reducir el patrimonio sujeto a impuestos y dejarles así una mayor cantidad a sus beneficiarios. Entre las desgravaciones más ampliamente utilizadas están:

Donativos a sociedades benéficas: Puede donar hasta 10.000 dólares por año (20.000 si está casado), a cuanta gente usted quiera sin tener que pagar impuestos. Los donativos deben ser de intereses vigentes, que puedan ser disfrutados de inmediato o pronto. Las donativos de interés futuro que no pueden ser utilizados hasta una fecha posterior no son desgravables. (Los límites anuales de 10.000 dólares para personas solteras y 20.000 dólares para parejas casadas, se ajustaron a la inflación a principios de 1999).

Gastos médicos y de educación: Usted puede cubrir los gastos médicos o de educación de otra persona y reclamar una desgravación por la cantidad completa si le hace el pago directamente a la institución que brinda el servicio. Es decir, no le dé el dinero directamente a su hijo, hija, nieto/a o

EXENCIONES DE IMPUESTOS SOBRE PATRIMONIO

Las exenciones se incrementarán de 650.000 dólares para individuos en 1999 a 1 millón en 2006, y de 1,3 millones para parejas casadas en 1999 a 2 millones en 2006.

Año	Exenciones para individuos	Exenciones para parejas casadas
1999	$650.000	$1,3 millón
2000	$675.000	$1,35 millón
2001	$675.000	$1,35 millón
2002	$700.000	$1,4 millón
2003	$750.000	$1,5 millón
2004	$850.000	$1,7 millón
2005	$950.000	$1,9 millón
2006	$1 millón	$2 millones

cualquier otro beneficiario. *Es mejor que le pague a la escuela o al hospital directamente.*

Desgravaciones de miscelánea: Usted puede reducir muchos otros gastos de su patrimonio, incluyendo funerales, deudas, hipotecas no amortizadas, préstamos bancarios individuales, préstamos de automóviles, cuentas de tarjetas de crédito, recibos de servicios, cuotas de albacea, cuotas de abogados, cuotas de contador, cuotas de valuación, y gastos de tribunal.

ACCIÓN: Para obtener más información lea la publicación 950 de la IRS o *Introduction to Estate and Gift Taxes*, la cual puede conseguir llamando al IRS al 800-TAX-FORM.

Consejo

Utilice los fideicomisos para reducir o diferir los impuestos patrimoniales.

Los fideicomisos también pueden reducir o diferir los impuestos patrimoniales. Existen diversas clases de fideicomisos que pueden utilizarse en forma independiente o conjunta. Lo siguiente es una descripción de algunos de los fideicomisos más populares:

Fideicomiso de propiedad de interés terminal limitado [*Qualified Terminal Interest Property Trust* (QTIP)]: Con un fideicomiso QTIP, se le dan al cónyuge sobreviviente ingresos con el interés que ganan los bienes en el fideicomiso, pero se nombra un fideicomisario para controlar y manejar el fideicomiso por el resto de la vida del cónyuge sobreviviente. El fideicomiso QTIP le permite al primer cónyuge determinar quién recibirá la propiedad después de que el cónyuge sobreviviente muera.

Fideicomiso de desgravación matrimonial: Con un fideicomiso de desgravación matrimonial, el primer cónyuge le puede legar al cónyuge sobreviviente ingresos con el interés de los bienes en el fideicomiso y la capacidad de legarle los bienes del fideicomiso a quien él o ella quiera después de su muerte. En este caso también se nombra un fideicomisario para controlar y manejar el fideicomiso durante la vida del cónyuge sobreviviente.

Fideicomiso Derivado: Con este tipo de fideicomiso, también llamado fideicomiso de crédito resguardado o fideicomiso del patrimonio de vida marital, los impuestos patrimoniales se adeudan cuando el primer cónyuge muere. Un fideicomisario maneja el fideicomiso derivado, pero el cónyuge sobreviviente puede recibir ingresos de él. No se deben impuestos patrimoniales cuando el cónyuge sobreviviente muere, porque ella o él nunca fue dueño, desde el punto de vista legal, de los bienes. Eso les deja más dinero en el fideicomiso a los últimos beneficiarios, nombrados por el primer cónyuge en el documento del fideicomiso original.

Fideicomiso infantil: Usted puede legarle bienes a un menor de edad, al establecer un fideicomiso infantil en su testamento o fideicomiso en vida. Usted nombra a un fideicomisario para que maneje los bienes en nombre de su hijo y especifica la edad en la cual éste puede recibir toda la propiedad. Si el fideicomiso infantil se establece como parte de un fideicomiso en vida los bienes no tienen que pasar por el proceso de la verificación. Pero si utiliza el testamento los bienes deben de pasar por ese proceso de verificación.

Acta de transferencia uniforme para menores (UTMA): En la mayoría de los estados usted también puede usar una UTMA para legarles sus bienes a sus hijos. La persona que maneja los bienes del menor, es llamado un custodio. Su hijo recibe la totalidad de la propiedad cuando llega a su mayoría de edad, que puede ser 18 o 21, según el Estado. (Para más información vea el capítulo 6).

Fideicomisos de necesidades especiales: Si usted es el tutor oficial de un menor, el padre, el hermano, o cualquier persona con necesidades especiales, de pronto le convendría establecer un fideicomiso de necesidades especiales. Usted puede invertir los bienes en un fideicomiso de propiedad controlada y nombrar a un fideicomisario para que evalúe las necesidades del beneficiario y decida cómo y cuándo gastar el dinero.

Fideicomisos caritativos: El fideicomiso de saldo caritativo y el fideicomiso de supremacía caritativa, le proporcionan ingresos a usted o a sus beneficiarios cuando realiza un donativo a unasociedad benéfica. Estos fideicomisos no son irrevocables y sólo son válidos si se hace donativos a sociedades benéficas exentas de impuestos aprobadas por el IRS.

Con un fideicomiso de saldo caritativo, la sociedad benéfica recibe los bienes donados después de que usted muere. Pero entretanto uno o más beneficiarios, incluyéndolo a usted si así lo decide, recibe del fideicomiso un pago establecido o un porcentaje establecido de los bienes del fideicomiso. Los ingresos son desgravables durante el año en el cual realizó el donativo. Y después de su muerte, los bienes donados no se incluyen en los impuestos patrimoniales.

Un fideicomiso de supremacía caritativa es lo contrario de un fideicomiso de saldo caritativo. Con un fideicomiso de supremacía caritativa, los ingresos de los bienes del fideicomiso se le entregan a la sociedad benéfica durante un plazo establecido de tiempo. Cuando vence el plazo, los bienes del fideicomiso regresan a usted o a quien usted haya nombrado como beneficiario. En este tipo de fideicomiso los beneficios de impuestos patrimoniales son menores ya que solamente los ingresos que recibe la sociedad benéfica son desgravables de su patrimonio.

Fideicomiso de seguro de vida: Las ganancias del seguro de vida pagadas a sus beneficiarios están exentas de impuestos sobre la renta. Los beneficios de muerte de sus pólizas, sin embargo, están incluidos en su patrimonio y están sujetos a los impuestos patrimoniales. Usted puede reducir estos impuestos si transfiere la posesión de su póliza de seguro de vida a un fideicomiso de seguro de vida.

Bajo las reglas del IRS, la transferencia de posesión a un Fideicomiso de Seguro de Vida, debe hacerse por lo menos tres años antes de que su muerte. Los pagos de primas futuros pueden hacerse si se les entrega el dinero directamente a los beneficiarios de la póliza y se dispone que ellos realicen los pagos. Esto es lo que los abogados llaman una disposición Crummey Trust.

Ponga especial atención si usted es dueño de un negocio familiar.

A muchos latinos que son dueños de su propio negocio les gustaría legárselo a sus familiares. Existen muchas estrategias que usted puede utilizar para hacerlo al tiempo que reduce los impuestos patrimoniales y de donativos. Debido a la complejidad involucrada en esto, le recomendamos que solicite la asesoría de un planificador patrimonial profesional, especializado en negocios pequeños. Sin embargo, hay que tomar encuneta lo siguiente:

Exención de impuestos patrimoniales: Los negocios pequeños y las familias que viven en zonas rurales, son elegibles para una exención de impuestos patrimoniales de 1,3 millones de dólares. Los negocios elegibles deben ser en un 50 por ciento, propiedad de la persona que murió y de los miembros de su familia, debe ser en un 70 por ciento propiedad familiar en el caso de un negocio compartido por dos familias y en un 90 por ciento propiedad familiar en el caso de un negocio compartido por tres familias. Los beneficiarios deben mantener el negocio durante por lo menos 10 años. Si el negocio es vendido antes del séptimo año, el valor total de la exención estará sujeto a impuestos. Si se vende durante el séptimo año, o después, el valor total de la exención se reduce un 20 por ciento cada año hasta el décimo.

Acuerdo de compraventa: Un acuerdo de compraventa es un contrato donde una de las partes acepta comprar participaciones en un negocio a un precio predeterminado. Esto impide que el negocio se le venda a un extraño después de que usted muere, asegura un precio justo por las participaciones y ayuda a la tasación del negocio en lo que afecta a los impuestos patrimoniales.

Sociedad familiar limitada: Usted puede transferir bienes a una sociedad familiar limitada y retener una cantidad considerable de control, por actuar como socio mayoritario. Normalmente los padres contribuyen con los bienes, y les ceden a sus hijos las participaciones en la sociedad. Estas participaciones son compradas, generalmente, con descuento. Debido a que las participaciones se compran en lugar de regalarse o donarse, no están sujetas a impuestos de donativo. El IRS tiene reglas muy estrictas que deben ser cumplidas por la sociedad familiar limitada para que ésta sea válida, así que consulte con un abogado antes de establecer una.

Amortización sección 303: Si usted muere y más del 35 por ciento del valor de su patrimonio está comprendido por su negocio, sus herederos pueden amortizar acciones para pagar los impuestos y los gastos de gestión patrimonial. Pero la distribución no será gravada como ingresos ordinarios.

Manténgase al tanto de las reglas patrimoniales especiales si uno de los cónyuges no es ciudadano estadounidense.

Los estados Unidos les imponen impuestos a los ciudadanos no estadounidenses, pero el monto depende de si son o no residentes. La residencia estadounidense en lo que afecta a los impuestos patrimoniales y donativos, sin embargo, difiere de la residencia por lo que afecta los impuestos sobre la renta (Para obtener más información sobre los impuestos sobre la renta para residentes y no residentes, consulte el Capítulo 9).

La residencia por lo que toca a los impuestos patrimoniales, se basa en si el residente ha establecido o no los Estados Unidos como su domicilio. El IRS examina, entre otras cosas, dónde está ubicada su casa primaria y qué tipo de vínculos sociales, económicos y familiares tiene en los Estados Unidos.

No se permite desgravación matrimonial alguna por parte de un cónyuge que es ciudadano estadounidense al otro cónyuge que no lo es. Por supuesto que si su patrimonio tiene un valor menor a los 650.000 dólares, usted no tendrá que pagar ningún impuesto patrimonial o de donativo. Pero si su patrimonio equivale a más de 650.000 dólares, existen otras formas de reducir los impuestos patrimoniales.

Fideicomiso doméstico [*Qualified Domestic Trust* (QDOT)]: Con este tipo de fideicomiso, ningún impuesto patrimonial es gravado sobre la propiedad cuando el cónyuge ciudadano muere. El cónyuge no ciudadano, recibe todos los ingresos del fideicomiso durante el resto de su vida. Los impuestos patrimoniales, sin embargo, deben pagarse cuando el cónyuge no ciudadano muere.

Ciudadanía: Un cónyuge que no es ciudadano estadounidense también tiene derecho a la desgravación matrimonial total, si se convierte en ciudadano estadounidense antes de que se presente la declaración de impuestos patrimoniales del cónyuge ciudadano que ha muerto; la presentación de la declaración es obligatoria nueve meses después de la muerte.

Herencia: Si usted recibió dádivas del extranjero con un valor superior a los 100.000 dólares en 1998, (Debido a la inflación, estas cantidades se ajustan cada año, así que verifique con el IRS cuál es la cantidad vigente en este momento), usted debe de reportar al IRS la cantidad total como una herencia para evitar impuestos. Por el contrario, el Tío Sam podría suponer que la cantidad recibida representa ingresos sujetos a impuestos. Adicionalmente, la multa por incumplimiento en la presentación de esta información al IRS es de un 5 por ciento del monto total del donativo, por cada mes que la información no se haya presentado hasta alcanzar el 25 por ciento del monto total del donativo.

Crédito de impuestos del extranjero: Los bienes de su propiedad en el extranjero están sujetos a impuestos patrimoniales. Se permite, sin embargo, un crédito tributario contra sus impuestos patrimoniales estadounidenses, por cualquier impuesto de muerte pagado en un país extranjero.

Sociedad conjunta: En el caso de que una pareja casada —en el cual un cónyuge es ciudadano estadounidense y el otro no— tenga la propiedad de sus bienes en forma conjunta, todos esos bienes serán considerados como parte del patrimonio del cónyuge ciudadano por lo que afecta a los impuestos, en lugar de sólo el 50 por ciento de los bienes.

Dádivas exentas de impuestos: Cualquier ciudadano estadounidense que esté casado con una persona que no sea ciudadano estadounidense, le puede ceder hasta 100.000 dólares al año, sin tener que pagar impuestos de donativo.

ACCIÓN: Para obtener la Publicación IRS 519, U.S. Tax Guide for Aliens, llame al IRS al 800-TAX-FORM.

 Considere hacer preparativos para su funeral.

La mayor parte de nosotros no queremos pensar en nuestra muerte, ya no digamos en la muerte de nuestros cónyuges, padres o hijos. Ahora bien, hacer preparativos para nuestro funeral con anticipación, o por lo menos saber adónde ir en caso de emergencia, puede ahorrarles a usted y a sus seres queridos mucho tiempo, tensión y dinero.

De acuerdo con las cifras más recientes del *National Funeral Directors Association*, el costo promedio de un funeral en 1996 era de 4.782 dólares, sin

COSTOS FUNERARIOS

Precios medios* de bienes y servicios proporcionados por las agencias funerarias:

Servicio	Precios más bajos	Precios más altos
Servicios profesionales **	$863.99	$1,194.36
Embalsamamiento	$315	$415.54
Otras preparaciones (cosmética, peinado, etc..)	$103.75	$147.86
Visita/Vista	$173.75	$362.51
Funeral en la agencia funeraria	$274.65	$357.17
Servicio conmemorativo	$291.64	$382.61
Servicio religioso en el entierro	$173.75	$345.34
Transferencia del cuerpo a la agencia funeraria	$115	$142.30
Carroza fúnebre (local)	$135	$170.62
Limusina (local)	$88.15	$157.65
Automóvil/Camioneta	$60	$95.39
Esquela/Defunción	$9.67	$35.50
Cremación directa, urna de la agencia funeraria	$1.060	$1,448.62
Cremación directa, urna provista por la familia	$980.44	$1,335.84
Entierro inmediato, féretro o urna de la agencia funeraria	$1,244.92	$1,824.84
Entierro inmediato, féretro provisto por la familia	$1,081.85	$1,470.06
Ataúd de madera cubierto de tela	$564.07	$650.64
Ataúd de acero calibre 18 con sellador e interior de terciopelo	$1,925.69	$2,522.22
Ataúd de madera fina con interior de crepé	$1,972.22	$3,046.65
Sepultura para ataúd de dos piezas de concreto	$386.25	$584.66
Cripta de concreto sin revestimiento metálico	$607.67	$963.19

 * Precios medios de precios de enero de 1997; las cifras disponibles más recientes.
 ** Incluye gastos ganerales y cuotas de planificación funeraria además de reunir la información para las actas de defunción.

contar la sepultura, el lote en el cementerio, el monumento o lápida, las flores, la ropa para el entierro o las notas fúnebres. Estos precios se incrementan alrededor de un 5% por año. (Vea el recuadro correspondiente para ver una lista de los precios promedio de un funeral).

Entre más pronto comience a hacer la planificación funeraria, mejor. Podrá comparar precios cuando tenga el tiempo para hacerlo y pensar en lo que quiere, lo que no quiere, cuánto quiere gastar y a cuál agencia funeraria acudir. Usted puede conseguir los precios por su cuenta, pero lo más fácil es acudir a una sociedad conmemorativa.

Las sociedades conmemorativas son grupos sin ánimo de lucro que hacen una comparación de precios y gestionan para sus miembros funerales de alta calidad y servicios de cremación a precios muy bajos. Hoy en día existen alrededor de 125 sociedades conmemorativas en los Estados Unidos y la membresía, que se paga una sola vez, cuesta entre 5 y 25 dólares. Unas cuantas sociedades conmemorativas aceptan membresías "en la muerte", si usted tiene una muerte repentina en la familia.

Las sociedades conmemorativas, que han existido desde los años treinta, también lo refieren a los negocios que brindan servicios como por ejemplo exposición del cuerpo, funerales, dispersión de cenizas, flores, monumentos, y lotes en el cementerio. La cantidad de dinero que puede ahorrarse al unirse a una sociedad conmemorativa puede llegar a cientos, incluso miles de dólares.

Existen dos opciones básicas para los funerales: entierro o cremación. Los servicios completos de entierro o cremación, generalmente incluyen el funeral y la exposición del cuerpo. Los entierros o cremaciones directas incluyen exposición de cuerpo, aunque la familia y los amigos pueden arreglar el funeral por su cuenta. (Acuda a su iglesia para averiguar cuáles son sus normas con respecto a la cremación).

Los costos de estos servicios varían mucho; por esta razón vale la pena investigar los precios con anticipación. Comprar un féretro o una urna en una tienda de descuento, por ejemplo, puede reducir los gastos hasta en un 50 por ciento. Pero también es importante que conozca sus derechos como consumidor. Bajo la regla de "Comercio de funeral", los directores del funeral están obligados a darle un precio de lista por todos los bienes y servicios, en persona tanto como por teléfono.

Los servicios que se ofrecen son muchos, desde el embalsamamiento, (el que por cierto, casi nunca es obligatorio) hasta los servicios de carroza fúnebre y las cuotas no declinables. Las cuotas no declinables son los gastos generales y el tiempo que toma planear un funeral y reunir la información para el certificado de defunción.

La regla "comercio de funeral" fue creada como respuesta a las quejas de los consumidores que estaban siendo presionados a comprar "paquetes" sumamente caros que no querían. Los empresarios de pompas fúnebres sin escrúpulos, por ejemplo, se referirán a los objetos de bajo costo como "féretros para pobres" o tratarán de venderle féretros con sellos caros e innecesarios.

Un creciente número de personas están evitando los funerales caros de servicio completo y se están encargando de sus propios muertos al bañarlos y vestirlos en casa, velándolos en la misma casa y haciéndose cargo del papeleo. Así es como se hace en muchos lugares del mundo, incluyendo Latinoamérica y no hay razón alguna por la que no se pueda hacerlo así. Para conseguir más información póngase en contacto a la *Natural Death Care Project.*

 Evite pagar un funeral por adelantado.

Prever su funeral es una buena idea; pagarlo por adelantado no lo es. *Note bien la diferencia.* Los directores de los funerales sostienen que pagarlos por adelantado "amarra" los precios actuales. El problema es que la agencia funeraria con la cual usted firme el contrato ya podría haber cerrado cuando usted muera; es posible también que se vendiera a otra persona que quizá no respete el acuerdo, que sus fondos no sean reembolsables, o que tuviera que pagar una multa si usted retira o transfiere los fondos.

Evite pagar a plazos, porque le cobrarán intereses. Recuerde que los gastos de funeral se están incrementando en un promedio anual aproximado del 5 por ciento. Si usted toma el dinero que pudo haber gastado pagando el funeral por adelantado y lo invierte, puede obtener un rendimiento superior al 5 por ciento.

Además, los funerales pagados por adelantado no son desgravables de los impuestos sobre la renta (aunque son desgravables de sus impuestos patrimoniales si éstos se pagan dentro de un plazo de nueve meses después de la muerte). Si usted es joven, el dinero podría muy probablemente utilizarse mejor para pagar los altos intereses adeudados en su tarjeta de crédito, o para ahorrar para la jubilación.

Hay muchas otras maneras de asegurarse de que tendrá suficiente dinero para pagar el entierro o la cremación. Usted puede, por ejemplo, apartar el dinero poniéndolo en una cuenta bancaria pagadera a la muerte y especificar que se utilice solamente para los gastos del funeral. También puede usar, para ese propósito, los beneficios de una póliza de seguro de vida.

Pero si utiliza una cuenta pagadera a la muerte, o una póliza de seguro de vida, nunca nombre a la agencia funeraria como beneficiaria. Si lo hace, es muy probable que la casa funeraria utilice la totalidad del dinero para los gastos funerarios, sin dejarle nada a su familia. Mantenga el dinero bajo su control patrimonial nombrando como beneficiario a un miembro de su familia, amigo o albacea en quién confíe.

ACCIÓN: Para localizar a la sociedad conmemorativa más cercana, llame al Funeral and Memorial Societies of America al 800-458-5563, o visite el sitio en Internet, www.funeral.com.org/famsa. Para contactar a la Natural Death Care Project, envíe un sobre con porte pagado y con su dirección a P.O. Box 1721, Sebastopol, CA 95473. Para obtener más información sobre funerales, llame a AARP al 800-424-3410, o a la National Funeral Directors Association al 800-228-6332. Para conseguir folletos gratuitos respecto a la cremación, envíe un sobre con su dirección y con el porte pagado (un timbre postal de 77 centavos) a la *Cremation Association of North America*, 401 N. Michigan Ave., Chicago, IL 60611

 Guarde toda su información sobre planificación patrimonial y funeraria en un solo lugar.

La muerte o la enfermedad grave de un ser querido siempre es devastadora. Pero es aún peor si uno se ve en la necesidad de buscar por todas partes para reunir el papeleo y la información que se requiere. Si se toma la molestia de planear su patrimonio y su funeral, mantenga un archivo bien organizado de sus historiales personales y financieros.

El llamado compilador de registro personal no es un documento legal. Es simplemente información incluida en un archivero portátil con secciones específicas para guardar hojas sueltas, o en un programa de software diseñado para informarles a sus beneficiarios dónde encontrar toda su documentación de importancia, desde su historial médico, su testamento y sus declaraciones de impuestos hasta los datos de su médico, su abogado y su planificador financiero.

Normalmente, usted puede recopilar toda la información por su cuenta. Ahora bien, si usted es una persona perezosa o se paraliza cuando se enfrenta a una hoja en blanco o a la pantalla vacía de su computadora, un libro o un programa de software que le impulse a hacer preguntas específicas puede facilitarle mucho el proceso.

Usted puede crear su propio compilador de registro personal en una carpeta o en su computadora. Cree diferentes "capítulos" tales como información personal y familiar, contadores y abogados, asesores financieros, instituciones financieras, ingresos, seguros, inversiones, préstamos, filantropía y miscelánea.

Cada capítulo debe tener información detallada. Bajo la información personal y familiar, por ejemplo, incluya los nombres, números telefónicos y direcciones de su familia inmediata, amigos otros parientes y sacerdotes o pastores que deben contactarse si usted muere o queda incapacitado.

En la sección de instituciones financieras, liste las cajas de seguridad que posea, cuentas corrientes y de ahorro, certificados de depósito, fondos del mercado monetario y cuentas individuales IRA de jubilación. El capítulo de miscelánea es donde usted puede poner su carta de instrucciones, la contraseña de acceso de su computadora y la combinación de su caja de seguridad casera.

Mantenga una copia de su registro personal compilado en un cajón bajo llave, en un archivero en su casa o su trabajo, en un estante en el que resultaría muy improbable que lo encontrarán los ladrones o a lo mejor con un pariente o amigo de confianza. Por razones de seguridad asegúrese que muy pocas personas sepan dónde encontrar todas las copias.

Un compilador de registro personal puede eliminar la necesidad de contratar a un fiduciario privado que investigue sus finanzas personales si usted muere o queda incapacitado, lo que podría costarle a su patrimonio miles de dólares.

ACCIÓN: Existen muchas y muy buenas fuentes para obtener compiladores de registro personal. Nolo Press, en el 800-992-6656, ofrece un programa de software llamado Personal Record Keeper 4.0 for Windows. Active Insights en el 800-222-9125 produjo el libro *The Beneficiary Book* que a su vez lleva una versión en un programa de software para Windows.

No mantenga documentos importantes en su caja de seguridad bancaria a menos que la haya establecido en forma conjunta. Y aun así, sea cuidadoso.

Los bancos pueden congelar los bienes incluyendo la caja de seguridad; y, si la caja de seguridad está registrada únicamente a su nombre, esperar las órdenes de su albacea. Esto significa que la caja de seguridad no se abrirá hasta que su albacea, el IRS, su abogado y un representante de la comisión patrimonial bancaria puedan reunirse para hacerlo. Dependiendo del Estado en el que viva, esta norma podría no aplicarse si la caja de depósito está registrada conjuntamente.

■ REPASO

- ◆ Es posible evitar el proceso de verificación a través de la "posesión conjunta de bienes con derechos o sobrevivencia", las declaraciones juradas o los procedimientos simplificados de tribunal.
- ◆ Conseguir usar un fideicomiso en vida puede evitar el proceso de verificación, pero es mejor consultarlo primero con un planificador financiero y con un abogado.
- ◆ Redacte un testamento. Hágalo a través de un abogado, o por lo menos haga que su versión final del testamento sea revisada por uno.
- ◆ Asegúrese de dejar suficiente dinero en efectivo para cubrir los gastos de mantenimiento más inmediatos de sus sobrevivientes y para pagar otras cuentas.
- ◆ Consiga un testamento de vida y una carta poder duradera para las finanzas y la asistencia médica.
- ◆ Aproveche las desgravaciones y haga donativos y dádivas para reducir el monto del patrimonio sujeto a impuestos.
- ◆ Considere diferentes clases de fideicomisos para que lo ayuden a reducir o a diferir los impuestos patrimoniales.
- ◆ Comprenda las reglas especiales de impuestos patrimoniales para los ciudadanos no estadounidenses.
- ◆ Es una buena idea hacer preparativos para su funeral, pero no lo pague por anticipado.

♦   Guarde toda su información sobre planificación patrimonial y fune-
    raria en un lugar seguro y accesible.

RECURSOS ADICIONALES

Libros recomendados

A Legal Guide for Lesbian and Gay Couples, por Hayden Curry, Denis Clifford y
    Robin Leonard (Berkeley: Nolo Press, 1996; 10th edition, March 1999).
Caring for the Dead: Your Final Act of Love, por Lisa Carlson (Hinesberg, Vermont:
    Upper Access Book Publishers, 1998).
*8 Ways to Avoid Probate: Quick and Easy Ways to Save Your Family Thousands of
    Dollars,* por Mary Randolph (Berkeley: Nolo Press, 1996).
How to Settle an Estate. A Manual for Executors and Trustees, por Charles K.
    Plotnick and Stephan R. Leimberg (New York: Penguin, 1998).
Make Your Own Living Trust, por Denis Clifford (Berkeley: Nolo Press, 1998).
Nolo's Will Book, por Denis Clifford (Berkeley: Nolo Press, 1997).
Plan Your Estate: Absolutely Everything You Need to Know to Protect Your Love Ones,
    por Denis Clifford y Cora Jordan (Berkeley: Nolo Press, 1998).
Staying Wealthy: Strategies for Protecting Your Assets, por Brian H. Breuel
    (Princeton, New Jersey: Bloomberg Press, 1998).
The Complete Book of Trusts, por Martin M. Shenkman (New York: John Wiley
    & Sons, 1997).
The Complete Book of Trusts, por Shae Irving (Berkeley: Nolo Press, 1998).
The Inheritor's Handbook: A Definitive Guide for Beneficiaries, por Dan Rottenberg
    (Princeton, New Jersey: Bloomberg Press, 1998).
The Living Together Kit: A Legal Guide for Unmarried Couples, por Tomi Ihara y
    Ralph Warner (Berkeley: Nolo Press, 1997; 9th edition, April 1999).

❖

CAPÍTULO 9

Impuestos

"QUIEN HACE PREGUNTAS RARA
VEZ SE EQUIVOCA"

MÉXICO

CUANDO MIGUEL, UN MÚSICO NACIDO EN MÉXICO, estaba buscando ayuda para hacer su declaración de impuestos, consultó uno de los muchos *notarios públicos* de su vecindario en Los Angeles. El notario le dijo que podía deducir los 10.000 dólares que había gastado en una cinta de demostración para las compañías de grabación.

El notario tenía razón pero sólo en parte. Ya que, si bien los gastos eran desgravables, había que diferirlos a cuatro años; no se podían deducir de golpe en el mismo año. ¿La razón? Porque el negocio de Miguel se consideraba una compañía incipiente, pero no había generado aún ingresos algunos. El error incitó al Internal Revenue Service o IRS (Secretaría de Hacienda), a poner en marcha una auditoría y una investigación a fondo de la declaración de impuestos de Miguel.

Miguel terminó pagándole a un contador público *certificado (en inglés: Certified Public Accountant or* CPA) para que lo defendiera ante el IRS. El CPA lo sacó del lío argumentando que Miguel había recibido una mala asesoría, pero aún así se le impusieron multas por impuestos atrasados, intereses y demás. "Me costó mucho tiempo, sueño y dinero", dice.

La comunidad latina, en términos generales, sufre de una gran confusión con respecto a los notarios. La mayoría de los notarios no tiene capacitación necesaria para preparar declaraciones de impuestos o dar asesoría acerca de inversión, aunque muchos lo hacen. Su única función legítima es la de servir como testigos en la firma de documentos legales.

Resulta fácil comprender la razón por la que algunos de nosotros recurrimos a los notarios. En muchas partes de Latinoamérica, un notario es con frecuencia un abogado. Además, los notarios de vecindario tienden a hablar español y a trabajar largas horas, haciendo que para los usuarios latinos sea más fácil y menos amedrentador acudir a ellos en busca de asesoría.

El problema es que muchos notarios están demasiado ocupados como para mantenerse actualizados con respecto a las leyes tributarias. Algunos notarios venden ropa y trabajan como agentes de viajes además de ofrecer el servicio de preparación de declaración de impuestos. Otros sólo están disponibles durante la temporada de declaración de impuestos.

Un verdadero especialista fiscal, sea un abogado fiscal, un CPA, un agente registrado (*Enrolled Agent*), o un preparador de impuestos acreditado o asesor de impuestos, puede preparar adecuadamente nuestras declaraciones, ayudarnos a reducir legalmente nuestras cuentas tributarias, e instruirnos acerca del proceso fiscal. Este tipo de profesionales están también disponibles para dar consultas durante todo el año.

Aunque el U.S. Tax Code (*Código tributario de los E.U*) es increíblemente complicado, el concepto es bastante sencillo. *Al Tío Sam, siempre se le paga.* Nuestros impuestos se utilizan para pagar servicios y beneficios que abarcan desde la educación pública hasta el seguro social. La cantidad de impuestos que pagamos se basa fundamentalmente en nuestros ingresos. Entre mayor sea nuestro ingreso, mayores serán los impuestos que pagamos.

Estamos obligados a presentar una declaración para ayudar al gobierno a determinar si hemos pagado íntegramente nuestra contribución de impuestos. Si no pagamos lo suficiente, le deberemos dinero al gobierno. Si nos sobrepasamos en el pago, tendremos derecho a una devolución. Omitir una declaración de impuestos puede traer como consecuencia multas y castigos penales y civiles.

Existen muchas razones por las que los latinos necesitan presentar sus declaraciones de impuestos correctamente y a tiempo. Si somos inmigrantes y pensamos solicitar algún día la ciudadanía estadounidense, el Servicio de

Inmigración y Naturalización (en inglés: *Immigration and Naturalization Service* o *INS*) podría pedirnos, entre otros documentos, nuestras declaraciones de impuestos. Por otro lado, queremos asegurarnos de que los impuestos del seguro social que están siendo retenidos de nuestros sueldos nos están siendo debidamente acreditados. Nuestros futuros beneficios al llegar la edad d el ajubilación se basarán, parcialmente, en las contribuciones económicas que hayamos hecho a lo largo de los años.

Nos hemos esforzado mucho para incluir información tributaria actualizada. Las leyes tributarias, sin embargo, son complejas y cambian constantemente. Además siempre existen excepciones para diversas reglas. *Así es la vida y así son los impuestos.* Por lo tanto, a menos que su declaración de impuestos sea sumamente básica, o tenga la confianza de elaborar sus propios impuestos, le recomendamos que consiga la asesoría de un profesional tributario.

 Aprenda algunos términos fiscales claves.

La publicación IRS 850, *English-Spanish Glossary of Words and Phrases Used in Publications Issued by the IRS,* puede ayudarlo a comprender algunos términos fiscales claves. Para obtener una copia llame al 800-TAX-FORM. Aquí presentamos una breve reseña:

Desgravaciones: Las desgravaciones son gastos que pueden ser restados de sus ingresos. Reducir sus ingresos, reduce la cantidad de impuestos sobre la renta que tiene que pagar. Existen dos tipos de desgravaciones: estándar y detallada.

La desgravación estándar es una deducción fija que tiene como base su estado civil (soltero, casado con declaración conjunta, casado con declaración individual, proveedor primario o viudo/a con un hijo dependiente). Una deducción detallada es un gasto específico tal como el interés hipotecario o los impuestos estatales o locales. Detallar podría ahorrarle más dinero que tomar la deducción fija.

En 1999 la deducción fija era de 4.300 dólares para una persona soltera; de 7.200 dólares para un matrimonio con declaración conjunta y para un/a viudo/a elegible; de 3.600 dólares para una pareja con declaración separada: y de 6.350 dólares para un proveedor primario.

Exenciones: Una exención es una cantidad de dinero que usted puede restar de su declaración de impuestos. Cada exención que reclama reduce en 2.650 dólares sus ingresos sujetos a impuestos. Existen dos tipos de exenciones: la exención personal y las exenciones para dependientes.

Es posible tomar una exención personal para sí mismo, a menos que otra persona lo reclame como dependiente. Su cónyuge también recibe una exención personal siempre y cuando declaren conjuntamente y no pueda ser reclamado como dependiente por otra persona.

Durante ese año se permite una exención para dependientes si usted se hace cargo de más de la mitad de la manutención de su dependiente. El dependiente debe vivir en su casa y puede ser un pariente, un ciudadano o residente estadounidense, un residente canadiense, un residente mexicano, o un niño adoptado.

Un niño adoptado no tiene que ser ciudadano estadounidense, pero tiene que vivir con usted todo el año. Un niño que no sea ciudadano estadounidense y que viva en un país extranjero, que no sea Canadá o México, no puede ser declarado como dependiente; tampoco se puede en el caso de los dependientes casados que declaren conjuntamente a menos que reúnan requisitos adicionales.

Un requisito adicional es la presentación de un examen de ingresos brutos para dependencia. Eso significa que para ser elegible como dependiente, los ingresos brutos de una persona tienen que ser menores de 2.650 dólares en un año oficial. Los ingresos brutos de un niño, sin embargo, pueden ser de 2.650 dólares o más si él o ella era estudiante y tenía 19 años cumplidos o menos de 24 años cumplidos al finalizar el año.

Crédito sobre impuestos: Este crédito es una reducción de su cuenta de impuestos de dólar por dólar. Digamos que debe 2.500 dólares en impuestos. Si usted tiene un crédito de 1.000 dólares, entonces sólo paga 1.500 dólares. En términos generales, los créditos sobre impuestos son más ventajosos que las deducciones para el contribuyente.

El monto adeudado con una deducción es mucho más alto: la cantidad de ahorro real en su cuenta de impuestos con una deducción es equivalente a la cantidad de su deducción multiplicada por su categoría tributaria. Si por ejemplo, usted reduce sus ingresos sujetos a impuestos con una deducción de 1.000 dólares y su categoría tributaria es del 33 por ciento, se ahorra 330 dólares (1.000 x .33 = 330 dólares)

Esto implica que requiere una mayor deducción para obtener la misma cantidad de ahorro que la que conseguiría con un crédito directo. Un beneficio adicional de los créditos sobre impuestos es que resultan más fáciles de conseguir porque no tiene que detallar su declaración para utilizarlos. Los créditos sobre impuestos se discutirán detalladamente más adelante en este mismo capítulo.

Desapariciones progresivas: La mayor parte de las deducciones, exenciones, y créditos sobre impuestos desaparecen gradualmente, o disminuyen, cuando sus ingresos brutos ajustado (AGI) alcanzan cierto nivel. Con frecuencia se eliminan completamente después de que su AGI sobrepasa cierto nivel.

Ingresos brutos: Los ingresos brutos son la totalidad de sus ingresos sujetos a impuestos, antes de que les reste cualquier ajuste, deducción y exención.

Ingresos netos: Estos son los ingresos que le quedan después de haber restado todos los ajustes, deducciones y exenciones.

Ingresos brutos ajustados (AGI): El AGI se compone de todos sus ingresos, incluyendo sueldos, propinas e intereses sometidos a impuestos, menos los ajustes permitidos. Se calcula antes de restar las deducciones y exenciones.

Ingresos sujetos a impuestos: Sus ingresos sujetos a impuestos son la cantidad de ingresos por la cual le cobran impuestos. Se calcula al restar las deducciones y exenciones de su AGI.

Categoría tributaria: Una categoría tributaria es una escala de niveles de ingresos agrupados, cada uno con su propia tasa de interés. Hay cinco categorías tributarias y tasas: del 15, 28, 31, 36 y 39.6 por ciento (Vea el cuadro correspondiente para verificar las clasificaciones contributivas/tasas de 1998).

Tasas de impuestos: Existen dos clases de tasas: la marginal y la efectiva. Si usted es soltero y sus ingresos anuales en 1999 fueron de 25.750 dólares, entonces su tasa de impuesto es del 15 por ciento. Pero, si sus ingresos anuales fueron de 30.000 dólares, los primeros 25.750 dólares serán gravados al 15 por ciento, y los 4.250 dólares restantes serán gravados al 28 por ciento. Esta es su tasa impositiva marginal.

Su tasa de impuesto efectiva es un promedio combinado o prorrateado de las tasas de impuestos sobre la renta. Usando el ejemplo anterior, un promedio prorrateado de impuestos sobre la renta de 30.000 dólares, significa una tasa de impuesto efectiva de aproximadamente el 17 por ciento.

LISTA DE TASAS SOBRE LA RENTA DE IMPUESTOS PARA 1999

CATEGORÍA	CLASIFICACIÓN TRIBUTARIA	TASA DE INTERÉS
Solteros	0-$26,250	15%
	$26,250-$63,550	28%
	$63,550-$132,600	31%
	$132,600-$288,350	36%
	Más de $288,350	39.6%
Pareja casada declarando conjuntamente o viuda o viudo elegidos	0-$43,850	15%
	$43,850-$105,950	28%
	$105,950-$161,450	31%
	$161,450-$288,350	36%
	Más de $288,350	39.6%
Pareja casada declarado por separado	0-$21,925	15%
	$21,925-$52,975	28%
	$52,975-$80.725	31%
	$80,725-$144,175	36%
	Más de $144,175	39.6%
Jefe de Familia	0-$35,150	15%
	$35,150-$90,800	28%
	$90,800-$147,050	31%
	$147,050-$288,350	36%
	Más de $288,350	39.6%

 CONSEJO *Investigue si usted necesita presentar una declaración de impuestos.*

¿Todos tienen la obligación de presentar una declaración de impuestos? No. Los requisitos de presentación se basan, en términos generales, en sus ingresos, edad y categoría traibutaria. (Para ver los requisitos de declaración, vea el cuadro correspondiente).

REQUISITOS DE PRESENTACIÓN*

En general, su categoría de presentación para todo el año es la del 31 de diciembre.

CATEGORÍA	EDAD	USTED DEBE PRESENTAR SI SU INGRESO BRUTO EXCEDE
Solteros	Antes de 65	$7,200
	65 o menor	$8,300
Casados declarando conjuntamente	Los dos antes de 65	$12,450
	Un esposo antes de 65	$13,800
	Los dos esposos 65 o más	$14,650
Casados declarando por separado	Cualquier edad	$2,800
Jefe de familia	Antes de 65	$9,250
	65 o menor	$10,350
Viudo/viuda elegidos Con hijo dependiente	menor de 65	$10,150
	65 o menor	$11,250

*Los importes aquí enlistados son de 1998, y son los más recientes a la hora de publicar este libro. El IRS piensa divulgar los requisitos de presentación en octubre de 2000.

Soltero: Usted no está casado, ha roto legalmente los vínculos conyugales, o está divorciado. Si usted es soltero y tiene dependientes, podría tener también la posibilidad de declarar como proveedor primario, lo que le da una mayor ventaja en las tasas de impuestos y en las deducciones fijas.

Proveedor primario: Usted no está casado o se considera no casado y contribuye con más de la mitad de los gastos para su mantenimiento propio y la de una persona elegible. Usted será considerado no casado si ha vivido separado de su cónyuge durante los últimos seis meses del año.

Una persona elegible es alguien declarado como dependiente o un pariente consanguíneo que ha vivido con usted por más de seis meses. Existen dos excepciones: Primera, si sus padres no viven con usted, pero usted paga más de la mitad de los gastos de mantenimiento de la casa primaria de ellos durante todo el año. Segunda, si la persona elegible muere, usted todavía puede hacerse elegible como calificar como proveedor primario si pagó más de la mitad de los gastos de mantenimiento de los dos mientras la persona estaba viva.

Casado con declaración conjunta: Usted puede presentar una declaración conjunta si está casado, si su cónyuge murió durante ese año, si viven juntos bajo un matrimonio de hecho (*common-law marriage* o *concubinato*) y si ustedes viven separados, pero sin haberse divorciado o separado legalmente. Si uno de los cónyuges, en cualquier momento del año, es un extranjero sin residencia en otro país, sólo se puede presentar una declaración conjunta si los dos aceptan que sus ingresos mundiales estén sujetos a impuestos.

Casado con declaración separada: Si usted resulta elegible para declarar conjuntamente, puede elegir declarar separadamente. La mayoría de las parejas eligen ésta opción si piensan separarse o creen que pueden ahorrarse impuestos (en algunos casos, se puede ahorrar dinero si uno de los cónyuges tiene más desgravaciones detalladas y menos ingresos que el otro).

Existen, sin embargo, desventajas al declarar separadamente. No puede reclamar una desgravación en una cuenta individual de jubilación (en inglés: *Individual Retirement Account* or IRA) en beneficio del cónyuge que no trabaja y muy probablemente no tendrá el derecho a reclamar créditos sobre impuestos por cuidado de niños o de dependientes, entre otras cosas.

Viudo/a elegible con hijos dependientes: Si su cónyuge murió el año pasado o el anterior a este, usted tiene el derecho a utilizar la tasa de impuestos y la desgravación fija de una declaración conjunta si usted tenía el derecho a declarar conjuntamente el año que su cónyuge murió: si no volvió a casarse durante este año, si tiene un hijo dependiente y si pagó más de la mitad de los gastos de mantenimiento durante todo el resto del año en que su cónyuge estaba vivo.

Para obtener información adicional sobre las categorías de tributarias para los ciudadanos y los no ciudadanos, lea la publicación 501 del I.R.S, *Exemptions, Standard Deduction, and Filing Information* y la publicación 519 del I.R.S, *U.S. Tax Guide for Aliens*.

Consejo

Utilice el impreso de declaración de impuestos correcto. Existen tres impresos de declaración de impuestos: el 1040EZ, el 1040A y el 1040. Cuál de ellos debe usar, depende de su categoría tributaria, sus ingresos y de si piensa o no detallar o reclamar algún crédito sobre impuestos.

1040EZ: Este es el informe que resulta más sencillo de rellenar. Es, generalmente, para personas solteras, o parejas que declaran conjuntamente, cuyos ingresos gravables no excedan los 50.000 dólares y tengan menos de 400 dólares en interés gravable. En este impreso usted no puede detallar sus desgravaciones, reclamar dependientes o tomar la desgravación fija adicional por ceguera o por tener 65 años cumplidos o más, así que utilice este impreso si es mejor para usted tomar la deducción fija.

1040A: Este impreso es también muy sencillo. Al igual el 1040EZ, está diseñada para personas solteras o parejas que declaran conjuntamente con ingresos gravables menores de 50000 dólares, pero con más de 400 dólares en intereses gravables. No puede detallar, pero puede retener su contribución IRA y el crédito por cuidado de hijo o dependiente, entre otras desgravaciones.

1040: Este impreso e sobligatorio si sus ingresos son mayores de 50.000 dólares y recibe ingresos de alquiler o de ganancias de capital. También debería ser utilizado si usted piensa que le conviene más la desgravación detallada, que la fija. Para poder detallar los donativos a sociedades benéficas o los gastos de un negocio, necesita llenar un impreso adicional llamado Schedule A.

Impuestos estatales: La mayoría de los estados exigen además que usted presente una declaración de impuestos de ingresos personales. Nueve estados —Alaska, Florida, Nevada, New Hampshire, Texas, South Dakota, Tennessee, Washington y Wyoming— no exigen un impuesto de ingresos personales sobre la renta (aunque algunos estados como New Hampshire y Tennessee, gravan las ganancias de interéses y de dividendos). Acuda a sus funcionarios estatales para investigar cuál declaración, si es que hubiera alguna, es obligatoria. (Para ver una lista de dónde puede llamar con respecto a los impresos de declaración de impuestos estatales, vea el cuadro correspondiente).

LÍNEAS DE AYUDA TRIBUTARIA POR ESTADO

Para obtener ayuda tributaria, utilice los siguientes números:

ESTADO	HOJAS	INFORMACIÓN
Alabama	334-242-9681	334-242-1099
*Alaska	907-465-2320	907-465-2320
Arizona	602-542-4260	602-255-3381
Arkansas	501-682-7255	501-682-7250
California	800-852-5711	800-338-0505)
Colorado	303-232-2414	303-232-2414
Connecticut	860-297-5650	860-297-5650
Delaware	302-577-3310	302-577-3300
District of Columbia	202-727-6170	202-727-6104
*Florida	904-488-6800	904-488-6800
Georgia	404-656-4293	404-656-4071
Hawaii	800-222-7572	800-222-3229
Idaho	208-334-7660	208-334-7660
Illinois	800-356-6302	800-732-8866
Indiana	317-486-5103	317-232-2240
Iowa	515-281-7239	515-281-3114
Kansas	913-296-4937	913-296-0222
Kentucky	502-564-3658	502-564-3028
Louisiana	504-925-7537	504-925-4611
Maine	207-624-7894	207-626-8475
Maryland	410-974-3981	800-638-2937
Massachusetts	617-887-MDOR	617-887-MDOR
Michigan	800-367-6263	517-373-3200
Minnesota	800-657-3676	800-652-9094
Mississippi	601-923-7000	601-923-7000
Missouri	573-751-4695	573-751-4450
Montana	406-444-0290	406-444-2837
Nebraska	800-742-7474	800-742-7474
*Nevada	702-687-4892	702-687-4892
**New Hampshire	603-271-2192	603-271-2186
New Jersey	609-292-7613	609-588-2200
New Mexico	505-827-2206	505-827-0700

ESTADO	HOJAS	INFORMACIÓN
New York City	718-935-6739	718-935-6000
New York State	518-485-6800	800-225-5829
North Carolina	919-715-0397	919-733-0300
North Dakota	701-328-3017	701-328-3450
Ohio	614-846-6712	614-846-6712
Oklahoma	405-521-3108	405-521-3125
Oregon	503-378-4988	503-378-4988
Pennsylvania	888-728-2937	888-728-2937
Puerto Rico	787-721-2020	809-728-2937
Rhode Island	401-222-1111	401-222-3911
South Carolina	803-898-5599	803-898-5761
*South Dakota	605-773-3311	605-773-3311
**Tennessee	615-741-4466	615-741-2594
*Texas	512-463-4600	512-463-4600
Utah	801-297-6700	801-297-2200
Vermont	802-828-2515	802-828-2501
Virginia	804-367-8205	804-367-8031
*Washington	360-786-6100	800-647-7706
West Virginia	304-344-2068	304-558-3333
Wisconsin	608-266-1961	608-266-2486
*Wyoming	307-777-5287	307-777-7722

* Estos Estados no cargan impuestos estatales sobre la renta (aunque algunos cargan impuestos sobre los dividendos de las acciones y los bonos). Llame a estos números para obtener información sobre otros tipos de impuestos.

** New Hampshire y Tennessee exigen la presentación de una declaración de impuestos individual si los intereses y /o los dividendos de ingresos sobrepasan cierta cantidad (según el estado en que usted viva y su categoría de presentación) que se percibió durante el año fiscal.

Los impresos de declaración de impuestos le deben ser enviados por correo si usted ya ha presentado alguna declaración de impuestos. Puede también conseguirlos directamente del IRS por correo, fax o a través de Internet, o acudiendo personalmente a la oficina local del IRS o a un centro de asistencia para presentar impuestos (en inglés: Tax Assistance Center.)

Algunas bibliotecas y oficinas postales también proporcionan estos impresos y algunos centros de fotocopias de 24 horas también las tienen disponibles.

ACCIÓN: Para obtener los impresos de declaración de impuestos por correo llame al IRS al 800-TAX-FORM. Para obtenerlos por Tele-Fax llame al 703-368-9694 (necesita llamar directamente desde un fax). Para descargarlos del Internet visite el sitio www.irs.ustreas.gov/. Los impresos y las publicaciones de los años anteriores se encuentran disponibles en CD-ROM con un costo de 17 dólares más los sellos postales si llama al Government Printing Office al 202-512-1800.

 Obtenga un número de seguro social o un número de identificación de contribuyente individual.

Todos los ciudadanos estadounidenses o inmigrantes legales que tienen trabajo, están obligados a tener un número válido de Seguro Social adjudicado por la Administración del seguro social (en inglés: *Social Security Administration* o SSA), al igual que las personas reclamadas como dependientes en las declaraciones de impuestos.

Para obtener un número del seguro social, necesita llenar una solicitud y presentar su acta de nacimiento, así como alguna otra identificación. Esta identificación (ID), puede ser un carnet de conducir, los registros escolares, los registros militares, los registros médicos, su pasaporte, el acta de matrimonio o divorcio, su póliza de seguro, su credencial de ID como empleado gubernamental, su credencial de seguro médico, su historial hospitalario, sus registros de adopción, su registro de bautizo o los documentos del Servicio de Inmigración y Naturalización (INS).

Estos documentos deben ser originales o copias certificadas por el secretario del ayuntamiento del condado o algún otro funcionario que se ocupe del registro. Las copias certificadas se pueden enviar por correo. Los originales deben ser presentados personalmente en la oficina del seguro social. (Si tiene 18 años o más y está solicitando su primer número del Seguro Social, necesita, de todas formas, preséntese personalmente).

Los trabajadores indocumentados, necesitan un número de identificación de contribuyente individual válido (en inglés: *Individual Taxpayer Identification Number* or ITIN) en lugar de un número de seguro social. Y sin importar cuál sea su condición de ciudadanía, necesita un número de identificación patronal (en inglés: *Employer Identification Number or* EIN), el cual es su número de seguro social si usted es dueño de su propio negocio o si trabaja por cuenta propia.

Usted debe llenar el informe IRS SS-4 para obtener un EIN y un informe IRS W-7 para obtener un ITIN. Los documentos originales o copias certificadas tales como el carnet de conducir, el pasaporte, el acta de nacimiento, o los papeles del INS, también deben ser enviados por correo o presentados personalmente a su oficina local de IRS.

Puede evitar los trámites en el IRS con los servicios de un Agente de Aprobación de Certificación *(en inglés: Certifying Acceptance Agents)*, que en muchos casos son redactores de impuestos (cuando dependen de una institución gubernamental, como en este caso, en Latinoamerica se les conoce *como gestores de oficio N.T)* Estos agentes han sido autorizados por el IRS para ayudar a los ciudadanos no estadounidenses a obtener los números EIN e ITIN, a través de un mecanismo mediante el cual el agente remite las hojas W-7 rellenadas, revisa la documentación, y certifica que los materiales son auténticos, completos y precisos.

El IRS insiste en que los contribuyentes tramiten su seguro social, ITIN, o EIN. El IRS y el INS son dos agencias completamente separadas que no comparten información. De acuerdo con el IRS, eso significa que no hay necesidad de preocuparse de que pueda ser reportado al INS, si usted es un trabajador indocumentado.

ACCIÓN: Para solicitar un número del seguro social, llame al SSA al 800-772-1213, o bájelo de Internet, visitando el sitio www.ssa.gov/. Para conseguir su ITIN o EIN llame al IRS al 800-TAX-FORM, o baje el formulario de Internet en www.irs.ustreas gov/. Para encontrar un Certifying Acceptance Agent llame a su oficina local de IRS, o pídale a su contador alguna referencia.

Utilice en su declaración el nombre bajo el que está registrado con el gobierno estadounidense y que éste reconoce como su verdadero nombre.

Los latinos frecuentemente se confunden con respecto al nombre que deben usar en una declaración de impuestos. En Latinoamérica, por ejemplo, lo más común es utilizar el apellido paterno (o de soltera) de su madre después de su primer apellido. (Así, nuestros nombres serían Laura Castañeda Padilla y Laura Castellanos Valle).

¡Cuidado! En los Estados Unidos usted sólo debe utilizar su apellido paterno o el apellido de casada, particularmente en su declaración de impuestos. Y necesita hacerlo siempre. Utilizar su primer apellido el primer año y luego agregar el apellido paterno (o de soltera) de su madre el año siguiente, puede crear una gran confusión.

Presentar una declaración con el nombre incorrecto puede traerle grandes problemas. Primero, el IRS podría pensar que usted no ha presentado todas las declaraciones que debería haber presentado a lo largo de los años. Segundo, el dinero que es retenido de su sueldo de pago para el seguro social y otros beneficios, podría, erróneamente, serle acreditado a otra persona.

 Entienda el tipo de ayuda tributaria disponible, dónde encontrarla, y cuál es su costo.

Algunos de nosotros carecemos del tiempo, la disciplina y el deseo (sin mencionar la destreza en el idioma inglés) necesarios para preparar nuestras declaraciones de impuestos y para aprender todos los nuevos cambios en las leyes tributarias que podrían haber entrado en vigor durante el último año. Afortunadamente, existen muchos profesionales tributarios que nos pueden ayudar. Adónde va a acudir depende de la complejidad de su situación fiscal y de lo que se puede permitir. Aquí presentamos las cuatro clases principales de asesores tributarios:

Abogados tributarios: Los abogados tributarios son, en términos generales, los gestores de impuestos más caros y cobran cientos de dólares por hora. Muchos de ellos ni siquiera se encargan de las declaraciones de impuestos. Al contrario, se concentran en los casos de los tribunales u otros asuntos legales complicados, como la compra o la venta de un negocio.

Contadores Públicos Certificados (en inglés: Certified Public Accountants): Los CPAs, generalmente deben haber cumplido un mínimo de 150 horas de estudio en contabilidad en una escuela de estudios superiores o en la universidad, aprobar un examen de competencia profesional y en algunos estados contar con una determinada experiencia laboral profesional en contabilidad. Cada año deben cumplir, también, un promedio de 40 horas de actualización profesional.

Los honorarios de los CPAs varían ampliamente, pero en general son menos caros que los abogados tributarios y más caros que los agentes registrados (enrolled agents) y que los redactores de impuestos. Es aconsejable usar los servicios d eun C.P.A, si su situación es complicada, si es dueño de su propio negocio, o si sufrió algún cambio de importancia como un matrimonio, un divorcio, una muerte en la familia o si se va a jubilar.

Antes de contratar a un CPA, asegúrese de que este/a se especialice en declaraciones de impuestos de ingresos individuales (algunos CPAs sólo se encargan de los impuestos de negocios). Consiga referencias de sus amigos, su familia, sus colegas y su asociación estatal de CPAs, además de buscar en las páginas amarillas de su directorio telefónico.

El Instituto Americano de CPAs (AICPA) también brinda referencias de CPAs, pero sólo de aquellos que han ganado un nombramiento de Especialista Financiero Personal (PFS), lo que significa que estos especialistas pueden brindar asesoría en planificación financiera. La Asociación Americana de CPAs Hispanos (AAHCPA) puede ayudarlo a encontrar algún CPA que hable español.

Agentes Registrados: Los agentes registrados han obtenido la aprobación del IRS para representar a los contribuyentes en una auditoría. Deben aprobar un examen exigente de dos días de duración sobre tributación nacional, someterse a una verificación de antecedentes y cada tres años, cursar 72 horas de actualización continua profesional. Algunas personas pueden convertirse en agentes después de haber trabajado para el IRS durante por lo menos cinco años.

Sus honorarios varían ampliamente, pero por lo general son menos caros que los abogados tributarios y los CPAs. Según su experiencia, estos agentes tienen la capacidad de manejar declaraciones de impuestos complejas o brindar asesoría si su situación ha cambiado. Y a diferencia de los abogados tributarios y los CPAs, trabajan exclusivamente en el campo tributario.

Redactores de impuestos: Los redactores de impuestos tienden a ser el tipo de expertos tributarios menos caros debido a que en términos generales, cuentan con un menor entrenamiento que los abogados tributarios, los CPAs y los agentes registrados. De hecho, no existe un estándar nacional para los redactores de impuestos. En consecuencia, lo mejor es acudir a ellos sólo en el caso de que su declaración de impuestos sea muy sencilla.

Si usted va a contratar a un redactor de impuestos, busque uno que haya sido acreditado. La acreditación se obtiene al asistir y terminar un curso básico de preparación tributaria impartido por la Fundación Nacional para la Educación Financiera (*en inglés*: *National Endowment for Financial Education*); además cada tres años se debe asistir a un curso de 90 horas de actualización tributaria.

Sólo dos estados han tomado medidas para tratar de capacitar a los redactores de impuestos. Los redactores de impuestos de California deben cursar 60 horas de instrucción tributaria autorizada antes de poder registrarse en el Consejo de Educación tributaria de California [*en inglés: California Tax Education Council or CTEC*) y 20 horas de actualización tributaria cada año. Deben, también, mostrarles a sus clientes su certificado del CTEC, el nombre de su compañía de bonos y su número de registro.

Oregon tiene dos niveles de autorización para los redactores de impuestos. El primero es el nivel de aprendiz, el cual obliga a los redactores de impuestos a asistir y terminar un curso tributario y aprobar un examen. El segundo es el nivel de experto, el cual obliga a los redactores de impuestos a trabajar bajo supervisión durante dos años y luego aprobar otro examen.

ACCIÓN: Para ubicar un CPA con un nombramiento PFS, llame al AICPA al 888-999-9256. Para ubicar un CPA que hable español, llame al AAHCPAs al 659-965-0643. Para ubicar un EA, llame al National Association of Enrolled Agents al 800-424-4339. Para ubicar un redactor de impuestos acreditado, llame a The Accreditation Council al 703-549-2228, ext. 1341. Para verificar la categoría de registro estatal de un redactor de impuestos en California, llame al CTEC al 916-492-0457. Para verificar la categoría de certificación de un redactor de impuestos en Oregon, llame a la Junta de examinadores de servicios de impuestos del estado (en inglés: State Board of Tax Service Examiners) al 503-378-4034.

Saque provecho de la ayuda tributaria gratuita, si usted presenta una declaración de impuestos básica.

El IRS pone a su disposición una gran cantidad de ayuda gratuita, como los programas de voluntarios y sitios en la Red de Internet. Muchos de estos programas cuentan con voluntarios que hablan español y el IRS distribuye directamente algunas hojas fiscales y publicaciones en español.

Si usted confía en la información gratuita para preparar su declaración, apunte las preguntas que tenga, las respuestas que obtenga, el nombre del funcionario del IRS con el que habló y la fecha de la conversación, por si se presenta el caso de que se le proporcione información incorrecta. A continuación presentamos información detallada de algunos programas claves:

IRS. El IRS ofrece una línea telefónica gratuita que suministra información tributaria, Tele-Tax (respuestas pre-grabadas a las preguntas más frecuentes); TeleFax (un sistema de fax bajo solicitud que responde a las preguntas más frecuentes); además de información en su sitio de Internet. La agencia también cuenta con *Centros de Asistencia Tributaria* (*en inglés: Tax Assistance Centers*) gratuitos que proporcionan, personalmente, hojas fiscales, publicaciones y asesoría. La mayor parte de los estados también cuentan con líneas telefónicas de ayuda tributaria.

(Para consultar una lista de las líneas telefónicas de ayuda estatales, vea el recuadro correspondiente.)

Voluntariado de asistencia de impuestos sobre la renta (*en inglés: Volunteer Income Tax Assistance or* VITA). El IRS dirige VITA a través de las bibliotecas, los centros comunitarios y las iglesias. El programa ofrece ayuda gratuita a los contribuyentes de bajos ingresos, los incapacitados y a los contribuyentes con declaraciones de impuestos sencillos que no hablan inglés. Muchos sitios de Internet también ofrecen, en forma gratuita, presentación electrónica de declaraciones.

Asesoría Tributaria para la Tercera Edad (en inglés: *Tax Counseling for the Elderly* or TCE). Este programa proporciona ayuda tributaria gratuita a personas de 60 años o más a través de voluntarios familiarizados con las cuestiones tributarias de importancia para las personas de edad avanzada. La asesoría tributaria se proporciona en lugares tales como *asilos para ancianos*, centros de la tercera edad o casas privadas.

Asistentes Tributarios AARP (*AARP Tax-Aide*). El programa de Asistentes Tributarios ofrecido por la Asociación Americana de Personas Jubiladas (en inglés: *American Association of Retired Persons* o AARP) forma parte del programa TCE. Tax-Aide cuenta con más de 10,000 centros en todo el país, algunos de los cuales ofrecen presentación electrónica de impuestos en forma gratuita.

Programa de Clínicas Tributarias de Estudiantes (en inglés: Student Tax Clinic Program or STCP). El personal laboral del STCP está formado por estudiantes y graduados de contabilidad que reciben un permiso especial para representar a los contribuyentes ante el IRS durante una auditoría o apelación. Está diseñado para proporcionar asesoría tributaria a los contribuyentes que en condiciones normales no podrían obtener asesoría alguna.

Software/sitios de Internet. Si usted se siente cómodo elaborando sus propios impuestos y manejando una computadora, un programa de sofware puede permiotir que la preparación y presentación de sus declaraciones de impuestos sea rápida y fácil. Los programas también pueden guardar su historial. Estos programas, sin embargo, no ofrecen asesoría legal ni aceptan responsabilidad alguna por errores que no sean de cálculo matemático en el software. Los tres mejores programas son TurboTax, TaxCut y Personal Tax

PÁGINAS DE INTERNET DE IMPUESTOS

Deloitte & Touche Online	www.dtonline.com/
Ernst & Young LLP	www.ey.com/
Federation of Tax Administrators	www.taxadmin.org/
H&R Block	www.hrblock.com/
Internal Revenue Service (IRS)	www.irs.ustreas.gov/
International Tax Resources	www.taxsites.com/international.html
U.S. State Tax Resources	www.2best.com/
Taxprophet.com	www.taxweb.com/
1040.com	www.1040.com/

Edge. Usted también puede obtener una gran cantidad de información y formularios fiscales de la Internet. (Vea el recuadro correspondiente para obtener la lista de los sitios tributarios de Internet.)

ACCIÓN: Para encontrar el lugar más cercano a usted de VITA, TCE o STCP, llame al IRS al 800-829-1040 o al departamento de educación del contribuyente (en inglés: Taxpayer Education) en su oficina local del IRS. Para acceder al número del Tele-Tax del IRS, llame al 800-829-4477. Para hacer contacto con el número del Tele-Fax del IRS, llame al 703-368-9694 (usted debe llamar directamente desde una máquina de fax). Para consultar el sitio de Internet del IRS, visite el sitio www.irs.ustreas.gov/. Para encontrar el lugar más cercano a usted del AARP Tax-Aide, llame al 888-227-7669. También puede visitar el sitio de Internet del AARP en www.aarp.org/tax-aide/home.htm

Consiga sus formularios fiscales y las publicaciones y encuentre un profesional tributario tan pronto como sea posible.

No se espere hasta el último momento para llamar al IRS y solicitar sus formularios fiscales, las publicaciones o para hacer las preguntas básicas acerca de impuestos. Lo más probable es que el teléfono esté ocupado por horas interminables. Y aun si logra ponerse en contacto con alguien, los formularios y publicaciones podrían no llegarle a tiempo a menos que las obtenga a través del fax o la Internet.

De igual forma, entre más se acerque el 15 de abril, más difícil será encontrar un asesor tributario que pueda atenderlo a menos de que usted haya sido un cliente regular a lo largo de ese año. Para que no le agarren las prisas, llame en algún momento durante enero o febrero para hacer una cita.

Mantenga buenos registros.

Si usted quiere facilitar su preparación de impuestos, ahorrar dinero y tener argumentos en caso de que alguna vez necesite afrontar contra una auditoría del IRS, mantenga buenos registros. Estos registros deben guardarse en una caja fuerte resistente al fuego o en un archivador. Es difícil determinar durante cuánto tiempo usted deberá guardar estos registros.

En términos generales, el estatuto de límites de las auditorías y evaluaciones del IRS es de tres años después de presentada la declaración original de impuestos. El IRS, sin embargo, puede remontarse a seis años si sospecha que usted ha reportado ingresos por debajo d elos verdaderos en un 25 por ciento o más y puede remontarse a un tiempo indefinido si existe sospecha de fraude. Nosotras recomendamos que guarde sus registros durante por lo menos cuatro años, pero preferiblemente por más tiempo. Los registros claves incluyen:

Formulario W-2. Su patrón está obligado a enviarle un formulario W-2 para el 31 de enero de cada año. Este formulario debe presentarse junto con su declaración de impuestos. Allí se detallan sus ingresos brutos y la cantidad de impuestos retenidos a lo largo del año.

Los resguardos del pago. Guarde todos sus resguardos del año. Estos contienen información que incluye la cantidad de dinero que fue retenido para el Seguro Social, para cubrir los impuestos nacionales, estatales y a lo mejor los de la ciudad, seguro médico, cuotas sindicales y contribuciones al 401(k).

Hoja 1099. Esta hoja registra los ingresos percibidos y no percibidos a cuenta de intereses, dividendos o las distribuciones del plan de jubilación a lo largo del año. Los resguardos del sueldo, la hoja W-2 y la hoja 1099 deben cotejarse unas con otras para detectar cualquier discrepancia en su nombre, número de seguro social y dirección domiciliaria.

Otros registros que debe guardar. Documentos relacionados a sus inversiones de los corredores de bolsa, fondos mutuos y bancos; declaraciones de impuestos; gastos de los negocios; registros de contribuciones a sociedades benéficas; gastos médicos; registros de pérdidas por accidentes, incendio, desastres naturales, robo o vandalismo; gastos de mudanzas; gastos de viajes o cualquier otro registro necesario para sustentar las cantidades reportadas en su declaración de impuestos.

 Comprenda sus opciones de presentación.

Para cumplir con el requisito del IRS de "presentación a tiempo", su declaración debe llevar el matasellos con una fecha que no pase del 15 de abril. En la actualidad usted puede presentar sus declaraciones a través de diversos medios, incluyendo el correo (el antiguo recurso), por vía telefónica, electrónicamente o a través de una computadora.

Correo. Si usted envía su declaración por correo, debe llevar el matasellos a más tardar de la medianoche del 15 de abril. Si la está enviando en el último momento, no la deposite simplemente en el buzón más cercano. Llévela personalmente a la oficina de correos (muchas oficinas de correos trabajan horas adicionales durante la temporada de impuestos).

Los servicios de entrega acelerada, también pueden utilizarse para enviar su declaración al IRS; estos servicios incluyen Airborne Express, DHL, Federal Express y UPS. hay que ser consciente, sin embargo, de que estos servicios le costarán más que el correo normal.

Bajo las regulaciones del gobierno federal destinadas a combatir el terrorismo, su declaración de impuestos debe ser entregada a un cartero o llevada a una oficina de correos y entregada a un funcionario si su envío pesa 16 onzas o más y porta estampillas postales. De otra manera le será devuelta.

Telefile. Cada año, millones de contribuyentes utilizan este sistema del IRS para entregar sus declaraciones por vía telefónica. El grupo objetivo de telefile son los contribuyentes elegibles para presentar un formulario 1040EZ, que son solteros o bien parejas casadas que declaran conjuntamente, que no tienen dependientes, que presentaron su declaración el año anterior y que siguen viviendo en la misma dirección indicada en la declaración anterior.

La ventaja del telefile es que una vez que usted haya presentado su declaración, sólo hay que aceptar un botón y se le proporciona un número de recepción que comprueba que la presentó dentro de la fecha límite. Ahora bien, este es un programa exclusivo, lo que significa que usted no puede participar a menos de que el IRS le envíe un paquete tributario telefax.

Entrega electrónica. Los redactores de impuestos sobre la renta tales como H&R Block, Jackson-Hewitt y muchas tiendas familiares ("changarros") pueden utilizarse para enviar su declaración electrónicamente mediante vías telefónicas. El redactor le pedirá que firme un formulario 8453, que le autoriza a entregar la declaración al Centro de Servicio del IRS. Si la declaración no llegara a tiempo debido a algún fallo de la computadora, este formulario demuestra que usted la envió puntualmente. La ventaja de la entrega electrónica es que usted obtiene su devolución de impuestos más rápidamente de lo que sucedería si hubiera utilizado el correo normal. La desventaja es que resulta costoso. (Vea el siguiente *Consejo* sobre devoluciones anticipadas un poco más adelante)

Entrega por computadora. Un número creciente de servicios comerciales le permiten la entrega de su declaración por medio de Internet desde su computadora personal por una cuota de aproximadamente 10 dólares. Lo que usted, de hecho, está haciendo en la mayoría de los casos es enviar su declaración a un servicio comercial, que a su vez lo envía al IRS. En cuanto su declaración sea recibida, el IRS le envía al servicio comercial un acuse de recibo electrónico, que se le reenvía a usted.

CONSEJO   *Evite los préstamos sobre devolución anticipada.*

Los préstamos sobre devolución anticipada, comúnmente conocidos como servicios de "devoluciones rápidas"o de "fast tax", en realidad no son devoluciones en absoluto. Son préstamos a corto plazo con tasas de interés astronómicas ofrecidos por bancos que trabajan conjuntamente con diversas compañías de elaboración de impuestos.

Los bancos, en términos generales, cobran una cuota fija para procesar un préstamo de devolución anticipada. Estas cuotas parecen bajas —hasta que usted calcula la tasa de interés anualizada. Si usted, por ejemplo, paga una cuota de 29 dólares por un préstamo de devolución anticipada de 1,300 dólares a 21 días, resulta equivalente a pagar un interés del 39 por ciento anual. Un pésimo *negocio*.

La mejor estrategia, por supuesto, es evitar por completo recibir una devolución. ¿Por qué? porque si usted obtiene una devolución, se debe a que pagó demasiados impuestos. Aun cuando le envían el excedente, el interés que el gobierno ha ganado a cuenta de su dinero no se le entrega.

Intente que su declaración quede en ceros ("quedar tablas") ajustando su retención de impuestos sobre la renta en su formulario W-4 y canalizando el dinero adicional a una cuenta de ahorro o de inversión. En términos generales, usted deberá incrementar el número de retenciones de impuestos sobre la renta si debe impuestos y disminuirlo si anticipa una devolución.

Determinar su retención de impuestos sobre la renta adecuada no es tarea fácil. Si usted sabe de computadoras, un programa de sofware puede ayudar. Un buen asesor tributario también puede hacerlo por usted. Y la publicación 919 del IRS llamada *Is My Withholding Correct?*, incluye una hoja de cálculo que puede proyectar su retención de impuestos sobre la renta correcta para ese año.

Entre más pronto presente su declaración, más rápidamente obtendrá su devolución. Si usted, por ejemplo, la presenta en enero, obtendrá su devolución en un plazo aproximado de tres semanas. Si se espera hasta el 15 de abril, puede tardar hasta ocho semanas. Ahora bien, si usted no ha recibido su devolución para el 31 de mayo, el IRS debe pagarle intereses.

También puede acelerar su devolución (y ayudar al IRS a reducir un costoso papeleo) al entregar su declaración en forma electrónica y hacer que le depositen el dinero directamente en su cuenta bancaria. Asegúrese de que usted o su redactor de impuestos presenten la información requerida (número de ruta de tránsito, número de cuenta bancaria, tipo de cuenta) en la sección de "Devolución" de su declaración.

ACCIÓN: Verifique el estado de su devolución llamando a la línea de información de devoluciones automatizada del IRS al 800-829-4477.

Cuando presente su declaración de impuestos, asegúrese de haber calculado bien todas las desgravaciones, exenciones y créditos para los que sea elegible.

Existen muchas maneras de ahorrar dinero con las desgravaciones de impuestos, las exenciones y los créditos, que pueden ayudarle a reducir su cuenta de impuestos sobre la renta. Un profesional tributario estará familiarizado con todas ellas y podrá ayudarlo a definir para cuáles resulta usted elegible. Para obtener más información al respecto lea la publicación 17 del IRS llamada *Your Federal Income Tax*.

Presentamos aquí una breve reseña:

Crédito por ingresos percibidos. Si usted tiene ingresos reducidos podría resultar elegible para obtener un crédito por ingresos percibidos hasta de 3.656 dólares (entre más grande sea su familia, mayor será su crédito). Si su crédito excede su cuenta de impuestos, o si usted no debe impuestos en absoluto, recibe la totalidad o una parte de él como devolución.

Ser elegible para un crédito por ingresos percibidos, sus ingresos deben ser de 25.760 dólares o menos si tiene un hijo dependiente; de 29.290 dólares o menos si tiene dos o más hijos y de 9.770 dólares si no tiene hijos menores, si tiene entre 25 y 65 años de edad y no ha sido reclamado como dependiente por alguien.

Impuesto mínimo alternativo. Al otro extremo de la escala, el gobierno tiene un segundo sistema tributario, conocido como el impuesto mínimo alternativo (en inglés: alternative minimum tax or AMT), para asegurarse de que los contribuyentes que reclaman una gran cantidad de desgravaciones y exenciones paguen por lo menos una cantidad mínima de impuestos sobre la renta.

Este impuesto se calcula al revalorizar los ingresos sujetos a impuestos y gravarlo después de haber eliminado y/o reducido las desgravaciones y exenciones de impuestos conocidas como "partidas de impuestos preferentes." Si el impuesto revalorizado da como resultado un impuesto mínimo alternativo, este debe pagarse además del impuesto regular. Para obtener mayor información lea el formulario 6251 del IRS, llamado *Alternative Minimum Tax-Individuals.*

Crédito por adopción. Usted puede reclamar un crédito por los gastos de una adopción elegible hasta por 5.000 dólares por niño (6.000 dólares por un niño con necesidades especiales). El crédito por adopción en el extranjero está limitado a 5.000 dólares por niño en todos los casos. Los gastos de adopción elegible incluyen las cuotas razonables de adopción, los gastos de tribunal y los honorarios del abogado. Para obtener mayor información lea la publicación 968 del IRS, llamada *Tax Benefits for Adoption.*

Crédito de impuestos por hijo. Usted puede reclamar un crédito de impuestos de 500 dólares cada año por cada hijo dependiente menor de 17 años de edad y de 400 dólares por los que sean mayores de esa edad. El crédito comienza a desaparecer progresivamente cuando su AGI excede los 110.000 dólares en una declaración conjunta y los 75.000 dólares en una declaración individual.

Crédito de gastos de cuidado de un hijo dependiente. Este crédito está disponible si usted le paga a alguien para que brinde servicios de guardería o servicios domésticos mientras usted trabaja. Para resultar elegible, sus dependientes deben ser menores de 13 años de edad o incapaces de cuidarse a sí mismos. Usted puede reclamar un crédito de 2.400 dólares por un dependiente y de 4.800 dólares por más de un dependiente. Si recibe cualquier clase de beneficios de cuidado por parte de su patrón, podría estar en condiciones de excluir la totalidad o parte de estos beneficios de sus ingresos. Para obtener mayor información lea la publicación 503 del IRS, llamada *Child and Dependent Care Expenses.*

Crédito de Educación. El crédito de beca HOPE le permite reclamar hasta 1.500 dólares anuales por la matrícula elegible y los gastos de los dos primeros años de la educación de un estudiante (el 100 por ciento de los primeros 1.000 dólares y el 50 por ciento de los 1.000 dólares siguientes). El crédito de educación equivale al 20 por ciento de hasta 5.000 dólares por la matrícula elegible y los gastos de mantenimiento de cada año por un máximo de 1.000 dólares. El crédito de educación se puede tomar después de los dos primeros años escolares. (Vea el Capítulo 6 para obtener mayor información.)

Impuestos estatales, locales y sobre la propiedad. Estos impuestos son desgravables durante el mismo año en que se pagan. Si usted vive en un condominio o cooperativa, los impuestos sobre la propiedad forman parte de su cuota de mantenimiento mensual. Investigue a cuánto ascienden sus impuestos sobre la propiedad compartida porque podrían ser desgravables.

Intereses hipotecarios. Los intereses hipotecarios de una vivienda son desgravables en la mayoría de los casos. A veces la cuota única que usted le paga al banco por el préstamo, también es desgravable en el mismo año en que usted compró su vivienda. Si usted vive en un condominio o cooperativa, investigue a cuánto ascienden sus impuestos de propiedad compartida, porque podrían ser desgravables.

Exención de venta de vivienda. Cuando usted vende su vivienda, las ganancias de hasta 500.000 dólares para las parejas casadas y hasta 250.000 para los solteros, están exentas de impuestos. Para ser elegible para la exención, usted debe haber sido el dueño de la propiedad y haber habitado en la vivienda durante dos de los cinco años anteriores a su venta. Esta exención tributaria puede utilizarse las veces que quiera, pero sólo una vez cada dos años.

Donativos de caridad. Usted puede desgravar los donativos a sociedades benéficas sólo si los detalla y si la sociedad benéfica a la cual realiza la donación cumple los requisitos del IRS como una organización exenta de impuestos. El límite de donativos que pueden reclamarse como desgravaciones está basado en sus ingresos brutos ajustados (AGI).

Asegúrese de obtener un recibo por cualquier donativo que haga con un valor de cotización de 250 dólares o más y una tasación independiente por donativos en especie de 5.000 dólares o más. Los donativos en efectivo de bajo monto que usted deposita en el platillo de limosnas de su iglesia son desgravables sin necesidad de recibo, siempre y cuando mantenga un registro de ellos; de todas maneras es mejor contar con un cheque cancelado (*cobrado*).

Los donativos en efectivo no son completamente desgravables cuando usted obtiene algo a cambio. Si, por ejemplo, paga 200 dólares para asistir a un baile con fines benéficos y la cena tiene un valor de 50 dólares, su desgravación estará limitada a 150 dólares.

¿Y las loterías? Los billetes de lotería vendidos por una organización exenta de impuestos no son desgravables, aunque usted puede desgravar el costo del billete de sus ganancias sujetas a impuestos. *¡Buena suerte!*

Si usted regala bienes que aumentan en valor, tales como acciones o terrenos, puede tomar una desgravación por su valor de cotización sin tener que pagar impuestos sobre la ganancia. Pero le advertimos: Usted debe de haber conservado el bien durante por lo menos un año. Si lo conservó durante menos tiempo, sólo puede desgravar el costo base del bien —la cantidad que invirtió originalmente— no el precio vigente de cotización.

Los donativos de automóviles usados, computadoras, bienes raíces y acciones, bonos y fondos mutuos que cotizan en la bolsa, se evalúan, generalmente, a los precios de cotización del día en que usted hizo la transferencia. La ropa se evalúa normalmente en un porcentaje de entre el 10 y 20 por ciento de su costo original, según el estado en que se encuentra cada prenda.

Si usted realiza trabajo voluntario, puede desgravar los gastos no reembolsados tales como llamadas telefónicas, sellos postales, gastos fijos y otros materiales, así como el 50 por ciento de los gastos de alimentación. Cuando usted conduce su vehículo para cumplir con alguna diligencia vinculada a una actividad voluntaria, usted puede desgravar 14 centavos por milla, además de los gastos de garaje y estacionamiento. El costo del transporte público también es desgravable.

El monto desgravable de sus donativos a sociedades benéficas está limitado al 20, 30 o 50 por ciento del valor del donativo, según el tipo de propiedad que usted dona y del tipo de organización al que se lo otorga. Para obtener mayor información lea la publicación 526 del IRS, llamada *Charitable Contributions*.

Esta publicación también contiene información acerca de las circunstancias en las que se pueden desgravar donativos a sociedades benéficas en México. En términos generales, estas sociedades deben reunir las mismas condiciones que los grupos de E.U. para recibir donativos desgravables y usted debe recibir ingresos de alguna fuente en México.

Gastos relacionados con el trabajo. Usted puede desgravar algunos gastos relacionados con el trabajo tales como asesoría profesional, agencias de empleo, costos de fotocopias y envío de curriculum, llamadas telefónicas, los gastos de transporte si usted está buscando otro trabajo desde su puesto actual y los gastos que excedan el 2 por ciento de su AGI.

Gastos de mudanza. Los gastos de mudanza son desgravables si la mudanza es debida a un cambio de ubicación laboral. El nuevo lugar de trabajo debe distar por lo menos 50 millas más que el anterior de su domicilio. Usted también debe haber trabajado tiempo completo durante por lo menos 39 de las 52 semanas siguientes a la mudanza.

Los gastos desgravables están limitados al costo de traslado de los bienes y los efectos personales a la nueva vivienda además de los costos de viaje y de carga durante la mudanza. Los gastos de mudanza reembolsables se excluyen de los ingresos; los gastos de mudanza no reembolsables son desgravables en el cálculo de su AGI, pero no las desgravaciones detalladas.

Gastos médicos. Los gastos médicos no reembolsables que excedan el 7.5 por ciento de su AGI son, en términos generales, desgravables. Estos gastos incluyen los gastos de cualquier naturaleza que salgan de su bolsillo, desde primas del seguro, co-pagos a los médicos, píldoras anticonceptivas y el transporte requerido para obtener asistencia médica.

Empleado/as domésticos. Si usted paga salarios anuales en efectivo de por lo menos 1.100 dólares a personas que cuidan a niños, jardineros, empleadas domésticas o niñeras, usted debe retener y pagar el seguro social y los gastos médicos correspondientes. Los impuestos retenidos pueden pagarse cuando usted presente su declaración anual.

Si usted es el empleado, asegúrese por su propio bien que estos impuestos se paguen, ya sea que los pague usted mismo o que lo haga su patrón. Si usted desea convertirse en un ciudadano estadounidense, la evidencia de que usted pagó estos impuestos contará a su favor. Y además usted será elegible para recibir los beneficios de jubilación y de incapacidad. Para obtener mayor información lea la publicación 926 del IRS, llamada *Household Employer´s Tax Guide*.

Planes de jubilación. Las contribuciones a muchos planes de jubilación tales como el 401(k), los IRAs tradicionales, Roth y de educación, el Plan para Empleados de Ahorro de Incentivos Equiparados (SIMPLE) o las Pensiones de Empleado Simplificadas (SEPs), son total o parcialmente desgravables. (Vea el Capítulo 7 para obtener mayor información sobre planes de jubilación.)

Seguro Social. Si su ingresos brutos ajustados (AGI) más la mitad de sus beneficios del Seguro Social exceden ciertos umbrales (32.000 dólares para parejas que declaran conjuntamente y 25.000 dólares para declaraciones individuales), usted podría ser gravado en una suma que se eleva hasta el 85 por ciento de sus beneficios. Para obtener mayor información lea la publicación 915 del IRS, llamada *Social Security and Equivalent Railroad Retirement Benefits*.

Impuestos de plusvalía. Las ganancias de la venta de bienes que han estado en su poder durante por lo menos 18 meses están sujetas a la tasa máxima del 20 por ciento (10 por ciento si usted se encuentra en la categoría tributaria del 15 por ciento). Los bienes conservados de 12 a 18 meses previos a su venta estarán sujetos a la tasa máxima del 28 por ciento (15 por ciento si usted se encuentra en la categoría tributaria del 15 por ciento). Y al principio del año 2001, los bienes conservados durante 5 años o más estarán sujetos a la tasa máxima del 18 por ciento (8 por ciento si usted se encuentra en la categoría tributaria del 15 por ciento).

Fondos mutuos. Si usted está considerando adquirir un fondo mutuo pero no mediante una cuenta de impuestos diferidos como una 401(k) o una IRA, piénselo bien si ya se está acercando el fin del año. Usted tendrá que pagar impuestos si el fondo distribuye algún dividendo o acumula cualquier plusvalía antes del 31 de diciembre que importe el poco tiempo que usted haya sido participante del fondo.

CONSEJO   *Comprenda las reglas tributarias de ingresos para los ciudadanos no estadounidenses.*

Un ciudadano no estadounidense se considera como residente de E.U. para los fines tributarios si él o ella cuenta con una green card o ha permanecido en los Estados Unidos durante por lo menos 31 días del calendario oficial y bajo una fórmula especial si son 183 días del calendario oficial más los dos años precedentes,.

Utilizando esta fórmula, cada día del año que usted esté presente en los Estados Unidos se contará totalmente (número de días por 100); un tercio de los días cuentan para el año anterior (número de días por 33.33) y una sexta parte de los días cuentan para el penúltimo año (número de días por 16.67 por ciento).

CONSEJO *Si usted es el propietario de un negocio pequeño, asegúrese de que está haciendo uso de todas las desgravaciones, exenciones y créditos para los que resulta elegible.*

Si usted dirige su propio negocio, mantenga su contabilidad personal separada de la contabilidad de su negocio. De lo contrario, podría convertirse en blanco de una auditoría del IRS. Lo urgimos también a contratar a un profesional tributario que se asegure de que usted está haciendo uso de todas las estrategias disponibles de ahorro fiscal. Aquí presentamos algunas de ellas:

Desgravaciones de la oficina doméstica. Una oficina es desgravable si ésta se utiliza exclusivamente como la oficina principal del negocio, lo que significa que debe ser usada para efectuar las actividades administrativas o de gestión de un comercio o de un negocio y que no existe alguna otra ubicación fija donde usted lleve a cabo las actividades administrativas o de gestión de su negocio.

Desgravaciones de seguro. Si usted trabaja por cuenta propia, el costo del seguro médico para usted, su cónyuge y sus dependientes es desgravable en un 45 por ciento en el año de 1999, un 50 por ciento en el año 2000 y seguirá igual en el 2001. La desgravación se incrementará cada año hasta que alcance el 100 por ciento para el año 2007.

Contratación de miembros de la familia. Usted tiene derecho a una desgravación por el pago de "salarios razonables" hechos a un cónyuge o a un hijo que haya sido contratado. Los salarios razonables son los que hubieran sido pagados por el mismo trabajo a un tercero que no tuviera vínculo alguno con usted. De esta manera los ingresos trasladan a otro miembro de la familia, reduce sus ingresos sujetos a impuestos y les proporciona a ellos beneficios de empleo.

Ultimas recomendaciones antes de que presente su declaración.

¡Revíselo todo! Antes de enviar su declaración al IRS, revise sus cuentas para asegurarse de que no ha cometido error de cálculo. Revise de nuevo todos los números de identificación personal tales como los del seguro social o los de identificación de contribuyente individual, asegúrese de que su nombre y el de su cónyuge han sido anotados correctamente, anexe sus formularios W-2 a la declaración, firme su declaración (y asegúrese de que su cónyuge la firme también), asegúrese de que la persona que la preparó firme la declaración, haga una copia de la declaración para sus propios registros y anexe el timbre postal adecuado.

 Sepa cuándo presentar y cuándo obtener una extensión.

Sin que importe con qué empeño se haya preparado es posible que necesite más tiempo para presentar su declaración. Usted puede solicitar una extensión de fecha límite al presentar el formulario 4868, conocida como *Automatic Extension for Time to File U.S. Individual Income Tax Return*. La extensión le concede hasta el 15 de agosto para presentar su declaración.

Si usted necesita una extensión más allá del 15 de agosto, puede obtener 2 meses adicionales si presenta el formulario 2688, conocida como *Application for Additional Extension of Time to File U.S. Individual Income Tax Return*. Este formulario debe enviarse a finales de junio o principios de julio, con una explicación del retraso.

 Si usted no se puede permitir pagar su cuenta de impuestos en un pago único, utilice el plan de plazos.

Una extensión podría otorgarle más tiempo para completar su declaración, pero aún así usted todavía tiene que pagar sus impuestos el 15 de abril o tendrá que asumir las multas y los intereses por pago tardío. Para protegerse, trate de pagar por lo menos el 90 por ciento de lo que le debe al IRS o el 110 por ciento de lo que pagó en impuestos el año anterior.

Si no puede permitírselo, puede establecer un plan de pago a plazos. Envíe el formulario 9465 al IRS, conocido como *Installment Agreement Request*, junto con su declaración de impuestos y un cheque por la cantidad que usted puede pagar en ese momento. La mayor parte de las peticiones se conceden.

El tiempo que le tome pagar su deuda depende del monto de la misma. El plazo máximo es de diez años. Pero intente pagarla tan pronto como sea posible ya que su saldo estará sujeto a una tasa de interés anual del 9 por ciento compuesto diariamente y las multas por "incumplimiento en el pago" añaden 0.5 por ciento cada mes.

En 1999, el IRS comenzó a permitirles a los contribuyentes el pago de sus impuestos con una tarjeta de crédito. Su empresa de tarjeta de crédito le cargará una cuota por el servicio que depende del monto de su cuenta. Si usted entrega su declaración en forma electrónica y debe dinero, puede autorizar al IRS a retirar automáticamente esa cantidad de su cuenta bancaria o unión de crédito. Para obtener información sobre ambos programas llame al IRS al 800-829-1040.

 Conozca y ejercite sus derechos como contribuyente.

La probabilidad de que usted sea sometido a una auditoría en algún momento de su vida es del 50 por ciento —y aun mayor si usted trabaja por cuenta propia. ¿Por qué? Porque el IRS considera que por lo menos el 40 por ciento de los ingresos ganados por los contratistas independientes nunca se reporta.

Ir *mano a mano* con el IRS consume mucho tiempo, genera mucha tensión y es potencialmente muy costoso. Cuando usted es auditado, el peso de la prueba, o sea confirmar que su declaración es correcta, es responsabilidad suya. La mejor manera de enfrentarse a ella es manteniendo buenos registros y solicitando la ayuda de un abogado tributario, CPA o EA. Además debería estar bien familiarizado con el proceso de una auditoría y con la ley de los Derechos del Contribuyente *(en inglés: Taxpayer Bill of Rights)*, que fue aprobada por el Congreso por primera vez en 1988 y enmendada en 1996.

El IRS probablemente le enviará una carta informándole que será sometido a una auditoría o "revisión". Estas cartas normalmente se envían entre 12 y 18 meses después de que usted presentó su declaración de impuestos y deben describir con exactitud lo que será cuestionado. A partir de ese momento, usted tiene 30 días para responder y fijar una reunión con el IRS.

Cuando usted reciba una notificación de auditoría, el IRS debe enviarle en forma adjunta una copia de la publicación del IRS, llamada *Your Rights as a Taxpayer*, la que describe la Ley de los Derechos del Contribuyente. Usted, sin embargo, debería también revisar la publicación 17 del IRS, llamada *Your Federal Income Tax*, la cual describe el proceso de auditoría.

Existen tres clases de auditoría: las auditorías por correspondencia, que se imparten por correo, las auditorías de oficina, que tienen lugar en la oficina local del IRS que le corresponda y las auditorías de campo, que se llevan a cabo dónde usted mantenga sus registros, ya sea su casa, su oficina o la oficina de su abogado tributario, CPA o EA.

En ocasiones el IRS conduce auditorías de estilo de vida o auditorías de realidad económica para verificar si usted está viviendo fuera de sus posibilidades económicas. Este tipo de auditoría le da al IRS el derecho de hacer preguntas de carácter sumamente íntimo diseñadas para averiguar si usted está ganando más dinero del que reporta.

Usted o su asesor de impuestos puede hacerse cargo de la auditoría (no tienen que hacerlo juntos), y otras personas están autorizadas a presenciarla como testigos. Estas personas incluyen a su redactor de impuestos, algún empleado familiarizado con los registros del negocio, su cónyuge y algún amigo o pariente.

El IRS tiene, legalmente, 36 meses para completar una auditoría. Pero los auditores intentan, en términos generales, terminarla dentro de un periodo de 28 meses para darle el tiempo suficiente de tramitar una apelación, en el caso de que usted la solicite.

Cuando la auditoría termina, usted obtiene un Reporte de Revisión (*Examination Report*) que muestra los ajustes, si es que hubo alguno que se le hicieron a su declaración (en algunos casos, no hará cambio alguno).

Si usted está de acuerdo con la auditoría, tendrá que firmar el Reporte de Revisión y la hoja 870 del IRS, llamada consentimiento a impuesto específico *(en inglés: Consent to Proposed Tax Case.)* Esto elimina su derecho de apelación o de acudir al Tribunal Tributario y le obliga a pagar sus deudas con el IRS en una suma única o a través de un plan de pago a plazos.

Si usted no está de acuerdo con las conclusiones del IRS, puede presentar una petición de apelación en la oficina Regional de Apelaciones del IRS *(en inglés: IRS Regional Appeals Office).* Tiene dos opciones si el IRS no le otorga la apelación. Primera, usted puede pagar la cantidad que el IRS le fijó y después interponer una demanda para recuperar el dinero en el tribunal de Distrito (*en inglés*: *District Court*) o en el Tribunal de Reclamos (*en inglés*: Court *of Claims.*)

Segunda, puede interponer una petición al Tribunal Tributario dentro de un plazo de noventa días. Si así lo hace, los intereses y las multas se acumularán hasta la conclusión de su caso, lo que toma un promedio de nueve meses. Si usted no esta de acuerdo con la decisión del Tribunal Tributario, puede llevar su caso al Circuito de Tribunales de Apelación (*Circuit Court of Appeals*) y después a la Corte Suprema si la cuenta de la auditoría excede los 50.000 dólares por año.

La Publicación 5 del IRS, llamada *Appeal Rights and Preparation Protests for Unagreed Cases,* debe incluir su Reporte de Verificación.

La Ley de los Derechos del Contribuyente (en sus dos versiones) le proporciona numerosas protecciones a lo largo de una auditoría. Entre las disposiciones clave están:

Derecho de representación. Usted puede pedirle a un asesor de impuestos, como por ejemplo un abogado tributario, un CPA o un EA que lo represente ante el IRS. Y aun si usted se enfrenta al IRS mano a mano, puede suspender la auditoría en cualquier momento para consultar con un asesor tributario.

Derecho de grabación. Usted puede hacer una cinta de grabación sonora de su auditoría, pero la mayor parte de los expertos fiscales recomiendan hacerlo sólo como un último recurso.

Derecho a recibir una notificación con 30 días de anticipación antes de un embargo. El IRS debe darle una notificación con 30 días de antelación antes de tomar posesión de sus bienes.

Derecho de presentar una demanda por los honorarios del abogado y el contador, otros gastos y daños. Usted puede obtener el reembolso de las cuotas y honorarios si recibe un veredicto favorable contra el tribunal. También puede demandar al IRS hasta por 1.000 000 de dólares por daños.

Derecho a eliminar el interés. El IRS puede eliminar los cargos de interés en los casos en los que la demora se debió a una falla del IRS, como por ejemplo la pérdida de los historiales por parte del IRS, o la enfermedad o transferencia del personal que trabaja en su caso.

Oficina del defensor del contribuyente (*Office of the Taxpayer Advocate*. Si usted no puede solventar consistentemente las cuentas, las devoluciones o los procedimientos a través de los conductos normales del IRS, puede recurrir a su Oficina Local del Defensor del Contribuyente.

El Defensor del Contribuyente es responsable ante el Congreso y no ante el IRS. Puede, entre otras cosas, detener una acción de cobro, rastrear pagos de impuestos extraviados o aprobar cheques de devolución que hayan sido extraviados o robados.

También puede recurrir al Defensor del Contribuyente si un cobro de impuestos pudiera causar "dificultades significativas", aun en el caso de que usted no haya recurrido a los conductos normales del IRS al llenar la hoja 911, llamada *Taxpayer Application for Assistance Order.*

Una dificultad significativa se define como una acción que puede privarlo de los gastos necesarios para subsistir, que puede arruinar su crédito, provocar que deje de pagar un préstamo, obligarle a declararse en bancarrota o poner en peligro su negocio.

Si usted está enfrentando una auditoría, le recomendamos dos libros que explican el proceso de las auditorías con amplitud así como sus derechos como contribuyente: *Stand Up to the IRS,* por Frederick W. Daily (Nolo Press) y *J.K. Lasser´s Face to Face with the IRS,* de Robert G. Nath (Macmillan).

ACCIÓN: Para ponerse en contacto con la oficina del defensor del contribuyente (en inglés: Taxpayer Advocate) llame al 800-829-1040 o consulte las páginas amarillas de su directorio telefónico.

■ REPASO

♦ Comprenda los términos fiscales si necesita declarar sus impuestos.
♦ Utilice el formulario fiscal correcto cuando haga su declaración de impuestos.
♦ Obtenga un número del seguro social o su número de Identificación de Contribuyente Individual antes de presentar su declaración.
♦ Utilice su nombre correcto cuando presente una declaración.
♦ Comprenda la diferencia entre un abogado tributario, un contador

público certificado (CPA), un agente registrado (EA) y un redactor de impuestos.

◆ Saque provecho de la ayuda tributaria gratuita si su declaración es sencilla.

◆ Mantenga buenos registros.

◆ Evite los préstamos sobre reposiciones.

◆ Conozca y ponga en prática sus derechos como contribuyente.

RECURSOS ADICIONALES

Libros recomendados

Stand Up to the IRS, por Frederick W. Daily (Berkeley: Nolo Press, 1998; 5th edition, Junio 1999).

Taxes for Dummies, por Eric Tyson y David J. Silverman (Foster City, California: IDG Books, 1998).

CAPÍTULO 10

Planificadores financieros

*"CUANDO DOS SE AYUDAN ENTRE SÍ,
AMBOS SE FORTALECEN"*

ECUADOR

TODOS PODEMOS MANEJAR NUESTRAS PROPIAS FINANZAS si tenemos el tiempo y la disposición para hacerlo. Al mismo tiempo, es importante que los usuarios reconozcan cuando ha llegado el momento de solicitar ayuda. Hasta los mejores inversionistas autodidactas a menudo pueden sacar provecho de una consulta con un planificador financiero competente, ético y objetivo. El reto, por supuesto, es encontrar al planificador financiero adecuado.

Uno de los obstáculos para hacerlo es el hecho de que casi cualquiera puede abrir un local y utilizar el título de "planificador financiero". A diferencia de los abogados, que tienen que aprobar un examen para obtener autorización que permita ejercer como abogados, no existe una regulación nacional para los planificadores financieros.

En consecuencia, resulta frecuente que personas que son básicamente corredores de bolsa o agentes de seguros intenten hacerse pasar por un experto más cualificado y se hagan llamar "asesores de inversión" o "especialistas en planificación patrimonial". *Tenga cuidado*. Los servicios y el nivel de experiencia ofrecidos por los corredores de bolsa y los agentes de seguros no son necesariamente los mismos que los que ofrecen los planificadores financieros.

Entonces, ¿cuál es la diferencia entre estas especializaciones? Los corredores de servicio completo ofrecen informes de propietario elaborados por los analistas de su compañía acerca de acciones y fondos mutuos, y a veces manejan activamente su cuenta y hacer recomendaciones específicas de compra y venta. Las comisiones que cobran son elevadas —de tanto como el 3 por ciento o aún más por cada transacción. Las casas de valores bursátiles de descuento pueden aho-rrarle más de un 50 por ciento en comisiones, aún más si usted compra y vende sus acciones a través de Internet. Estas casas no manejarán su cuenta activamente ni harán recomendaciones acerca de compra y venta, aunque algunas le ofrecerán una serie de inversiones para elegir. Los agentes de seguros venden productos de seguros, algunos de los cuales, como las anualidades y ciertas clases de seguro de vida, pueden ser presentadas como inversiones.

Por otro lado, los planificadores financieros no se dedican exclusivamente a vender productos de seguros (algunos no los venden en absoluto). Están capacitados fundamentalmente para brindar asesoría y análisis financieros de gran amplitud. Los planificadores examinan el panorama general, incluyendo los riesgos administrativos y de gestión, impuestos, inversiones, seguros y planificación de jubilación y patrimonial. También lo ayudan a organizar la documentación de importancia y le advierten cuando usted necesita un abogado o un contador.

Los buenos planificadores financieros lo ayudarán a reunir su información financiera, evaluarán objetivamente su situación, lo ayudarán a definir sus metas financieras, lo ayudarán con las cuestiones presupuestales, le entregarán recomendaciones por escrito, lo ayudarán a implementar dichas recomendaciones de una manera eficaz en cuanto a costos y revisarán periódicamente su plan. E igualmente importante, tratarán de instruirlo sobre las cuestiones financieras.

Para aumentar la confusión con respecto a los planificadores financieros, tenemos el número creciente de denominaciones que algunos profesionales utilizan para "comprobar" su nivel de competencia. Algunos son bien conocidos y claramente respetados: Los Planificadores Financieros Certificados (*en inglés*: *Certified Financial Planner or* CFP). los Especialistas Financieros Profesionales (en inglés: *Personal Financial Specialist or* PFS) y los Diplomados en Análisis Financiero (*en inglés*: *Chartered Financial Analyst* or CFA) entre otros. Otros pueden sonar bien, pero realmente su denominación no significa gran cosa. Este capítulo le enseñara a diferenciarlos.

Los latinos se enfrentan a barreras específicas cuando se trata de planificadores financieros. La mayor de ellas es nuestra falta de experiencia y conocimiento generales con respecto a las cuestiones bancarias, de inversiones y de seguros. Muchos de nosotros no tenemos cuentas corrientes, ya no digamos fondos mutuos, así que ¿para qué preocuparnos respecto a los planificadores financieros?

Laura, la planificadora financiera ha encontrado, además, que muchos latinos son muy renuentes a discutir asuntos de dinero. Si no podemos hablar de nuestras finanzas con nuestra familia y amigos, nunca vamos a hablar del tema con alguien como un planificador financiero, que podría además ser un desconocido.

Un planificador financiero, sin embargo, puede resultar muy útil. Carlos y Rosemary, una pareja mexicano-americana de aproximadamente cincuenta años de edad, que viven en Palm Desert, California, comenzaron a utilizar los servicios de un planificador financiero hace cinco años porque se encontraban preocupados con respecto a si iban a tener o no el suficiente dinero para pagar los costos de la universidad de su hija y si les iba a quedar lo suficiente para cubrir sus propias necesidades de jubilación. "Empezamos desde cero," dice Carlos, un administrador financiero. Su esposa es profesora en una universidad. "Nuestros padres nunca nos enseñaron acerca de planificación financiera. Y aunque ambos tenemos títulos en economía y negocios, simplemente no tenemos el tiempo de ocuparnos de esto personalmente."

Actualmente una de sus hijas asiste a UCLA, otra asiste a una universidad local d edos años y la pareja está convencida de que se encuentran en el camino financiero adecuado. "Un planificador financiero bien vale lo que cuesta," dice él. Pero Carlos también advierte que, aunque contrate a un profesional, es muy importante comprender qué está haciendo. "Uno necesita desarrollar algún nivel de conocimiento sobre inversiones y planificación financiera," dice. "De otra forma, uno no sabe si está recibiendo buenos consejos."

Los planificadores financieros pueden valerse de muchas y muy diversas maneras. De pronto querrá citarse con uno en una sola ocasión, solicitar un plan o revisar el plan que usted ya ha desarrollado. Por otro lado querría citarse con un planificador financiero de manera regular y sistemática, lo que podría ser una buena idea si usted no cuenta con el tiempo, las ganas o la competencia necesarias como para manejar sus propias finanzas, o si está experimentando un cambio de importancia en su vida.

Los cambios de vida incluyen un matrimonio, un divorcio, el nacimiento de un hijo, la pérdida del trabajo o recibir una herencia. Otras razones para buscar ayuda profesional incluyen trabajar por cuenta propia o ser propietario de su propio negocio, la necesidad de asesoría sobre cómo pagar la universidad de sus hijos, ahorrar para la jubilación o el deseo de asegurarse de que tiene suficientes pólizas de seguro y de que ha minimizado sus impuestos.

Un malentendido muy común es que los planificadores financieros sólo trabajan para gente con mucho dinero. En realidad, un creciente número de compañías de servicios financieros están centrandose en la clase media como grupo de población, especialmente en las personas que nacieron hacia finales de los años 40 y que están en la cúspide de su capacidad productiva o que están comenzando a pensar en jubilarse.

Muchas compañías, tales como American Express y Merrill Lynch, están a su vez comenzando a dirigirse a los latinos al brindar seminarios educativos bilingües e información al consumidor junto con planificadores financieros que hablan español y que están sintonizados culturalmente con el mercado Hispano.

Entre las más grandes controversias alrededor de la planificación financiera está la cuestión de las cuotas de remuneración. Los planificadores que trabajan por honorarios cobran cantidades fijas o tarifas por horas. Por otro lado, los planificadores que trabajan a comisión perciben sus ingresos exclusivamente a través de la venta de productos. Los planificadores por honorarios y la comisión cobran cuotas fijas por asesoría y luego se ganan una comisión sobre los productos financieros que venden.

Mucha gente sostiene que los planificadores que trabajan por honorarios son los mejores porque no tienen conflicto alguno de intereses. En vista de que no venden productos financieros, no existe la posibilidad de que le recomienden algo simplemente para ganarse una comisión. Un artículo del *Consumer Reports* publicado en enero de 1998 afirmaba que "los planificadores que trabajan por honorarios siguen siendo su mejor opción."

Las Lauras consideran que la industria de la planificación financiera está avanzando hacia el modelo de trabajar por honorarios por dos razones: la primera, los consumidores así lo exigen; están dispuestos a pagar por la asesoría pero no están dispuestos a pagar a un planificador financiero una comisión adicional sólo por la compra del producto que recomienda. Segunda, el creciente número de productos de inversión y de seguro con una carga reducida o sin carga alguna que están ahora disponibles, han acostumbrado a los consumidores a pagar comisiones mínimas o ninguna comisión.

El cobro de honorarios fijos o por horas, sin embargo, no significa que el planificador financiero sea eficaz y hábil. Sería igualmente injusto afirmar que todos los planificadores financieros que trabajan a comisión son poco honrados o incompetentes. Muchos de ellos son muy buenos y de ninguna manera harían algo que pusiera en peligro la relación a largo plazo con sus clientes.

En fin. La remuneración es una cuestión sumamente importante, pero constituye sólo uno de los muchos aspectos que usted debe tomar en cuenta cuando se está tratando de decidir por un planificador financiero. Si usted no se siente cómodo trabajando con alguien que puede ganarse dinero si le vende productos financieros, entonces sólo solicite los servicios de los planificadores que trabajan por honorarios. Pero asegúrese de que comprende cómo el planificador financiero obtiene sus ingresos.

Una de las mejores formas de asegurarse de que está trabajando con un planificador financiero de primera, es educarse a sí mismo con respecto a las cuestiones de las finanzas personales. Este capítulo, y de hecho, todo el libro, le proporcionará algunas habilidades básicas para determinar si un planificador financiero está cumpliendo con su tarea.

Además, usted puede reducir sus gastos si se prepara bien antes de contratar a un planificador financiero. Nosotras le mostraremos como obtener referencias de sus amigos, familia y colegas, así como de organizaciones profesionales; cómo entrevistar a varios posibles planificadores financieros y a verificar minuciosamente sus credenciales y antecedentes.

 Consejo | ***Solicite la ayuda de un servicio de asesoría sobre deudas de buena reputación antes de contratar a un planificador financiero.***

Un buen planificador financiero puede ayudarlo con una gran variedad de cuestiones, incluyendo cómo establecer un presupuesto y reestructurar su deuda. Usted, sin embargo, debe pagar por este servicio. La verdad es que gastar dinero en asesoría financiera no tiene sentido alguno si no puede pagar sus cuentas o ahorrar dinero alguno.

Antes de contratar a un planificador financiero para que maneje sus problemas de deudas, póngase en contacto con alguna organización de asesoría de crédito de buena reputación tal como los Asesores de Deuda de *América (en inglés: Debt Counselors of America)* o al Servicio de Asesoría de Crédito al Consumidor *(en inglés: Consumer Credit Counseling Service or CCC)*, este último afiliado a la Fundación Nacional para Crédito al Consumidor *(en inglés: National Foundation for Consumer Credit)*.

Los asesores especialmente capacitados de estos dos grupos sin fines de lucro pueden ayudarlo a desarrollar un presupuesto y a establecer un plan de reestructuración con sus acreedores, lo que en muchos casos reducirá sus pagos mensuales, disminuirá las tasas de interés y eliminará los cargos financieros, pagos tardíos y cuotas por sobregiro.

La mayor parte de estos servicios son gratuitos o de bajo costo. En algunos lugares el CCC brinda muchos de sus servicios en español, incluyendo asesoría presupuestal, revisión de historial crediticio, presentación de finanzas personales y seminarios sobre el proceso de compra de vivienda. (Para obtener mayor información sobre crédito y deuda vaya al Capítulo 2.)

ACCIÓN: Para contactar al Debt Counselors of America, llame al 800-680-3328 o visite el sitio Internet www.dca.org. Para contactar al National Foundation for Consumer Credit en inglés llame al 800-388-2227; para información en español, llame al 800-682-9832, o visite el sitio Internet www.nfcc.org/.

 CONSEJO   *Tome clases sobre finanzas personales e inversión antes de contratar a un planificador financiero.*

Las Lauras son partidarias del aprendizaje durante toda la vida. Nosotras creemos que los consumidores que consiguen las mejores condiciones son siempre los que se han educado a sí mismos sobre diversos productos antes de realizar una compra. Esto sigue siendo cierto aun si usted piensa contratar a un planificador financiero. Al final de cuentas, usted necesita esa habilidad de evaluar la calidad de la asesoría que obtiene y el comportamiento de las inversiones que hace.

Una de las mejores maneras de aprender acerca de finanzas personales y las cuestiones de inversión es tomar una clase, se ofrecen docenas de cursos. El problema es que estos cursos son a menudo dictados por corredores o asesores que están más interesados en generar clientes que en educar a los consumidores acerca de todas las alternativas.

Para ubicar instructores más objetivos, investigue los cursos que se dan en sus universidades locales de cuatro o dos años. Los seminarios de la Asociación Nacional de Inversionistas *(en inglés: National Association of Investors Corp. or NAIC)* están también a su disposición por una cuota aproximada de $25 dólares por persona y la Asociación Americana de Inversionistas Individuales *(en inglés: American Association of Individual Investors or AAII)* dicta seminarios de un día por una cuota aproximada de $150 dólares por persona.

ACCIÓN: Para ponerse en contacto con el NAIC, llame al 248-583-6242. Para ponerse en contacto con el AAII, llame al 800-428-2244.

Investigue los centros de inversión de matrícula gratuita antes de contratar a un planificador financiero, pero tenga cuidado.

Muchas compañías de servicios financieros en todo el país tienen sucursales de matrícula gratuita por todo el país que generan negocios brindando asesoría gratuita acerca de inversiones, planificación de la jubilación, entre otros. Las compañías que cuentan con un mayor número de sucursales son Charles Schwab & Co., Fidelity Investments y Quick & Reilly. No hay nada malo en indagar por esta información, pero sea cuidadoso.

Todas estas sucursales operan de la misma manera: ofrecen materiales y seminarios educativos gratuitos así como consultas personalizadas ya sea con sus "asesores de inversión" o con sus corredores. Estos asesores utilizan un software para ayudarlo a calcular su situación financiera y lo que necesita para alcanzar sus metas económicas. También venden una gran variedad de inversiones.

Si su situación financiera es sencilla y clara, el consejo "unitalla" que tenderá a obtener de estas sucursales podría resultar perfectamente adecuado para comenzar. Estas sucursales son también lugares convenientes para hacer transacciones si usted es un inversionista autodidacta conocedor y con confianza en sí mismo, que sólo quiere comprar y vender inversiones y no obtener una asesoría más completa.

Si sus finanzas son complicadas o si usted es un novato absoluto, de pronto le conviene pagar por una asesoría financiera más profunda y objetiva. ¿Por qué? Porque es posible que el asesor de una sucursal de esta clase no tenga las habilidades suficientes para manejar una situación compleja. Y los inversionistas principiantes no serán capaces de evaluar la calidad de los consejos que reciben de dicho asesor.

Cuando acuda a estos centros tenga siempre en cuenta que su objetivo principal es incitarle a solicitar sus servicios y que haga negocios con ellos. Es simplemente otra forma de comercialización. Tenga cuidado cuando investiga en diversos lugares. Si usted verdaderamente desea confiar en estos centros, visite varios de ellos para comparar la calidad de la información, los servicios, el personal y la gama de productos financieros que ofrecen.

ACCIÓN: Para ubicar la sucursal más cercana de Schwab, llame al 800-435-4000. Para ubicar la sucursal más cercana de Fidelity, llame al 800-544-9797. Para ubicar la sucursal más cercana de Quick & Reilly, llame al 800-672-7220.

 Comprenda la manera en que cobra un planificador financiero.

Todo planificador financiero debe desglosar completamente sus honorarios y comisiones. Para facilitar la comprensión presentamos la terminología que utilizan.

Sólo por honorarios. Los planificadores financieros que trabajan solamente por honorarios cobran cuotas por horas, o cuotas fijas por servicios específicos tales como el desarrollo de un plan financiero completo, el análisis de una cartera de valores o la creación de un plan de jubilación. No venden productos financieros. Se consideran los planificadores financieros más objetivos porque no ganan remuneración alguna por los productos que recomiendan. Los verdaderos planificadores financieros por honorarios, sin embargo, podrían resultar difíciles de encontrar. Algunos sólo trabajarán para usted si cuenta con una gran cantidad de dinero y sus honorarios y cuotas pueden resultar más altos que las otras clases de planificadores financieros.

A comisión. Los planificadores financieros que trabajan a comisión ganan dinero cuando usted compra un producto financiero, tal como un fondo mutuo. Lo cual significa que son vendedores si bien existe una gran cantidad de vendedores honradores, el problema potencial con los planificadores financieros que trabajan a comisión es que pueden sentirse tentados a recomendar un producto que les generará una buena comisión, aunque no resulte la mejor inversión para usted. Los menos escrupulosos podrían recomendarle que compre y venda inversiones con gran frecuencia, lo que se conoce como "voltear."

Honorarios y comisiones. La mayor parte de los planificadores financieros cobran una combinación de honorarios y comisiones. Cobran, por ejemplo, una cuota fija por asesoría, pero también ganan una comisión sobre los productos financieros que usted decide comprarles. De nuevo, hay una gran cantidad de planificadores financieros por honorarios y comisiones que son honrados. Pero el conflicto potencial de intereses --el incentivo financiero que tienen para recomendar productos, o para voltear bienes-- aún existe.

Gestoras de carteras. Los gestoras de carteras cobran una cuota basada en el porcentaje de valores que gestionan o invierten para usted. No venden productos financieros, lo cual significa que tienen mucho menos interés en venderle productos inapropiados para ganar comisiones o para voltear sus bienes. Pero existen otros problemas potenciales. A veces no están muy dispuestos a recomendarle otro tipo de inversiones, como por ejemplo los bienes raíces, que pudieran reducir la cantidad de dinero que manejan para usted. A veces no quieren trabajar para usted a menos que cuente con una gran cantidad de valores.

Comprenda los títulos detrás de la cantidad de letras que utilizan los diferentes corredores y planificadores financieros.

Muchos planificadores financieros ostentan una gran lista de letras después de sus nombres. No se deje impresionar por estos títulos; no garantizan la competencia del planificador financiero. Lo único que podrían garantizar es que el planificador financiero ha tomado determinados cursos, aprobado ciertos exámenes, acordado apegarse a un código de ética y pagado sus cuotas anuales de membresía.

Aún así, usted debería saber lo que se exige para ganarse estos títulos y verificar que un planificador financiero los haya ganado de verdad. Algunos títulos valen más que otros, particularmente los de Planificador Financiero Certificado *(en inglés: Certified Financial Planner or* CFP), Especialista Financiero Personal (en inglés: *Personal Financial Specialist or* PFS) y Diplomado en Análisis Financiero *(en inglés: Chartered Financial Analyst or* CFA). Si usted se topa con un nombramiento que no reconoce, pregúntele al planificador financiero cómo se obtiene y qué organización lo respalda.

Planificador Financiero Certificado o CFP (*Certified Financial Planner*). Un CFP se encuentra entre los títulos mejor conocidos y está respaldado por la Cámara de Regulación de CFP *(en inglés: CFP Board of Standards)*. Para obtener este título, un planificador financiero debe aprobar en dos días un examen de 10 horas; tener entre 3 y 5 años de experiencia, acceder a apegarse a un código de ética y cursar 30 horas de cursos de actualización cada dos años.

ACCIÓN: Para encontrar un planificador financiero con un título de CFP cerca de usted, llame al CFP Board of Standards al 888-237-6275 y eliga la opción #1. Para verificar el título CFP de un planificador, llame al mismo número y eliga la opción #2.

Especialista Financiero Personal o PFS (*Personal Financial Specialist*). Sólo los Contadores Públicos Certificados pueden ostentar un título de PFS, el cual se otorga por el Instituto Americano de Contadores Públicos Certificados (en inglés: *American Institute of Certified Public Accountants or* AICPA). Para obtenerlo, los CPAs deben pasar por lo menos 250 horas al año proporcionando servicios de planificación financiera, aprobar un examen de un día de duración y proporcionar seis referencias de sus clientes. Deben también cursar 72 horas de clase cada tres años para mantener el título de PFS.

ACCIÓN: Para encontrar planificadores financieros con un título de PFS cerca de usted, llame al AICPA al 888-777-7077 o visite el sitio de Internet al www.aicpa.org/. Para verificar que un CPA ha obtenido el título de PFS, solicítele al AICPA que le envíe por correo una lista gratuita de CPAs con el título de PFS.

Asesor de Inversiones Registrado o RIA (en inglés: *Registered Investment Adviser*). Los asesores RIA también conocidos como representantes registrados, son corredores o agentes de seguros que han aprobado los exámenes básicos necesarios para vender productos financieros y brindar consejos específicos de inversión. Estos exámenes son la Serie 6 de fondos mutuos y la Serie 7 para valores en general. Usted debe verificar con la Asociación Nacional de Comerciantes de Valores *(en inglés: National Association of Securities Dealers or NASD)* para asegurarse de que un corredor esté acreditado adecuadamente.

Las RIA's o las compañías que manejan más de $25 millones de dólares en bienes o que están ubicadas en los estados de Colorado, Ohio, Iowa o Wyoming, deben registrarse con la Comisión de Valores *(en inglés: Securities and Exchange Comission)*. Los RIA o las compañías que manejan menos de $25 millones en bienes deben registrarse en el Estado en que llevan a cabo sus negocios. Usted puede verificar los historiales disciplinarios si un planificador financiero ha trabajado en más de un estado llamando a la Asociación norteamericana de administradores de valores (en inglés: *North American Securities Administrators Association or* NASAA) y consiguiendo los números telefónicos de los departamentos de valores estatales.

ACCIÓN: Para verificar que un RIA tiene una licencia en las series 6 o 7 y obtener su historial disciplinario, llame al NASD al 800-289-9999, o visite su sitio de Internet al www.nasdr.com/. Para ponerse en contacto con el NASAA, llame al 888-846-2722 y oprima "0". También puede visitar su sitio de Internet al www.nasaa.org/.

Diplomado en Consultas Financieras o ChFC (*Chartered Financial Consultant*). Para ganar un título ChFC de la Sociedad de Profesionales de Servicios Financieros *(en inglés: Society of Financial Service Professionals)*, antes llamada la Sociedad Americana de CLUs y ChFCs *(en inglés: American Society of CLUs and ChFCs)*, un agente de seguros de vida debe aprobar 10 cursos de planificación financiera de nivel universitario, tener por lo menos tres años de experiencia y adherirse a un código de ética. Algunos ChFC participan también en un programa de actualización llamado Logros profesionales en educación continua *(en inglés: Professional Achievement in Continuing Education* o PACE)*, que requiere de 30 horas de cursos de actualización cada dos años.

Diplomado Asegurador de Vida o CLU (*Chartered Life Underwriter*). Los requisitos para ganar un título CLU son los mismos que para un título ChFC. El CLU se especializa en los productos de los seguros de vida. Este título también lo otorga la Sociedad de Profesionales de Servicios Financieros.

ACCIÓN: Para encontrar planificadores financieros con títulos ChFc o CLU cerca de usted y para verificarlos llame a la Society of Financial Service Professionals al 800-392-6900 o visite el sitio de Internet www.financialpro.org/.

Asegurador Diplomado de Daños de Propiedad o CPCU (*Chartered Property Casualty Underwriter*). Un CPCU es un agente de seguros especializado en seguros de propiedad, de automóvil, de propiedad comercial y de responsabilidad. Para ganar el título, que es otorgado por la Sociedad de CPCU (*CPCU Society*), un agente necesita tener por lo menos cinco años de experiencia, aprobar 10 exámenes y adherirse a un código de ética.

ACCIÓN: Para encontrar un agente de seguros con un título CPCU cerca de usted, o para verificar su título, llame a CPCU Society al 800-932-2728, o visite su sitio de Internet en www.cpcusociety.org/.

Especialista Acreditado en Gestión de *Bienes (en inglés: Accredited Asset Management Specialist or AMMS*). Para ganar un título AAMS, un planificador financiero debe tomar un curso de doce módulos, aprobar un examen de un día de duración y adherirse a un código de ética. El título es otorgado por el Colegio de Planificación Financiera (en inglés: *College for Financial Planning*).

Asesor Diplomado de Fondos Mutuos o CMFC *(en inglés: Chartered Mutual Fund Counselor*). Para ganar un título CMFC, un planificador financiero debe tomar un curso de nueve módulos, aprobar un examen de un día de duración y adherirse a un código de ética. Los RIA, banqueros y representantes de ventas de fondos mutuos son los profesionales que normalmente obtienen este título, que es también otorgado por el Colegio de Planificación Financiera.

ACCIÓN: Para verificar los títulos AAMS o CMFC, llame al Colegio de Planificación Financiera al 800-553-5343.

Planificador Patrimonial Acreditado o AEP *(en inglés: Accredited Estate Planner)*. Los abogados, CPAs, oficiales de fideicomiso, CLUs, ChFCs y CFPs son los profesionales que normalmente obtienen este título, que es otorgado por la Asociación Nacional de Planificadores Patrimoniales y Consejeros *(en inglés: National Association of Estate Planners and Councils* or NAEPC). Para mantener el título se deben cursar 30 horas de estudio cada cinco años.

ACCIÓN: Para encontrar un asesor con un título AEP, llame al NAEPC al 610-526-1389 o visite el sitio Internet al www.naepc.org/.

Especialista Certificado en Fideicomisos o CFS (*Certified Fund Specialist***).** Este título es otorgado por el Instituto de Negocios y Finanzas [*Institute of Business and Finance* (IBF)]. Los representantes de servicios financieros, RIA, corredores y agentes de seguros son los profesionales que normalmente obtienen este título, el cual requiere de 60 horas de estudio autodidacta y un examen de dos horas. Los requisitos de educación de quince horas cada año son obligatorios.

ACCIÓN: Para obtener una lista de asesores con un título CFS en su comunidad o para verificar el título, llame al IBF al 800-848-2029.

Consultor Certificado en Gestión de Inversiones o CIMC *(en inglés: Certified Investment Management Consultant)*. Este título es otorgado por el Instituto de Consultores en Gestión de Inversiones *(en inglés: Institute for Investment Management Consultants or* IIMC). Para obtener el título de gestoras de carteras deben tener tres años de experiencia, gestionar bienes con un valor de por lo menos 2 millones de dólares, tomar dos semestres de estudios autodidactas y aprobar dos exámenes. Un promedio de 20 horas de cursos de actualización son obligatorias cada año.

ACCIÓN: Para encontrar una gestora de cartera con un título CIMC o para verificarlo, llame al IIMC al 602-922-0090 o visite el sitio Internet al www.theiimc.org/.

Asesores Certificados en Fideicomisos y Finanzas o CTFA *(en inglés: Certified Trust and Financial Advisors)*. El título de CTFA es otorgado por el Instituto de Banqueros Certificados [*en inglés: Institute of Certified Bankers* or ICB) y está diseñado para la gente que trabaja en los bancos o las compañías fideicomisarias. Para obtener un título CTFA, un profesional debe tener diez años de experiencia, cinco años de experiencia más un título universitario o tres años de experiencia más un diploma de posgrado de una escuela de fideicomisos aprobada. Los profesionales deben aprobar un examen, cursar 40 horas de cursos de capacitación obligatorio y seguir un código de ética.

ACCIÓN: Para verificar un nombramiento CTFA, llame al ICB al 202-663-5092 o visite la página del ICB en el sitio de Internet de American Bankers Association´s en www.aba.com/.

Consultores Financieros Registrados o RFC (*Registered Financial Consultants*). Un título RFC es otorgado por la Asociación Internacional de Consultores Financieros Registrados [*International Association of Registered Financial Consultants* (IARFC)]. No se requiere de la presentación de examen alguno para obtener el título aunque se está diseñando uno. Ahora bien, los expertos pueden hacerse elegibles para este título si cursan 40 horas de cursos de capacitación cada año, cuentan con por lo menos cuatro años de experiencia trabajando tiempo completo como planificadores financieros y tienen una licenciatura o posgrado en economía, contabilidad, estadística de negocios o finanzas aunada a por lo menos otro título en planificación financiera tal como un CFP.

ACCIÓN: Para encontrar un asesor con un título RFC cerca de usted, llame al IARFC al 800-532-9060 o visite el sitio Internet en www.iarfc.org/.

Obtenga referencias sobre un planificador financiero de su familia, amigos, colegas y organizaciones profesionales de servicios financieros.

Cuando decida comenzar a buscar un planificador financiero, pídale referencias a sus amigos, familia, colegas y otros profesionales con los que haga negocios, tal como un abogado o un contador.

Obtenga por lo menos tres nombres de planificadores financieros y asegúrese de que estos trabajan con clientes que tengan una situación económica parecida a la suya. Si usted es propietario de un pequeño negocio, por ejemplo, busque un planificador financiero especializado en pequeños negocios.

Uno de los problemas en obtener estos nombres por parte de la familia y los amigos es que podrían referirlo a un planificador financiero determinado simplemente porque les cae bien. Y algunas veces los contadores, abogados y planificadores financieros pueden referir a sus clientes entre sí por ninguna otra razón que la cortesía profesional.

Si bien resulta importante obtener referencias de planificadores financieros de la gente que usted quiere y respeta, es igualmente importante que usted realice un intenso interrogatorio y haga un poco de investigación por su cuenta antes de contratar a alguno.

Y recuerde, usted también puede obtener nombres de planificadores financieros a parte de los grupos que otorgan diversos títulos, incluyendo a los que ya hemos discutido o a las siguientes organizaciones y casas de valores bursátiles:

Programa de Asesoría de Rating *(en inglés: Adviser Rating Program)*. La compañía de investigación de mercado Dalbar Inc., cuyas oficinas principales se encuentran ubicadas en Boston, Massachusetts, ha lanzado un Programa de Asesoría de Rating que les otorga a los asesores un "sello de aprobación". Sólo pueden participar en este programa los asesores que cuenten con por lo menos cinco años de experiencia, que tengan un historial disciplinario limpio, que cuenten con por lo menos 100 clientes activos y manejen un mínimo de 15 millones de dólares en valores de clientes. En el año de 1997, el primer año en que se ofreció el programa, participaron aproximadamente 1.000 asesores.

Dalbar conduce, por una cuota, una encuesta con los clientes de un asesor para determinar qué tan satisfechos se encuentran con él. Si un asesor llena los requisitos mínimos, estará autorizado a anunciar que ha recibido el rating de aprobación de Dalbar. La desventaja, por supuesto, es que no todos los asesores participan. Y usted no tiene cómo de saber si un asesor intentó obtener la aprobación de Dalbar y le fue negada.

ACCIÓN: Para obtener mayor información sobre Dalbar´s Adviser Rating Program, llame al 800-296-7056 o visite su sitio de Internet en www.dalbar.com/.

Asociación Internacional de Planificación Financiera o IAFP *(en inglés: International Association for Financial Planning)*. Una IAFP no es

una certificación. Es un grupo comercial abierto a cualquiera que esté involucrado en el campo de la planificación financiera incluyendo a los CPAs, los abogados que manejan planificación patrimonial, los agentes de seguros, los CFP y los corredores de bolsa. No existe requisito alguno de cursos o exámenes para unirse al IAFP.

ACCIÓN: Para encontrar un planificador que sea miembro de la IAFP, llame al 800-806-PLAN, o visite el sitio Internet en www.planningpaysoff.org/.

Red Independiente Autorizada de planificadores financieros CPA o LINC (*en inglés: Licensed Independent Network of CPA financial planners*). LINC es una agrupación de CPAs que brindan servicios de planificación

financiera por honorarios. La mayor parte de los miembros cuentan con un título de PFS y trabajan con individuos con valores de importancia.

ACCIÓN: Para encontrar un CPA que trabaja por honorarios que también sea un planificador financiero, llame a LINC al 800-887-8358.

Asociación Nacional de Asesores Financieros Personales o NAPFA (*National Association of Personal Financial Advisers*). Sólo los

planificadores financieros que trabajan por honorarios pueden unirse a NAPFA. Debe contar con por lo menos tres años de experiencia, someter un plan financiero y cursar 60 horas de cursos de actualización cada dos años.

ACCIÓN: Para encontrar un planificador que trabaja por honorarios, llame al NAPFA al 888-FEE-ONLY o visite el sitio de Internet www.napfa.org/.

Casas de Valores Bursátiles (*Brokerages*). Los planificadores

financieros que trabajan en las casas de valores tales como American Express, Merrill Lynch y otras, normalmente lo hacen bajo el sistema de combinación de honorarios y comisiones. Si usted contrata alguna de estas casas de valores, investigue si ofrece fondos mutuos de una gran variedad de compañías, incluyendo a las sin carga o si se limitan a vender únicamente sus productos.

> **ACCIÓN:** Para contactar con Salomon Smith Barney, llame al 800-EARNS IT o visite su sitio de Internet al www.smithbarney.com. Para contactar a Prudential, llame al 800-843-7625 o visite su sitio de Internet al www.prudential.com. Para contactar Equitable, llame al 800-590-5995 o visite su sitio de Internet al www.equitable.com. Para entrar en contacto con Transamerica, llame al 800-PYRAMID o visite su sitio de Internet al www.transamerica.com. Para entrar en contacto con American Express Financial Advisors, llame al 800-GET-ADVICE o visite su sitio de Internet al www.americanexpress.com/advisers/. Para entrar en contacto con Merrill Lynch, llame al 800-MERRILL o visite su sitio de internet al www.ml.com.

 Seleccione a los planificadores financieros por vía telefónica, luego fije un encuentro cara a cara.

Una vez que tenga los nombres de varios planificadores financieros, entrevístelos brevemente por teléfono. Averigüe si trabajan con clientes dentro de su escala de ingresos, con qué tipo de clientes trabajan normalmente y cómo y cuánto cobran. Si usted, por ejemplo, tiene 55 años de edad y está pensando en jubilarse, no querrá un planificador financiero que se especialice en pequeños negocios.

Una vez hecha su selección inicial, pídale al planificador financiero que le haya gustado más, que sostenga una reunión de aproximadamente media hora con usted. La mayor parte de los planificadores financieros están dispuestos a hacerlo sin cargo alguno. Pero recuerde que éste será un encuentro informal que tiene como único propósito que se conozcan. No trate de obtener recomendación alguna.

Prepare una lista de preguntas para que su planificador financiero anticipado le responda durante la reunión personal.

La relación que establezca con un planificador financiero es extremadamente importante e íntima. Usted tiene que sentirse cómodo discutiendo con él o ella sus problemas y metas financieras. Si bien resulta tentador dejar la conversación al azar para determinar que clase de relación se establece, usted debería llegar con una lista de preguntas, particularmente porque es muy probable que no pueda pasar mucho tiempo con los planificadores financieros en la primera entrevista. Las mejores relaciones que Laura, la planificadora financiera, ha establecido con sus clientes comenzaron cuando ellos le plantearon las preguntas siguientes:

Remuneración. ¿Usted o cualquier miembro de su compañía reciben alguna remuneración por los productos financieros que recomiendan? ¿Está usted autorizado para vender productos financieros? Si es así, ¿A cuáles compañías representa? ¿Tomará posesión de mi dinero o tendrá acceso directo a éste? ¿Administra inversiones por una cuota? ¿Cuánto cobra?

Experiencia. ¿Cuánto tiempo lleva en el negocio de la planificación financiera? ¿Con cuántos clientes individuales cuenta? ¿Me daría referencias de sus clientes? Una vez que haya desarrollado e implementado un plan para mí ¿Qué servicios de seguimiento me ofrece? ¿En cuánto tiempo me llamará si trato de ponerme en contacto con usted? ¿Con qué frecuencia puedo esperar reunirme con usted — mensual, trimestral, semestral o anualmente? ¿Podría mostrarme un plan financiero como ejemplo?

Educación. ¿Cuáles son sus antecedentes educativos? Con qué tipo de licencias, certificaciones y registros cuenta? ¿Qué tipo de estudios en planificación financiera aspira a tener? ¿Tiene usted algunas memebresías y títulos en organizaciones de servicios financieros? ¿dónde está usted registrado, en la SEC o en la oficina estatal de valores?

Ética profesional. ¿Alguna vez ha sido censurado, suspendido o reprendido por sus prácticas comerciales? ¿Algún cliente ha presentado alguna queja sobre usted? Si es así, ¿Dónde y cómo se resolvió dicha queja? Si pierdo dinero con usted, ¿con qué recursos cuento para defenderme? ¿Cómo finalizo nuestra relación de trabajo si no me encuentro satisfecho con el servicio que reciba?

Verifique los antecedentes del planificador financiero.

Una vez que haya reducido la cantidad de elecciones hasta uno o dos planificadores financieros, es hora de verificar sus antecedentes para asegurarse de que lo que le dijeron en la entrevista se apega a la verdad. No debe sentirse incómodo al respecto como tampoco lo hará un planificador financiero honesto.

Este rastreo no es difícil. Utilizando los números telefónicos que ya le hemos facilitado, usted podrá verificar muy fácilmente que un planificador financiero tiene en verdad los títulos que ostenta y que él o ella son miembros vigentes de varias organizaciones profesionales.

Usted debe también solicitar la hoja ADV del planificador financiero. Un planificador financiero está obligado a entregarle la Parte II de la hoja, que es la que describe su educación y experiencia. Usted debe, sin embargo, solicitar que le muestre la Parte I, que contiene una lista de todas las medidas de disciplina que se han emprendido en contra de él o ella.

Usted también puede conseguir la Parte I de su oficina estatal de valores, pero no debe ser necesario. Si un planificador financiero se niega a mostrársela, debería contratar a otro. Puede indicar que ha tenido muchos problemas o que tiene algo que ocultar. Si un planificador ha trabajado en más de un Estado, verifique también los historiales disciplinarios de esos lugares.

Las Cámaras de Regulación de CFP y de NASD son también buenos lugares para verificar el historial disciplinario de un planificador financiero. Si usted no cuenta con el tiempo ni la paciencia como para hacer todo esto por su cuenta, el Instituto de Investigación de Bienes Hipotecarios *(en inglés: Mortgage Asset Research Institute)* realizará una verificación de antecedentes exhaustiva por una cuota de 39 dólares.

ACCIÓN: Para verificar los historiales disciplinarios de un planificador financiero, llame al NASD al 800-289-9999 o visite su sitio en Internet al www.nasdr.com/. Para ponerse en contacto con el CFP Board of Standards al 800-282-7526 o visite su sitio en Internet en www.cfp-board.org/. Para obtener el número telefónico de los departamentos estatales de valores llame al North American Securities Administrators Association al 888-846-2722 y apriete "0"o visite el sitio de Internet de *Investor Protection*

Trust en www.investorprotection.org/ que tiene vínculos con las agencias reguladoras e información sobre cómo investigar a los corredores y a los planificadores financieros. Para ponerse en contacto con el Mortgage Asset Research Institute, llame al 800-822-0416.

Comprenda lo que se le va a pedir y de qué debería usted informarle a un asesor financiero.

Resulta difícil imaginar el tener que compartir los detalles íntimos de lo que gana, lo que gasta y lo que ahorra con alguien que acaba de conocer. Al final de cuentas, muchos latinos no divulgan estos detalles ni siquiera a sus propias familias. Un buen planificador financiero, sin embargo, logrará que usted le brinde está información de la forma menos incómoda posible.

Usted puede estar preparado de antemano y llevarle a su planificador financiero los siguiente documentos: un presupuesto, sus activos y pasivos, sus estados de cuenta de inversiones y de su fondo de jubilación, sus declaraciones de impuestos, sus resguardos de pagos de nómina, sus pólizas de seguro, los manuales de los beneficios de empleado y cualquier testamento o fideicomiso vigente en ese momento.

Nunca abandone el control de sus finanzas y nunca compre una inversión a menos de que entienda cómo funciona.

Ya le hemos hecho éste último aviso. Se lo hemos dicho antes, pero vale la pena repetirlo: Nunca, jamás compre una inversión a menos que comprenda exactamente cómo funciona. Los buenos planificadores financieros se tomarán el tiempo de explicarle cómo funciona una inversión y sus riesgos y ganancias potenciales. Y es más, nunca deberán presionarlo o apresurarlo a realizar una compra.

Usted debe permanecer en completo control de sus finanzas. No permita que otra persona transfiera su dinero. Asegúrese de que tiene la última palabra sobre cada movimiento recomendado por un planificador financiero. Nunca renuncie a la responsabilidad de sus propias finanzas en favor de un planificador financiero o de un corredor, no importa qué tan confiables parezcan.

■ REPASO

- ◆ Obtenga la ayuda de un servicio de asesoría sobre deudas de buena reputación antes de contratar a un planificador financiero.
- ◆ Tome clases de finanzas personales e inversión antes de contratar a un planificador financiero.
- ◆ Investigue los centros de inversión de entrada gratuita antes de contratar a un planificador financiero, pero tenga cuidado.
- ◆ Comprenda la manera en que cobra un planificador financiero.
- ◆ Comprenda lo que significan los títulos que utilizan los diferentes corredores y planificadores financieros.
- ◆ Obtenga referencias de un planificador financiero de su familia, amigos, colegas y organizaciones profesionales de servicios financieros.
- ◆ Seleccione por teléfono a los planificadores financieros, luego organice un encuentro personal.
- ◆ Prepare una lista de preguntas para que su futuro planificador financiero le responda cuando usted fije una reunión personal con él.
- ◆ Verifique los antecedentes del planificador financiero futuro.
- ◆ Nunca abandone el control de sus finanzas.
- ◆ Nunca compre una inversión a menos de que entienda cómo funciona.

RECURSOS ADICIONALES

Libros recomendados

Smart Questions to Ask Your Financial Advisers, por Lynn Brenner (Princenton, New Jersey: Bloomberg Press, 1997).
The Right Way to Hire Financial Help: A Complete Guide to Choosing and Managing Brokers, Financial Planners, Insurance Agents, Lawyers, Tax Preparers, Bankers, and Real Estate Agents, por Charles Jaffe (Cambridge, Massachusetts: MIT Press, 1998; paperback edition, March 1999).

La última palabra

S I HA LLEGADO HASTA AQUÍ, ENHORABUENA!, usted y sus seres queridos están de camino hacia una vida mejor. Aunque a veces parezca que esta tarea es abrumadora, estamos convencidas de que tener una buena base de conocimientos financieros y una independencia económica puede ayudarnos a alcanzar nuestros sueños.

Nuestro último *consejo*: no deje que este libro se llene de polvo en su estantería. Además de explicar conceptos financieros básicos, incluidos los tópicos de interés específico para los Latinos, esta guía le dice dónde encontrar información más detallada sobre estas cuestiones. No más excusas —es hora de tomar medidas.

Hemos hecho todo lo posible para que los temas financieros que resultan intimidantes sean fáciles de comprender dándole así la confianza que necesita para seguir educándose a sí mismo y a otros. También hemos intentado animarle a que utilice su dinero en formas que sean beneficiosas para usted, su familia y su comunidad.

Le deseamos *buena suerte* en su viaje. Nos gustaría saber qué tal le va y qué hemos olvidado incluir en nuestro libro. Por favor, mándenos un e-mail a Laslauras@aol.com o escríbanos a:

LAURA CASTAÑEDA Y LAURA CASTELLANOS
I.C./O BLOOMBERG PRESS, P.O. BOX 888,
PRINCETON, NJ 08542-0888

Nos complace agradecer a los siguientes editores y organizaciones
por permitirnos la reproducción de sus derechos de propiedad literaria:

Por los proverbios de los capítulos facilitados por Simon & Schuster.

Por la información facilitada en el capítulo 1,
páginas 8-12 © Credit Union National Association.

Por la información facilitada en el capítulo 1,
página 19 © Bankrate Monitor.

Por la información facilitada en el capítulo 4,
páginas 89, 92 © Ibbotson Associates.

Por la información facilitada en el capítulo 5,
página 120, Harvard University Joint Center for Housing Studies.

Por la información facilitada en el capítulo 5,
página 120, Freddie Mac Corporation and Research Triangle Institute.

Por la información facilitada en el capítulo 6,
página 149 © National Association of Colleges and Employers.

Por la información facilitada en el capítulo 6,
página 156, U.S. Department of Education.

Por la información facilitada en el capítulo 7,
página 185, U.S. Department of Labor

Por la información facilitada en el capítulo 7,
página 186, ASEC (American Savings and Education Council)

Por la información facilitada en el capítulo 7, página 186,
The Rand Corporation, "Diferencias raciales y étnicas relativas a la riqueza
en el estudio sobre la salud y la jubilación" (Racial and Ethnic Differences
in Wealth in the Health and Retirement Study), por James P. Smith,
publicado originalmente en *The Journal of Human Resources*, vol.30, 1995.

Índice analítico

A

AARP Home Equity Information Center, 231
Abriendo la puerta a su propio hogar, 139
Acceso justo a los requisitos de los seguros
  (Fair Access to Insurance Requirements
  or FAIR), 92
Acción, 98
Acciones de dote de prima (Giftshares), 193
Acciones ordinarias, 99
Acciones preferentes, 99
Accionistas, 9
Acta de transferencia uniforme para menores
  (UTMA), 254
Activos, 142
Administración del seguro social (Social
  Security Administration or SSA), 278
Administración nacional de cooperativas de
  crédito, 10
Administration, 212
Affinity cards, 43
Afianzador, 156
Agencia del censo, 5
Agente de aprobación de certificación
  (Certifying Acceptance Agents), 280
Agente registrado (Enrolled Agent), 268
Agentes registrados, 281
AGI individual, 223
Aging with Dignity, 251
Air Force ROTC, 186
Alternative Minimum Tax-Individuals, 290
American Association of Retired Persons, 248
American Century's Twentieth Century
  Giftrust Fund, 193, 194

American Council of Life Insurance, 87
American Council on Education (ACE), 188
American Express Financial Advisors,
  129, 319
American Legion, 179
American Savings and Education Council,
  206, 208
American Society of Chartered Life
  Underwriters, 88
American Society of Home Inspectors, 150
American Stock Exchange (AMEX), 99
Americorp, 202
Amigas Investment Corp., 97
Amortizar, 199, 229, 257
Anualidad de opción conjunta
  (Joint-option), 212
Anualidad de vida de soltero (Single-life), 212
Aplazamiento (prórroga), 201
Apoderado, 249
Appeal Rights and Preparation Protests for
  Unagreed Cases, 299
Aprender para toda la vida
  (Lifetime Learning), 197
Aquinas Fund, 127
Arrendamiento, 28, 65
Artefactos anti-robo, 83
Asegurador diplomado de daños de propiedad
  o CPCU (Chartered Property Casualty
  Underwriter), 314
Asesor Diplomado de Fondos Mutuos o
  CMFC (Chartered Mutual Fund
  Counselor), 314
Asesores certificados en fideicomisos

y finanzas o CTFA (Certified Trust and Financial Advisors), 315

Asesores de deuda de América (Debt Counselors of America), 308

Asesoría tributaria para la tercera edad (Tax Counseling for the Elderly of TCE), 283

Asistencia del inversionista (Office of Investor Education and Assistance), 129

Asociación americana de CPAs hispanos (AAHCPA), 281

Asociación americana de inversionistas individuales (American Association of Individual Investors or AAII), 309

Asociación americana de personas jubiladas (American Association of Retired Persons o AARP), 283

Asociación internacional de consultores financieros registrados (International Association of Registered Financial Consultants or IARFC), 316

Asociación internacional de planificación o IAFP (International Association for Financial Planning), 318

Asociación nacional de asesores financieros personales o NAPFA (National Association of Personal Financial Advisers), 318

Asociación nacional de inversionistas (National Association of Investors Corp. o NAIC), 309

Asociación nacional de planificadores patrimoniales y consejeros (Nacional Association of Estate Planners and Councils or NAEPC), 315

Asociación norteamericana de administradores de valores (North American Securities Administrators Association or NASAA), 313

Asociación para el cuidado a largo plazo (Partnership for Long-Term Care), 90

Asociados de práctica independiente (IPA), 71

Auditoría, 300

Automated Ratings Search, 15

B

Bajo costo, 13

Ballpark Estimate, 208

Bankruptcy its the Right Solution to Your Debt Problems, 56

BanxQuote, 23

Basic Facts Understanding the Benefits, 215

Becas gratuitas, 182

Becas Pell, 176

Becas privadas, 179

Bedford Falls Funding, 133

Beneficiary Book, 263

Beneficios, 211

Beneficios de efectivo rápido, 13

Beneficios de muerte acelerada, 88

Beneficios residuales, 76

Bienes líquidos, 246

Bienes raíces, 250

Boarding School Directory, 169

Bolsa de valores, 99

Bono, 100

Bonos de ahorro de serie EE, 188

Bonos de fondo, 105

Bonos del tesoro, 102, 216

Boy Scouts, 179

Buying Your Home: Settlement Costs and Helpful Information, 157

C

Cajas de ahorro, 3, 5, 6, 9

Cajas de seguridad, 19, 20

Cajero automático, 6

California Housing Finance Administration, 162

Calvert New Africa Fund, 128

Calvert World Values International Equity Fund, 127, 128

Cámara de Regulación de CFP (CFP Board of Standards), 312

Cámaras de Regulación de CFP y de NASD, 321

Canjeador, 8

Cargos, 8

Cargos financieros, 41

Carta de poder duradera, 242, 249

Cartera de valores, 114

Casa de valores, 98

Casa de valores bursátiles (Brokerages), 99, 318

Casas de empeño, 51, 53

Cash-a-check, 5

Categoría tributaria, 271

Catholic Values Investment Trust, 127

CD, 21

CD's CollegeSure, 191

Centro de asistencia para presentar impuestos (Tax Assistance Center), 277

Centro latino de Charles Schwab, 104, 108

Centro nacional de información de fraudes, 57

Centros de asistencia tributaria (Tax Assistance Centers), 283

Certificado de depósito, 6, 7, 18

Certificados de crédito hipotecario, 161
Certifying Acceptance Agent, 279
Chapter 13 Bankruptcy: Repay your Debts, 56
Charitable Contributions, 292
Charles Schhwab & Co., 309
Charles Schwab Mutual Fund Report Cards, 118, 119
Check Store, 19
Checkers International, 5
Checks in the Mail Inc., 19
Cheque de honorarios, 9
Cheque salarial, 8
ChexSistems, 19
Child and Dependent Care Expenses, 291
Choice in Dying, 251
Choosing and Using Health Care Plan, 74
Choosing the Mortgage that's Right for You
  (Cómo escoger el mejor préstamo hipotecario), 150, 154
Circuito de tribunales de apelación
  (Circuit Court of Appeals), 299
Citizens Global Equity Portfolio, 128
Ciudadanía, 257
Clinic Program or STCP, 284
Cobertura amplia o Comprehensive, 81
Coca-Cola, 99
Co firmar o avalar, 47
Colegio de planificación financiera
  (College for Financial Planning), 314
College Board's Annual Survey of Colleges, 166
College Degrees by Mail and Modem, 199
College Guide to Cooperative Education, 185
College Savings Plan Network, 187, 188
College Scholarship Services (CSS) Financial
  Aid Profile, 175
CollegeSure, 191
Colocación avanzada (Advanced Placement
  or AP), 197
Comisión, 128, 311
Comisión de valores (Securities and
  Exchange Commission), 129, 313
Comisión Nacional de Seguros y Finanzas, 83
Community Development Loan Funds, 128
Community Reinvestment Act, 14
Community Trust Federal Credit Union, 36
Cómo administrar sus deudas y recuperar el
  bienestar, 50
Cómo co-firmar un préstamo, 47
Cómo comprar una vivienda con un pago ini-
  cial reducido (How to Buy a Home with a
  Low Down Payment), 163

Cómo escoger el mejor préstamo hipotecario,
  150, 154
Cómo declararse en quiebra, 56
Cómo establecer un buen historial crediticio, 41
Cómo reconstruir su buen crédito, 49
Compañías de servicios financieros, 8
Compraventa, 256
Congressional Hispanic Caucus Institute, 181
Congressional Study on Aging, 89
Consejo americano de educación para
  el ahorro (ASEC), 210
Consentimiento a impuesto específico
  (Consent to Proposed Tax Case), 298
Consolidación de deuda, 50
Consolidated Omnibus Budget Reconciliation
  Act (COBRA), 74
Consultor certificado en gestión de
  inversiones o CIMC (Certified Investment
  Management Consultant), 315
Consumer Action, 44
Consumer Credit Counseling Service, 53, 57
Consumer Federation of America Insurance
  Group, 51, 87
Consumer Federation of America's Rates
  of Return, 88
Consumer Information Center, 159
Consumer Reports Auto Insurance
  Price-Service, 84
Consumer Reports, 84, 306
Consumer's Guide to Mortgage
  Refinancing, 159
Contador público certificado (Certified Public
  Accountant or CPA), 267
Contingencia de ingresos, 202
Contingencia de inspección, 149
Contraloría de moneda nacional, 45
Contratista, 9
Co-Op America's Fax Information Center, 14
Cooperativa de crédito de distrito mission, 27
Cooperativas de crédito, 5, 10
Costo anual de un préstamo (Total Annual
  Loan Cost or TALC), 230
Costo promedio, 8
Costos funerarios, 259
Costos y cuotas de interés, 15
Cotización, 109
Council for American Private Education
  (CAPE), 168
CPA o LINC (Licensed Independent Network
  of CPA Financial Planners), 318
Credit Counseling Service of CCC), 308

Credit Survey, 44
Credit Union National Association, 12, 20
Crédito, 35
Crédito de educación, 291
Crédito de gastos de cuidado de un hijo
   dependiente, 290
Crédito fantasma, 56
Crédito no discriminatorio para mujeres, 46
Crédito por adopción, 290
Crédito y asuntos bancarios, 32
Créditos de impuestos por hijo, 290
Créditos, 295
Cremation Association of North America, 262
Crummey Trust, 255
Cuenta compartida, 21
Cuenta corriente, 5
Cuenta corriente con carga de interés, 21
Cuenta de ahorro, 6
Cuenta de nómina inmediata y deducción, 31
Cuenta de retiro individual (IRA), 95
Cuenta de transferencia electrónica, 12
Cuentas de inversión o Money Market
   Account, 6, 18, 21
Cuentas de transferencia de letras bancarias, 18
Cuentas para la jubilación(IRA), 195
Cuentas por cargo, 28
Cuentas por cobrar, 140
Cuentas UTMA, 192
Culpa o fault, 80
Cuota de catastro, 158
Cuota de originación, 158
Cuota de sanción, 18
Cuota inicial o enganche (down payment),
   138, 152
Cuotas, 8, 128
Cuotas "12b/1", 117
Cuotas de albacea, 253
Cuotas de contador, 253
Cuotas de propiedad en asociación, 139
Cuotas de valuación, 253
Cupones en cero, 100
Current, pedir cheques impresos, 19

D
Dádiva, 245
Débito, 35
Debt Counselors of America, 53, 308
Declaración de bancarrota, 54, 55, 63
Declaración jurada (affidavit), 241
Degree Consulting Services, 199
Delmara Fife Federal Credit Union, 14

Departamento de salud y servicios humanos
   de Estados Unidos, 62
Departamento de seguros en su estado, 70
Department of Commerce, 32
Depósito directo, 10
Depósitos y retiros de fondo, 13
Derecho a eliminar el interés, 295
Derecho a recibir una notificación, 299
Derecho de grabación, 299
Derecho de presentar una demanda, 295
Derecho de representación, 299
Desgravación en una cuenta individual
   de jubilación (Individual Retirement
   Account or IRA), 274
Desgravaciones, 28, 64, 221, 152, 269, 295
Devengados, 18
Devolución anticipada, 288
Dinero plástico, 44
Diplomado asegurador de vida o CLU
   (Chartered Life Underwriter), 314
Diplomado en análisis financiero (Chartered
   Financial Analyst or CFA), 312, 304
Diplomado en consultas financieras o ChFC
   (Chartered Financial Consultant), 313
Directory of College Cooperative Education
   Programs, 185
Directory of Socially Responsible Investment
   Services, 14, 128
Distance Education and Training Council
   (Educación ofrecida a través del Internet
   o por correspondencia), 199
Dividendos, 28, 98, 100, 124
Domini 400 Social Stock Index, 127
Donativos de caridad, 252, 291
Dow Jones Industrial Average, 99
DRIP Investor, 126

E
Earning College Degrees non-Traditionally, 199
Educación ocupacional de artes y oficios, 199
EFC Fórmula Book, 175, 178
8 Ways to Avoid Probate: Quick and Easy
   Ways to Save Your Family Thousands of
   Dollars, 241
Elegibilidad, 142
Elks Club, 179
Emerging Market Index, 122
Employee Benefit Research Institute, 206, 208
Employee Retirement Income Security Act, 217
Endowment for Financial Education, 86, 282
Entrenamiento para los oficiales de reserva, 186

Equidad, 135, 149
Equifax Check Services, 19
Equifaz, 37
Equitable, 319
Escalonar, 22
Escuelas de artes y oficios (Technical
    Schools), 198
Especialista acreditado en gestión de bienes
    (Accredited Asset Management Specialist
    or AMMS), 314
Especialista certificado en fideicomisos o CFS
    (Certified Fund Specialist), 315
Especialista financiero personal (Personal
    Financial Specialist), 281, 304, 312
Estafas, 129
Exemptions, Standard Deduction, and Filing
    Information, 274
Exención, 256, 270, 295
Exención de venta de vivienda, 291
Experian, 37
Extractos de cuenta, 25
Exxon, 99

F
Family Guide to Financial Aid and Choosing
    the Right School, 169
Fannie Mae's Home Keeper Reverse
    Mortgage, 230
Far East Index (EAFE Index), 121
FDIC's Office of Consumer Affairs, 39
Federación de Consumidores de America, 8
Federal Deposit Insurance Corp. (FDIC), 39
Federal Emergency Management
    Agency, 93
Federal Financial Institutions Examinations
    Council, 134
Federal Home Loan Mortgage Association
    or Freddie Mac, 154
Federal Housing Administration, 163
Federal National Mortgage Association
    or Funnie Mae, 137
Federal Reserve Board of Governors, 32
Federal Supplemental Educational
    Opportunity Program, 176
Federal Trade Commission, 45
Federal Trade Commission's Consumer
    Response Center, 47
Fideicomiso de desgravación
    matrimonial, 254
Fideicomiso de dote de prima (Gifttrust), 193
Fideicomiso de propiedad de interés terminal

limitado (Qualified Terminal Interest
    Property Trust or QTIP), 254
Fideicomiso, 149, 157, 242, 243, 322
Fideicomiso derivado, 254
Fideicomiso doméstico (Qualified Domestic
    trust o QDOT), 257
Fideicomiso infantil, 254
Fideicomisos caritativos, 255
Fideicomisos falsos (trust mills), 243
Fideisomiso de seguro de vida, 255
Fidelity, 129
Fidelity Blue Chip Growth, 116
Fidelity Investments, 104, 233, 309
Financial Consultants, 87, 316
Financial Aid Information Page, 173
Financing a Private School Education, 169
First American Credco, 49
Fiscalía, 57
Five Wishes, 251
Fixed-income investments, 104
Fluctuar, 233
Focus Group Research on Barriers to Minority
    Homeownership, 134
Fondo de garantía de depósitos (FDCI), 9, 191
Fondos, 18
Fondos con carga, 123
Fondos de carga baja o sin carga, 123
Fondos del mercado monetario, 216
Fondos globales, 105
Fondos mutuos, 9, 123, 294
Freddie Mac Corp, 134
Free Application for Federal Student Aid
    (FAFSA), 174
Frenos anti-bloqueo, 83
Fringe Banks (Bancos marginales), 5
Fundación nacional para crédito al consumi-
    dor (National Foundation for Consumer
    Credit), 308
Funeral and Memorial Societies of America, 262

G
Garantía colateral, 38
Garantía de ingresos suplementarios or SSI, 78
Garantía renovable, 76
Gastos de cierre, 138
Gastos de mudanza, 293
Gastos médicos, 293
Gestor, 116
Gestoras de carteras, 311
Gestores de oficio N.T, 279
Giro, 7

Giro postal, 26
Government Printing Office, 278
Gravamen, 102
Guardián de la casa para la compra de una
casa (Home Keeper for Home Purchase),
230, 231
Guía para residentes recientes: cómo hacerse
ciudadano; cómo hacerse propietario de
vivienda (The National New American
Guide: How to Become a Citizen; How to
Become a Homeowner), 149
Guide to Disability Income Insurance, 77
Guide to Long-Term Care, 91

H
Harvard University's Joint Center for Housing
Studies, 134
Hipoteca de tasa de interés fija, 151, 152
Hipoteca de tasa de interés variable, 151, 152
Hipoteca subordinada, 135
Hipotecas, 9, 15, 26, 155, 157, 229
Hispanic Association of Colleges and
Universities (HACU), 179
Hispanic Market Handbook, 96
Historial crediticio, 10, 35, 141
HMO por el gobierno federal calificada, 71
Home Made Money, 231
Hope Credit or Lifetime Earning Credit, 195
Household Employer's Tax Guide, 293
Housing Education Program, 137
HUD Home Buying Guide, 139
HUD-1 Acuerdo contractual, 157

I
Ibbotson Associates, 100
Impresos 1040EZ, 1040A, 1040, 275
Impresos estatales, 275
Impuesto mínimo alternativo, 290
Impuestos, 267
Impuestos de plusvalía, 294
Impuestos estatales, locales y sobre la
propiedad, 291
Incumplimiento de pago, 202
Indemnity Plan, 70
Indemnización o Tort, 80
Independent Insurance Agents of America, 66
Individual Income Tax Return, 296
Inflación, 114
Ingresos brutos, 271
Ingresos brutos ajustados (AGI), 271
Ingresos netos, 271

Ingresos sujetos a impuestos, 271
Installment Agreement Request, 297
Instituto americano de contadores públicos
certificados (American Institute
of Certified Public Accountants
or AICPA), 312
Instituto americano de CPAs (AICPA), 281
Instituto de banqueros certificados (Institute
of Certified Bankers or ICB), 316
Instituto de consultores en gestión
de inversiones (Institute for Investment
Managment Consultants or IIMC), 315
Instituto de investigación de bienes
hipotecarios (Mortgage Asset Research
Institute), 321
Instituto de negocios y finanzas (Institute
of Business and Finance or IBF), 315
Interés compuesto, 18, 124
Interés hipotecario, 291
Internal Revenue Service (IRS), 156
Introduction to Estate and Gift Taxes, 253
Inversiones, 9, 98
Inversiones de renta fija, 104
Inversiones de 401(k) Plan Fees, 218
Investing With Your Values: Making Money
and Making a Difference by Hal Brill, 128
Investor Protection Trust, 321
Investment Company Institute, 108
Investment, 130
IRA (Cuentas de jubilación individual), 208
IRA SIMPLE, 226, 228
IRA tradicional, 221
IRAs educativas, 195, 221, 224
IRAs ROTH, 221
IRS Survivors Executors and
Administrators, 251
Is My Withholding Correct?, 288

J
J.K. Lasser's Face to Face with the IRS, 300
Journal of Human Resources, 206
Jubilación, 205, 309
Junta de examinadores de servicios
de impuestos del estado (State Board
of Tax Examiners), 282

L
Latin America Index, 122
Latino Community Development Credit
Union Network, 3
Latino Health Care, 73

Legado (Bequest or Legacy), 245
Legado (Devise), 245
Ley de comité de reinversión (CRA), 15
Ley de fondos electrónicos de transferencia
federales (Electronic Funds Transfer Act), 24
Ley de los derechos del contribuyente
(Taxpayer Bill of Rights), 297, 299
Leyes de veracidad en los préstamos (Truth in
Lending), 230
Límite compartido (split limit), 80
Límites de cobertura, 64
Liquidez, 18
Localización de asistencia para la tercera edad
(Eldercare Locator), 78
Logros profesionales en educación continua
(Professional Achievement in Continuing
Education o PACE), 313

M
Mastercard International, 24
Medicaid, 77
Medicare, 77, 79
Medicare, Medigap and Managed Care:
Consumer Update, 79
Medigap, 77, 79
Mercado directo, 65
Merrill Lynch, 319
Meyers Pride Value Fund, 127
MMA Praxis International Fund, 128
MoneyGram, 26
Monitor de tasas del banco, 44
Monto, 270
Morgan Stanley Europe, 121
Morgan Stanley Emerging Markets, 99
Morningstar, Inc., 118, 119, 233
Mortgage Asset Research Institute, 321
Mortgage Insurance Companies
of America, 163
Mutual Fund Education Alliance's College
Worksheet, 173

N
NAIC Stock Service Plan, 126
Nasdaq (National Association of Security
Dealers Automated Quotation System), 99
National Association for Agencies on Aging's
Eldercare Locator, 230
National Association for the Self-Employed, 74
National Association of Colleges and
Employers, 165
National Association of Community

Development Loan Funds, 128
National Association of Enrolled Agents, 282
National Association of Independent Schools
(NAIS), 168
National Association of Investors Corp.
(NAIC), 125
National Association of Mortgage Brokers, 150
National Association of Securities Dealers
(NASD), 129, 313
National Catholic Educational Association
(NCEA), 168
National Center for Financial Education, 31
National College Scholarship Foundation, 203
National Commission for Cooperative
Education, 185
National Committee for Quality Assurance, 72
National Credit Union Administration, 12, 32
National Discount Brokers, 129
National Federation of Community
Development Credit Unions, 14
National Flood Insurance Program, 93
National Foundation for Consumer Credit,
53, 137, 308
National Fraud Information Center, 57, 130
National Funeral Directors Association, 258, 262
National Insurance Consumer Helpline, 75, 84
Natural Death Care Project, 261, 262
Naturalization Service o INS, 78, 269
Need a Lift, 186
Neighborhood Trust Federal Credit Union, 14
New York Stock Exchange (NYSE), 99
No-Load Fixed and Variable Annuity
Analyzer, 235
North American Securities Administrators
Association, 321
Número de identificación de contribuyente
individual válido (Individual Taxpayer
Identification Number o ITIN), 278
Número de identificación patronal (Employer
Identification Number o EIN), 279
Número personal de identificación (PIN), 23

O
Obligaciones, 140
Oferta pública inicial (IPO), 104
Office of Comptroller of Currency, 32
Office of Consumers Affairs, 32, 47
Office of Fair Housing and Equal Opportunity
del HUD, 158
Office of Thrift Supervision, 32
Officer Next Door, 163

Oficina de consignación del condado (County Recorder's Office), 250

Oficina de registro de escrituras (The Registry Deeds Office), 250

Oficina de registro de terreno (The Land Registry Office), 250

Oficina del consumidor, 8

Oficina del defensor del contribuyente (Office of the Taxpayer Advocate), 300

Oficina general de abogados, 8

Oficina local del defensor del contribuyente, 300

Oficina nacional del censo, (Census Bureau), 95

Oficina regional de apelaciones del IRS (IRS Regional Appeals Office), 299

Options, 231

Organización de afiliados exclusivos (EPO), 72

Organización de afiliados preferentes (PPO), 71

Organización de asesoría de crédito, 308

Organización de mantenimiento de la salud (HMO), 71

P

Pagaré, 157

Pago de viáticos, 88

Pago directo, 106

Pago máximo permitido de hipoteca (PITI), 145

Participación estatutaria (Statutory share), 239

Pasivos, 142

Patrimonio bruto, 247

Pension and Welfare Benefits Administration, 227, 228

Pension Benefit Guarantee Corporation, 212

Pensiones de empleado simplificadas (Simplified Employee Pensions or SEPS), 209, 294

Periodo de gracia, 91

Perito tasador, 155

Personal Record Keeper 4.0 for Windows.Active Insights, 263

Plain Talk Library (Grupo Vanguard), 108

Plan 401K, 95, 216, 225, 226, 228

Plan 403 (b), 216, 217

Plan de anualidad con impuestos diferidos (Tax-Deferred Annuities or TDAS), 216

Plan de atención administrada o Managed Care Plan, 70

Plan de equiparación de ahorros e incentivos para empleados (Savings Incentive Match Plan de servicios por honorarios or Fee-for-Service Plan), 70

Plan de jubilación, 110, 293

Plan de jubilación de patrocinio patronal, 221

Plan para empleados de ahorro de incentivos equiparados (SIMPLE), 209, 294

Plan Your Estate, 241

Planes de cotización de prima, 83

Planes de jubilación calificados o Keoghs, 209, 227

Planes de pago, 169

Planes de reinversión de dividendos (DRIP), 125

Planificación patrimonial y de inversión, 4

Planificador financiero certificado (Certified Financial Planner or CFP), 304, 312

Planificador financiero, 303, 316

Planificador patrimonial acreditado o AEP (Accredited Estate Planner), 315

Plazo de vencimiento, 22

Plazo fijo, 20

Plica, 149

Plusvalía, 98, 179

Póliza de segundo en morir, 87

Póliza de seguro, 61, 66, 87

Póliza paraguas, 92

Pólizas de equiparación, 89

Pólizas mezcladas, 89

Por daños a la propiedad, 80

Préstamos 401(k), 196

Préstamos de día de pago, 51

Préstamos de reposición (Perkins loans), 176

Préstamos de título, 53

Préstamos federales para padres de estudiantes no graduados (Federal Parent Loans for Undergraduate Students or FPLUS), 176

Préstamos inmobiliarios, 9

Préstamos para comprar automóviles, hipotecas y seguros, 10

Préstamos sobre títulos, 51

Prestatario, 102

Prima, 61

Prima nivelada (level premium), 85

Primas de seguro inmobiliario, 28

Primas de seguros de vida, de incapacidad, 29

Principal, Interest, Property Taxes and Insurance (PITI), 138

Private School Aid Service (PSAS), 167

Programa de asesoría de rating (Adviser Rating Program), 317

Programa de asesoría y defensa de seguros

Sociedad de profesionales de servicios financieros, 314
Sociedades limitadas, 140
Society of Financial Service Professionals, 314
Software/Sitios de Internet, 284
Solicitud de reinvestigación, 48
Stand Up to the IRS, 300
Strategy Research Corp., 6, 62, 166
Standard & Poor, 99
Student Aid Guide del Departamento de Educación de E.U., 178
Sucursales, 9
Super DRIP, 126

T

Tarifas de sobregiro, 42
Tarjeta de crédito, 6, 7
Tarjetas de cajero automático, 23
Tarjetas de débito, 9
Tarjetas de tasa variable, 43
Tasa anual (APR), 22
Tasa de renta anual (Annual Porcentage Yield APY), 22
Tasa interbancaria vigente (prime rate), 219
Tasas de impuestos, 271
Tax Benefits for Adoption, 290
Tax Education Council or CTEC, 282
Tax Return, 296
Tax Shelter for Your Future, 218
Taxpayer Application for Assistance Order, 300
Taxpayer Education, 285
Teachers Insurance and Annuity Association College Retirement Equities Fund (TIAA-CREF), 217
Telefile, 287
Temper of the Times, 126
Temper's Direct Stock Purchase Plan, 126
Testamento del pobre (Poor man's will), 240
Testamento en vida, 249
Testamentos escritos a mano (ológrafo), 244
Testamentos grabados en vídeo (nuncupative), 244
Tiendas de rente, 51
Título de propiedad, 158
Títulos o escrituras, 156
Top 10 ways to beat the clock and prepare for retirement, 212

Transacción electrónica, 9
Transamerica, 319
TransUnion, 37
Treasury Worldwide, 23
Tribunal de quiebras, 56
Tribunal de reclamos (Court of Claims), 299
Tribunal del distrito (District Court), 299

U

U.S Department of Education, 199
U.S. Department of Housing and Urban Affairs (HUD), 137
U.S Department of Veteran's Affairs, 162
U.S Public Interest Research Group, 53
U.S Savings Bonds Investor Information, 192
U.S.Tax Guide for Aliens, 274

V

Valor de activo neto (NAV), 104
Valor de su patrimonio, 244
Valor neto, 141, 244
Valor per-value, 100
Vanguard group, 104
Vencimiento determinado (term-certain), 212
Voltear, 87, 311
Voluntariado de asistencia de impuestos sobre la renta (Volunteer Income Tax Assistance or VITA), 202
Voluntarios en servicio para America (VISTA), 202

W

Wall Street Journal, 23
Welfare Benefits Administration, 213
Western Union, 26
What you should know about accelerated death benefits, 89
What you should know about buying life insurance, 87
What you should know about your pension rights, 213
Wilshire 5000, 99
Women and pensions: what women need to know and do, 213

Y

Your Federal Income Tax, 289

médicos (Health Insurance Counseling and Advocacy Program or HICAP), 78
Programa de Dinero Seguro, 26
Programas de préstamo federal directo al estudiante y de prestamos federales Stafford (Federal Direct Student Loan and Federal Stafford Loans Programs), 177
Programa de seguros para la salud infantil (Children's Health Insurance Program), 73
Protección inflaccionaria, 91
Publications Issued by the IRS, 269
Puntaje, 38
Punto de servicio (POS), 71
Puntos, 153

Q
Quedar tablas, 288
Quick & Reilly, 309

R
Rating, 15
Razón de deuda total, 145
Razón de gastos de vivienda, 145
Recibo de asistencia pública, 10
Recibo de servicios, 10
Recibo de utilidades, 10
Red HMO, 71
Redactores de impuestos, 281
Redlining, 15
Regalías, 28
Registro de crédito, 37
Rehabilitación de crédito, 57
Remuneración, 320
Rendimiento, 98, 99
Rendimiento compuesto medio anual, 99
Renta vitalicia, 221
Reporte de revisión (Examination Report), 298
Reporte de verificación, 299
Request for Reinvestigation Form, 48
Research Triangle Institute, 134
Responsabilidad por lesiones, 80
Retirement Confidence 1998, 206
Revenue Service o IRS (Secretaría de hacienda), 267
Rotación de IRA/401 (k), 220
Rotary Club, 179
Royce Giftshares Fund, 193
Rural Housing Service of the Farmers Home Administration, 162
Russel 2000, 99

S
S&P 500 index, 127
Salomon Smith Barney, 319
Savings Bonds Operations Office, 192
Savings Incentive Match Plans for Employees of Small-Employers: A Small Business Retirement Savings Advantage, 227
Scholastic Aptitud test, 181
School and Student Service for Financial Aid Form (SSS), 167
Securities and Exchange Commission o SEC, 129
Segundas hipotecas (Silent second mortgages), 161
Seguro a plazos renovable anualmente (Annual renewable), 85
Seguro con valor en efectivo or cash value, 84
Seguro de arrendatario, 91
Seguro de automóvil, 3, 79
Seguro de incapacidad, 78
Seguro de propiedad (seguro para propietarios de vivienda), 91
Seguro hipotecario privado (PMI), 139, 152
Seguro social, 10
Seguro temporal or term, 84
SEP-IRA, 226, 228
Servicio de asesoría, 307, 323
Servicio de consultoría, 53
Servicio de Inmigración y Naturalización o INS, 278
Servicios de Fast Tax, 288
Simple Retirement Solutions for Small Businesses, 228
Simplified Employee Pensions: What Small Businesses Need to Know, 228
Sin ánimo de lucro, 53
Sistema tributario (Alternative Minimum Tax or AMT), 290
Social Investment Forum, 14, 127
Social Security and Equivalent Railroad Retirement Benefits, 294
Socially Responsible Financial Planning Handbook, 128
Sociedad americana de CLUs y ChFCs (American Society of CLUs and ChFCs), 313
Sociedad conjunta, 258
Sociedad de CPCU (CPCU Society), 314
Sociedad de profesionales de servicios financieros (Society of Financial Service Professionals), 313